자연물 중심의

유아 생태미술교육

황혜경 · 김용희 · 구선희 · 이혜경

창지사

머리말

> 자연은 단순히 창밖으로 보이는 경관이 아니라 생명을 탄생시키고 생존하게 하는 기반이다. 사람을 포함한 자연 속의 모든 존재는 저마다의 아름다움과 가치를 가지고 함께 살아가고 있다. 이에 사람에게 유익한 것은 동시에 자연에게도 이로운 것이 되어야 한다. 자연을 존중하는 것은 사람과 자연과의 관계를 존중하는 것이다. 이는 자연을 정복의 대상이나 인간의 행복을 위한 수단이 아닌 함께 도우며 살아가는 공생의 관계라는 관점에서 바라볼 때 가능하다. 특히, 지금과 같이 인간 중심으로 자연을 개발해 간다면, 미래 사회에는 지구가 보유하고 있는 자원이 심각하게 고갈되어 갈 것이다. 우리가 살고 있는 지구를 보존하기 위해서는 인간과 자연이 함께 살아갈 수 있는 지혜가 요구된다('누리과정 해설서'에서).

국가수준의 교육과정에서도 강조하고 있듯이 시대적인 흐름을 고려할 때 자연에 대한 중요성과 인식이 변화되고 있고 이러한 시대적 흐름과 요구를 반영하고자 유아교육 현장에서는 각종 생태와 관련된 프로그램을 적용하고 있다.

그러나 사실 현장 교사들은 생태와 관련된 교육에 대해 그 중요성과 필요성을 인식함에도 불구하고 이에 대한 교육적 경험이 제한되어 있어 현장에서 교육활동 적용 시 구체적인 적용 방법에 대해 어려워하는 경우가 많다. 생태교육은 상업적이며 일회적으로 보여주기 위한 교육이 아니라 유아교육의 목적에 부합할 수 있어야 한다.

많은 교육활동 유형 중 미술은 유아들에게 자기표현의 수단이면서 유아가 가장 흥미를 느끼는 활동 중 하나이다. 따라서 자연물 중심의 생태미술교육은 유아에게 교육적으로 의미 있게 적용할 수 있을 것이다.

일반적으로 유아교사들은 생태미술교육에 대한 중요성을 인식하고 교육활동으로 적용해보고자 각종 생태미술관련 연수에 참여하는 등 의욕적인 시도를 하나 짧은 기간 동안의 연수를 통해서는 현실 가능성이 부족한 경우가 많아 적용하는 데 한계가 있을 수 있다. 그러므로 예비유아교사들을 대상으로 미술교육의 심화과정 또는 그 일환으로 생태미술교육에 관한 지속적인 교육이 이루어진다면 현장에 적용하기가 훨씬 용이할 것이다.

이에 공동 저자들은 각 대학의 예비유아교사를 대상으로 교사로서 알아야 할 생태미술교육에 대한 이론뿐만 아니라 실제 활동들을 소개함으로써 현장 적용 시 도움을 주고자 집필을 계획하였다. 그리고 본서는 현장의 교사들도 생태미술교육에 대한 기본적인 내용을 이해하고 현장에 적용하는 데 활용할 수 있을 것이다.

많은 교사들이 생태미술교육의 필요성 등을 인지하고 있으나 수업을 계획하고 실행하는 과정에서 어려움을 겪는 현실을 극복하기 위해서는 생태미술교육을 국가수준의 교육과정과 연계성을 갖고 의미 있게 적용시켜야 한다. 생태이념이 접목될 수 있는 이론적 기반 위에서 현장적용을 할 수 있는 현실가능성과 실용성을 고려하기 위해 본서는 크게 제1부의 이론편과 제2부의 실제편으로 구분하여 구성하였다. 이론편의 제1장은 유아 생태미술교육의 개념 및 필요성, 특징 및 의의를 다루었고 제2장은 유아 생태미술교육의 교육적 가치에 대해 생태교육적 측면, 발달적 측면, 조형적 접근으로 구분하여 기술하였다. 제3장은 생태미술교육이 국가수준의 교육과정 내에서 생활주제별 주제 내의 활동으로 다루어지도록 하기 위해 이에 대한 내용을 언급하였다. 제4장은 유아 생태미술교육을 위한 환경과 재료를 소개하였다. 제5장은 유아 생태미술교육의 교수학습방법과 교사의 역할을, 제6장은 생태미술교육을 위한 유아평가와 교사평가에 대해 설명하였다. 이러한 이론들이 실제 교육 활동 진행 시 계획-실행-평가의 과정 속에 이루어질 수 있도록 실제편을 구성하였다. 실제편에서는 자연물 재료를 중심으로 식물, 돌·모래·흙, 종이, 그 밖의 다양한 재료를 활용한 생태미술활동을 소개하였다.

특히 본고에서 제시된 활동들은 저자들이 유아교육기관에서 산업체 연수기간동안 직접 적용해봄으로써 그 타당성을 확인하는 과정을 거친 활동들이며 일부 활동들은 생태공예라는 새로운 교과목을 개설하여 강의하면서 학생들과 직접 활동하고 평가하는 과정을 거쳐 수정 및 보완한 활동들이다.

부족한 점이 많아 충분한 시간을 통해 더 많은 검토와 수정작업이 이루어져야 하지 않았나 하는 생각에 아쉬움도 든다. 하지만 앞으로 보완할 기회를 여지로 남겨놓고 원고를 마감하고자 한다. 이 책이 나오기까지 애써 주신 창지사 사장님을 비롯한 관계자 모든 분들께 감사의 마음을 전한다. 끝으로 공동집필 과정에서 여러 어려움이 있었지만 바쁜 일정에도 불구하고 끝까지 최선을 다한 공동 저자들과 서로에게 감사의 마음을 나누고자 한다. 또한 산업체 연수를 통해 현장 적용을 허락해주시고 협조해주신 새봄유치원과 꿈나무유치원의 원장님, 교사, 유아들과 생태공예수업을 열성적으로 수강했던 제자 모두에게 지면으로나마 감사함을 전한다.

2016. 2 .

저자 일동

차례

제1부 이론편

제6장 유아 생태미술교육을 위한 평가 / 81

제2부 실제편

제7장 식물을 활용한 생태미술활동 / 89

제8장 돌, 모래, 흙을 활용한 생태미술활동 / 151

부 록

02 자연물 소품(주제별, 재료별 , 용도별) 만들기 예시 / 239

03 자연물 재료의 특징, 보관, 활용 Tip / 273

PART 01

이론편

제1장 유아생태미술교육의 개념 및 특징

제2장 유아생태미술교육의 교육적 가치

제3장 유아생태미술교육내용과 누리과정

제4장 유아생태미술교육과 환경구성

제5장 유아생태미술교육의 교수학습방법과 교사의 역할

제6장 유아생태미술교육을 위한 평가

유아 생태미술교육의 개념 및 특징 01

자연은 그 자체로서 훌륭한 교사이다. 자연은 유아들의 내부에 숨겨진 감성을 일깨워주고, 생명의 소중함을 깨닫게 한다. 유아들이 자연 속에서 체험하는 다양한 나뭇가지, 곤충의 집, 꽃잎, 흙, 작은 돌멩이 등의 자연물을 활용한 미술 활동은 스스로 보고, 듣고, 만지고, 느끼는 동시에 배우고 깨달음을 얻을 수 있게 하는 등 유아의 성장과 전인적 발달에 매우 긍정적인 역할을 한다.

여기서는 먼저 자연을 활용한 생태미술교육의 개념을 살펴보고 유아기 생태교육의 필요성과 특징에 대해 언급하고자 한다.

1. 자연물 중심의 유아 생태미술교육의 개념

자연의 사전적 의미는 '사람의 힘을 더하지 않은 저절로 된 그대로의 현상'을 의미한다. 최근 유아교육 분야에서는 자연과 함께 하는 교육에 상당히 많은 관심이 지속적으로 이루어지고 있다. 이에 대한 일환으로 자연주의 유아교육, 자연생태체험 활동은 숲 유치원이라는 이름으로 1950년대 덴마크에서 시작된 것으로 알려졌으며 숲 유치원 운동이 활발히 확산된 나라 중 독일에서는 현재 1,000여 개의 숲 유치원에서 자연생태 체험활동을 하고 있다. 우리나라에서도 생태유아교육 프로그램의 일환으로 '바깥놀이 프로그램', '산책프로그램', '텃밭가꾸기 프로그램', '세시풍속프로그램' 등 다양한 프로그램들이 개발되었고(하정연·이연주, 2015), 유아교육 현장에서는 이에 대한 교육이 활발히 이루어지고 있다. 이와 같은 교육프로그램은 시대적 요구를 반영한 새로운 교육 패러다임(paradigm)이다. 즉 현대의 산업문명으로 인한 폐해, 과학화의 부작용에서 벗어나 현대 유아들의 몸과 마음을 치유하기 위한 교육적 대안이라 할 수 있다.

그러나 사실상 자연물을 활용한 교육은 우리에게 너무 친숙하고, 진부할 수도 있다. 왜냐하면 이미 우리 나라 옛 선조들은 사람과 자연을 사랑하는 사상 안에 자연 친화적이고 숲, 자연과 더불어 사람과 자연의 상생, 공존을 추구해 왔기 때문이다(김명진·EBS 동과서 제작팀, 2012). 한국 미술에 있어서 자연이란 표현대상을 떠나 미술 그 자체라 말해도 과언이 아니다. 친자연주의와 생태적인 삶을 추구해 온 한국인의 사유는 미술에서도 일관성을 보인다. 특히 회화에 있어 자연적인 소재는 사상과 생활 철학, 그리고 다양한 장르의 내용과 형식을 낳았다(장연자, 2006). 자연 앞에 겸손한 우리 조상들의 생활풍습, 미적 감수성과 닮아 있는 생태교육은 자연을 가꾸고, 소중히 여기며 자연 속에 동화되어 즐겼던 놀이, 풍습 등과 비슷한 형태를 갖추고 있다.

인간을 비롯한 모든 생명체는 자연 속에서 삶을 영위한다. 그러므로 자연을 소재로 놀이하고 경험하는 것은 인간 원래의 본성으로 돌아가기 위한 교육으로서 영유아들의 미적 감수성을 자극시키므로 유아기 때부터 체험 위주의 풍부한 교육적 경험이 필요하다.

생태미술교육은 생태교육의 일환으로 적용되고 있는 미술교육 방법으로서 자연재료와 체험활동을 통해 유아가 자연을 보다 가까이 경험하게 함으로써 자연에 대한 인식과 더불어 관심과 애정을 길러주는 데 밑바탕이 된다. 뿐만 아니라 유아미술교육의 목표인 대상의 예술적 요소를 탐색하면서 호기심을 기르고 창의적인 표현력을 기르며, 감상을 통해 심미감을 기르는 매개체가 될 수 있다. 다시 말하면 자연물 중심의 유아 생태미술교육은 실내·외의 생활공간과 활동 속에서 오감각적인 체험(직접 보고, 듣고, 만져보고, 맛보고, 맡아보는)을 통해 자연을 느끼고 활용하여 그리기, 꾸미기, 만들기, 감상하기 등의 통합적인 교육을 의미한다.

그러나 좀 더 '생태미술교육'의 개념을 구체적으로 파악하기 위해 '생태학'의 의미를 살펴보면 생태학(生態學, ecology)이란 우리 인간들의 삶을 존재하게 해주는 자연과 그 안에 있는 생물과 우리 인간을 연결해주는 학문이다. 더 구분해 보면 첫째, 인간을 포함한 많은 생물이 함께 살아가는 터전인 자연의 존재 그 자체에 대해서 연구하는 것, 둘째, 인간을 포함한 생물이 살아가는 터전인 자연이 어떻게 유지되고 생물이 어떻게 살아가는지의 관계를 인식하고 연구하는 것, 셋째, 자연을 보호하고 보전하는 구체적인 방법에 대해서 연구하고 실제적으로 그러한 행위를 하는 것을 포함한다(http://navercast.naver.com). 따라서 미술교육에 있어서 자연 친화적인 교육에 목적을 두기 위해 '생태'의 용어를 빌리는 것이 아니라, 생명이 순환하는 생태학적 원리를 바탕으로 생태 영역과 미술 영역의 양자를 아우르는 교육이어야 한다(임미진, 2007).

유아에게 우주 만물은 서로 영향을 주고받는 순환체제이며, 공존공생하는 하나의 생명으로 연결되어 있는 생명공동체임을 가르치기 위해서는 미술 활동과 같이 유아에게 흥미있고 자연스러우며 직접적인 경험을 통해 지속적으로 이루어지는 교육적 경험을 제공할 때 그 효과가 크다고 볼 수 있다.

그러나 단지 자연물을 활용한 '자연미술'이나 자연을 주제로 하면 모두 생태미술교육이 된다는 인식과는 구별되어져야 한다. 즉 기존의 획일화된 미술교육방법이나 표현능력 향상에만 초점을 둔 교육에서 탈피하여 자연의 섭리를 이해하고, 자연과 인간의 관계를 규명할 수 있는 생태를 경험하는 것을 통해 자연에 대한 의식적인 변화를 일으킬 수 있는 체험 중심의 미술 교육이어야 한다.

요약하면 생태미술교육이란 자연을 경험하고 탐색하는 과정을 통해 자연의 이치를 깨닫고 자연중심적인 생태적 감수성을 기르는 활동이다(김인호, 1998; 장연자, 2006, 재인용). '생태적 감수성'이란 천부적으로 물려받은 자연과 교감할 수 있는 인간의 정신적 능력이고, 자연과 인간이 조화롭게 교감할 수 있는 감성을 의미한다. 감수성은 다양하게 발달시키면 시킬수록 인간은 현상에 대해 더 넓은 지평을 획득하여 더 많은 세계를 파악할 수 있게 된다(Schiller, 1989). 따라서 생태미술교육은 자연 미술과 비슷한 부분이 있으나 생태미술에는 환경윤리의식, 즉 도덕적이며 윤리관을 일깨우는 생태관련 철학이 있다는 점이 자연 미술과 다르다.

2. 유아 생태미술교육의 필요성

자연 환경의 무한한 교육적 효과가 단순히 잠재적인 것에 머물러 있기에는 그 진의가 너무나 값지고 소중하다. 그러므로 여기서는 유아기 생태미술교육의 필요성을 살펴보고자 한다.

첫째, 자연은 정보화 사회의 메마른 감수성 등을 위한 결핍의 치료제가 될 수 있다. 현대 사회는 불과 30~40년간의 짧은 기간 동안 농업 사회에서 공업 사회를 거쳐 정보화 사회로 접어들었다. 정보화 사회는 우리에게 새로운 기회와 편리함을 제공해 주기도 하였으나 인간의 생명을 첨단 기술보다도 경시하는 가치 전도 현상과 사회규범의 파괴와 같은 역기능을 초래하기도 하였다. 이에 흙, 나무, 꽃, 풀, 곤충 등 온갖 자연과 마주하면서 그 속에서 질서를 배우고 생명의 소중함을 느끼도록 한다면 정보화로 인한 많은 문제들을 치유하고 해결해 줄 수 있을 것이다(진교훈, 1996).

그러나 생태미술교육은 정보화 사회의 장점을 완전히 버리고 탈바꿈하는 것을 추구하는 것은 아니다. 정보화 시대의 편리한 장점, 예를 들어 교실에서 볼 수 없는 자연물을 다양한 정보매체를 활용하여 경험할 수 있는 순기능의 역할을 할 수 있다. 다만 이러한 정보매체의 활용이 자연을 전부 대신해주는 것이 아니라 하나의 수단으로 활용되어질 수 있음을 인식할 필요가 있다.

둘째, 자연 속에서 풍요로운 삶을 영위하기 위해서는 자연에 대한 근본적인 인식과 가치관의 변화가 요구된다. 전통적 사회에서 대지는 인간들의 삶의 터전이었으며, 자연적 질서는 삶을 관장하는 중요한 규칙으로서 인간은 자연과 상호의존적이고 순환적인 관계였다. 그러나 과학기술의 발달, 산업화 등으로 인해 자연은 인간의 풍요로운 삶을 위해 소비되는 하찮은 대상으로 전락하였다(장연자, 2006). 이러한 인간과 자연의 분리는 생태적 관점에서 볼 때 자연의 소멸과 황폐화로 인해 생태계가 파괴되고 생태계의 일원인 인간의 삶까지도 심각한 문제를 야기시킬 수 있다. 아파트와 빌딩들이 즐비한 도시권 내에서 자동차를 타고 오고가는 유아에게 자연이라는 대상은 낯

선 존재로 여겨질 수 밖에 없다고 하더라도 자연보호나 환경보전에 앞서 자연과 생태에 대한 의미를 일깨워 주는 교육이 선행되어질 필요가 있다(임미진, 2007).

셋째, '자연'과 '놀이', '아이다움'을 잃어버리고 살아가는 유아들에게 자연과 놀이, 자연의 아름다움과 자연친화적 삶을 되찾아주어 자연과 공존하고 교감할 수 있는 경험을 제공할 필요가 있다(임재택 외, 2015). 3~5세 유아기는 자연에 대한 바람직한 태도를 형성하는 데 매우 중요한 시기로 이 시기에 형성된 자연에 대한 태도, 가치관, 자연과 관련된 행동은 성인이 되어서도 지속적으로 영향을 미치게 된다. 그러므로 유아기는 생태미술교육의 적기이면서 매우 중요한 시기이다. 따라서 미술교육의 본질을 살려 자연 속에서 인간과 생태를 이해하고, 창의적으로 표현하는 생태미술교육을 체계적으로 실시하여 유아기 미술교육을 통한 생태적 감수성이 향상되도록 할 필요가 있다. 특히 초·중·고등학교에서 다루는 미술교과와 비교할 때 우리나라 유아교육과정에서 차지하는 미술은 그 어느 시기보다 비중이 크며 중요하게 다루어지고 있다. 때문에 다양한 형태의 유아미술교육이 이루어지고 있으나 지나치게 상업적이거나 기능 위주의 미술교육보다는 가치 중심의 활동으로 전환되어야 한다.

3. 유아 생태미술교육의 특징 및 의의

발달심리학자들은 특정 대상에 대한 긍정적인 태도나 부정적인 태도가 만 4세를 전후하여 형성된다고 하였다. 따라서 자연을 인간과 공존하는 대상으로 인식하고 그 가치를 이해함으로써 자연에 대한 보다 긍정적인 태도와 폭넓은 개념을 갖게 하는 교육은 유아기부터 이루어져야 그 효과를 극대화할 수 있다(조형숙, 2005; 김주미, 2014, 재인용).

유아를 위한 생태미술교육의 특징을 살펴보면 다음과 같다.

첫째, 생태미술교육은 유아들의 '놀이'를 통한 즐거운 활동이다. 미술은 궁극적으로 인간과 자연 사이에서 행해지는 다양한 형태의 놀이이다. 놀이는 유아기의 자연스러운 표현이며, 돌이나 물과 같은 자연물, 살아 있는 풀이나 곤충과 같은 동식물, 그리고 자연현상들은 유아들에게 매우 흥미 있는 미술 재료인 동시에 놀이 소재이다.

둘째, 생태미술교육은 유아들의 감각을 최대한 발현시키는 작업이다. 메를리 퐁티(Merleau-Ponty, 1968)는 "우리는 인간과 자연 사이의 즐거운 놀이를 회복함으로써 우리의 감각으로 돌아가야만 한다."고 하였다(장연자, 2006, 재인용). 관찰하고, 소리를 듣고, 냄새를 맡고, 맛을 보는 적극적인 오감 활동을 통해 생각의 영역과 폭을 확장시킬 수 있고, 생명의 소중함과 가치까지 느끼게 할 수 있다.

셋째, 생태미술교육은 새로운 탐색과 발견의 기쁨을 주고, 유아들에게 흥미와 즐거움을 준다. 자연 속에는 무수히 다양한 모양과 색, 냄새, 현상들이 존재하고 있다. 똑같은 나무에서 자란 나뭇잎도 모양과 색깔이 조금씩 다르며 모든 생물은 순환 원리에 따라 시시때때로 변화하며 모습을 바꾼다. 이러한 차이와 변화에 대해 유아들이 의미를 가지고 경험할 때 그 속에서 감동과 발견의 기쁨을 맛보게 된다.

넷째, 생태미술교육은 과학, 음악, 문학 등 다른 활동 영역과의 통합이 가능하다. 생태미술 재료 자체가 이미 독특한 재질, 색깔, 모양 등 여러 가지 통합적 요소를 갖고 있어 인공재료보다 더 큰 흥미를 유발한다. 생태미술교육은 유아들의 다양한 관심을 충족시킬 수 있을 뿐 아니라 다학문적인 내용을 자연스럽게 접목시킬 수 있다. 때문에 생태미술은 한 가지 활동이 중점적으로 이루어지더라도 그와 연관된 다양한 부분들의 잠재적 효과가 일어나므로(김주미, 2014) 다른 영역의 지식이나 이해, 기술들을 미술 활동으로 전환하는 방안을 모색할 필요가 있다.

다섯째, 생태미술교육은 생태계에 대한 올바른 태도와 가치관을 형성하는 데 중요한 역할을 할 뿐만 아니라 미적 체험과 표현활동에 적극적 참여와 흥미를 유도한다. 즉 자연의 아름다움을 느끼고 볼 수 있는 시각과 자연에 대한 관심 향상뿐만 아니라 미술교육의 본질적인 미적 정서와 인간 본성 함양에 매우 효과적이다(김용권·김윤희, 2010).

유아 생태미술교육의 교육적 가치

02

자연주의 교육의 창시자인 루소(Rousseau, 1712~1778)는 자연관찰과 체험을 통해 느낀 아름다움과 미적요소를 사물(자연물)로 표현하면서 자연 속에서 인간이 아름답게 살아갈 수 있는 인간교육의 기회를 제공하고자 하였다. 페스탈로치(Pestalozzi, 1792~1852)는 직접 보고, 듣고, 만져보고, 맛보고, 냄새 맡는 활동을 통한 실물중심의 감각교육이 아동의 본성에 맞는 교육이라 했다. 프뢰벨(Fröbel, 1782~1852)은 '놀이와 경험'을 중시하고 이를 적극적으로 권장하였는데, 유아발달은 내부적인 자아표현 또는 경험이 자연적인 과정을 밟아야 한다고 하였다. 경험주의 이론의 대가인 듀이(Dewey, 1859~1952)는 자연물과 상호작용하면서 습득한 체험적 지식으로 자연물을 활용한 미적 활동을 표현하는 데 의의를 두었다(박라미·박은아, 2006). 이와 같이 많은 학자들은 이미 오래 전부터 자연과 생태의 교육적 가치를 언급한 바 있다.

생태미술교육의 궁극적 목적 중 하나가 '생태적 감수성 발달'이라고 할 때 생태미술교육의 교육적 가치에 대해 생태교육적 측면, 유아의 발달적 측면, 조형적 요소로 구분하여 살펴보고자 한다.

1. 생태교육적 측면으로서의 교육적 가치

1) 자연중심적인 생태적 감수성 발달

한국 전통미술은 원래 재료가 갖는 자연성이나 자연환경과의 조화를 추구하고 자연에 순응하는 자세로 일관하고 있다(임재택 외, 2015). 즉 인간은 자연을 중심으로, 그 안에 소박하고 겸손한 자세로 자리하고 있으며, 이러한 현상의 원인은 자연환경에서 찾을 수 있다. 평안하고 조화로운 우리나라의 자연환경은 한국인의 자연에 대한 애호나 순응성을 기르는 데 크게 도움을 주었다(심영옥, 2006). 이는 태어나면서부터 가지고 있는 선천적인 습성이 아니라 자연 속에서 자라는 생활환경에 따른 습관과 같이 배어 있는 감수성에서 비롯된 것이다.

생태미술교육은 자연이나 주위환경 속에서 쉽게 접할 수 있는 사물에서 느껴지는 감성, 직관 그 자체를 소중히 여긴다. 유아에게 생태미술교육은 자연을 탐색하고 알아가는 과정으로 끝나는 것이 아니라 자연과의 상호작용을 통해 생명의 순환구조를 이해하고, 자연에 대한 관심과 애정을 갖도록 하며 자연과의 관계에서 자기 나름대로의 이미지를 소중히 여기며 재료를 다루고 형상화하는 과정 속에서 자연중심의 가치관과 감수성이 길러질 수 있다. 이와 같이 유아기 때부터 자연을 접하고, 그 속에서 자유로움을 느끼고, 사계절의 변화를 체험으로 느끼는 유아의 생태적 감수성은 전인교육의 자양분이라 할 수 있다.

2) 자연과 환경의 소중함 인식

자연을 단순히 인간의 행복을 위한 통제의 대상으로 간주하기보다 자연과 더불어 조화로운 삶을 살아갈 수 있도록 어려서부터 자연을 존중하는 태도를 기르고 실천하는 것이 필요하다. 생태미술교육은 자연의 순리에 따르는 자연친화적 미술교육으로서 자연을 존중하는 태도를 기르는 데 있어 매우 중요한 역할을 한다(임재택, 2002). 인간이 왜 자연을 보살피고 아껴야 하는지, 자연이 인간에게 어떠한 작용을 하는지 생각해보고, 몸소 체험하면서 유아 스스로가 환경을 보호해야할 당위성을 깨닫고 실천할 수 있도록 해야 한다. 유아를 위한 생태미술활동은 자연 환경에 대한 관심과 중요성, 생명의 가치를 깨닫게 하는 등 자연과 환경에 대한 올바른 인식을 심어줄 수 있다.

2. 발달적 측면으로서 교육적 가치

1) 신체 발달

유아들은 자연물을 자르고 붙이는 과정을 통해 눈과 손의 협응력과 대·소근육 발달을 도울 수 있다. 점토놀이를 하면서, 꽃과 나뭇잎을 엮거나 꾸밀 때, 나뭇잎을 가위로 오려낼 때 등 자연의 재료를 사용하는 경험은 손과 팔, 손가락의 기능을 예민하게 하여 자신이 의도하는 활동을 훨씬 자유롭게 전개하고 즐길 수 있게 한다.

뿐만 아니라 감각 발달도 도울 수 있다. 피아제(Piaget)는 감각을 사용한 활동은 인상에 남기 쉽고 학습의 효과도 크며 지능 발달과도 밀접한 관계가 있음을 밝힌 바 있다(전태련, 2007). 유아는 새소리를 들어보고, 흉내 내고, 지푸라기와 흙, 나뭇가지의 촉감을 느끼며 재질을 구분하고, 눈을 통해 형태와 색의 다양한 변화를 관찰하는 오감각을 모두 활용하면서 활동한다. 이와 같이 신체의 모든 감각을 통해 받아들여진 정보는 주변 환경에 대한 관심을 갖도록 하고 지적교육, 감성적 교육으로 발전할 수 있다.

2) 정서 발달

자연은 유아들에게 긴장과 억압으로부터 해방감을 느끼게 하여 정서적 안정감을 제공할 뿐만 아니라 생태미술교육을 통해 자연물을 가시화하는 표현활동 속에서 정서적 즐거움과 만족감을 갖게 되고 긍정적인 자아개념을 형성하게 된다. 자연과 더불어 생활하며 아이들이 마음껏 자신의 감정을 표출할 수 있는 기회를 가지는 것이 감성지능을 높일 수 있다는 결과(권은희·이기현, 2004)는 자연친화적인 환경과 정서지능의 상호관련성을 시사해주고 있다. 미술 활동을 하기 전에 눈을 뿌리고, 낙엽을 밟고, 뒹구는 등 몸을 움직여 스트레스를 발산할 수 있고 자연과의 상호작용을 통해 충만한 감격, 환호성, 기쁨을 공유할 수 있도록 해주기 때문에 유아기에 접하게 되는 자연적 환경은 정서발달면에서 더욱 의미가 크다.

3) 심미감 발달

심미감은 자연이나 예술 속에 있는 아름다움에 대해 민감해지는 것이다. 유아는 자연물을 접함으로써 단지 외적으로 작품 표현을 할 기회를 제공받는 것뿐 아니라 자연과 동화되면서 풍부한 미적 경험을 갖게 된다(김선월, 2003). 즉 자연 속에서는 독특한 미적 형태를 갖고 있는 다양한 자연물이 많이 있기 때문에 유아는 자연을 통해 심미감이 발달된다.

4) 언어 발달

자연물은 대화의 주제를 무궁무진하게 제공하여 자신이 느낀 것을 능동적으로 소통하게 한다. '나뭇잎'이라는 단어를 말하려 할 때 유아가 나뭇잎을 직접 보거나 만지면 그림이나 사진보다 그 단어에 훨씬 더 관심이 생기게 되고 의미 있게 활용할 수 있게 된다. 뿐만 아니라 이러한 자연과의 상호작용을 바탕으로 또래, 교사와의 반복된 소통이 이루어지는데 이 과정에서 타인과 소통하는 방법을 습득하게 되고, 상대방이 원하는 것을 알고, 자신의 의사를 표현하는 방법을 터득해 나간다. 그러므로 생태미술활동은 유아의 언어발달에 큰 도움을 줄 수 있다.

5) 사회성 발달

인간은 자신 이외의 생명체나 사물을 돌보고 관계를 맺고자 하는 기본적 욕구가 있다. 생태미술활동은 유아들이 개별적으로 활동하기도 하나 또래와 함께 협력하여 공동의 작품을 만드는 협동 활동으로도 진행된다. 이러한 협동 활동은 유아들에게 사회성 발달과 자신감 향상 및 리더십을 기를 수 있는 기회를 제공한다. 활동 과정 속에서 유아 각자의 선호하는 형태나 색이 다를 수 있으며 표현하고자 하는 재료나 주제도 다를 수 있다. 이러한 과정에서 유아는 각자의 미적 감각과 취향을 나누는 경험을 하게 된다. 그리고 익숙하지 않은 요소들을 새롭게 발견하게 되며, 또래가 제안한 미술적 요소들을 다루어 보면서 색다른 아름다움을 경험하게 된다. 이처럼 협동적으로 이루어지는 미술 활동을 통해 자신들의 생각과 느낌을 나누는 상호교류적인 태도를 경험할수록 상대방을 배려하고 공감할 수 있게 된다.

6) 인지적 발달

생태미술의 탐색 과정에서 유아들은 다양한 동물, 식물, 자연 환경 등 자연을 접하게 되며 자연을 관찰하고 탐구하게 된다. 유아는 이름 정도만 알고 있던 자연물에 대해서 미술을 통해서 보다 심화된 지식을 형성할 수 있다. 예를 들면, 곤충의 종류나 생김새, 특성들을 막연히 머릿속에 알고 있으나 표현하지 못할 때 실물을 통한 관찰은 머릿속에 막연했던 부분에 대해 구체적인 지식을 갖게 한다. 이는 단순히 지식의 습득만이 아니라, 경험의 재구성으로 직접적인 체험을 해야만 가능하다.

7) 창의성 발달

생태미술활동은 적극적인 표현활동으로 이루어지는 것이며, 표현과정을 통하여 나타나는 즐거운 자기표현은 창의성 개발이라는 측면에서 중요한 의미를 지닌다. 진흙으로 그림을 그리거나 점토로 만드는 과정 속에서 자신이 느끼고 경험한 세계를 자연스럽게 표현할 수 있으며, 연속된 이미지를 생산할 수 있는 심리적인 욕구를 표출함으로서 창의적인 표현력을 기를 수 있다(임미진, 2007). 특히 자연에서 접하는 다양한 생태 재료는 그 자체만으로 독특한 형태와 재질을 갖고 있어 유아들의 강한 호기심과 상상력을 자극할 수 있어 창의성을 발달시킬 수 있다. 그러므로 창의적인 자질을 나타내기 위해 표현 방법을 탐색할 수 있는 기회를 제공해 주어야 하며, 자기표현의 실현을 위해 다양한 예술매체를 창의적으로 활용할 수 있도록 도와주어야 한다.

3. 조형적 접근으로서의 교육적 가치

미적 대상인 자연물을 중심으로 미적 요소를 관찰하고 경험하는 것은 유아들의 시지각 발달을 도울 수 있으며, 이러한 미적 요소에 대한 활동 경험이 독창적인 미술

활동을 위한 동기를 제공할 수 있다. 생태는 조형의 근본이라 할 수 있다. 생태를 통해 기본적인 선, 형태, 질감, 색 등 조형요소와 비례, 율동, 균형, 조화 등의 조형 원리를 표현할 수 있다. 이에 생태미술교육을 조형요소 중 선, 형태, 색, 질감으로 구분하여 조형적 접근으로서의 가치에 대해 살펴보면 다음과 같다(엄태식, 2014).

1) 선의 체험

조형의 기본이 되는 선에는 직선, 곡선, 지그재그선, 그물선, 자유로운 선, 굵은 선, 가는 선 등 여러 가지가 있다. 우리 주변의 자연에서 이러한 여러 가지 선들을 찾아보고, 그려보며, 느낌으로써 표현의 폭을 넓힐 수 있다. 산의 능선, 나뭇잎의 선, 잎맥의 선, 거미줄의 선, 장미 꽃잎의 선 등을 보면서 다양한 선의 아름다움과 특징을 발견할 수 있다.

2) 형태의 체험

형태의 체험은 다양한 나뭇잎, 나무줄기 등을 서로 비교 관찰하면 효과적이다. 나뭇잎의 경우 큰 것, 작은 것, 긴 것, 짧은 것, 둥근 것, 세모 형, 손 모양의 잎 등 다양한 형태를 직접 보고 경험한 것을 그려 보고, 붙여 보고 만들어 봄으로써 구체적인 경험을 하게 된다. 이와 같이 형태의 체험은 원형, 삼각형, 사각형, 오각형, 자유형 등 여러 가지 형을 구분할 수 있는 자연물을 활용할 수 있다.

3) 색의 체험

색의 체험은 색채의 다양성을 중심으로 지도하여 유아들의 새로운 시각을 열어 보다 새롭고 폭넓은 사고와 융통성을 기를 수 있다. 계절에 따라 봄, 여름, 가을, 겨울로 바뀌어 가는 동안 우리 주변의 자연은 그 색깔이 달라지고 있음을 체험하고 인식하게 하며, 날씨에 따라 색도 변하고 있음을 관찰하고 체험하게 한다. 유아기는 색채에 대한 개념은 있으나 한 가지 색의 다양성에 대하여는 별다른 생각을 하지 못한다. 숲을 보면서 녹색으로 보이는 나무들이나 동물의 색이 같은 색이 아니고 차이가 난다는 것을 관찰 활동을 통해 체험하는 것이 필요하다. 자연물에서 색의 특징을 찾아보는 경험도 효과적이다.

4) 질감의 체험

질감의 체험은 우선 시각적으로 보았을 때 대상물의 거칠고 부드러운 정도를 알 수 있다. 그리고 손으로 만져 봄으로써 더욱 직접적인 느낌을 경험할 수 있는데 여러 가지 나무의 줄기나 다양한 자연물을 대상으로 매끄럽거나 거칠기 등을 느끼고 비교하면 효과적이다.

유아 생태미술교육내용과 누리과정 03

국가수준의 교육과정이란 0-5세 어린이집 표준보육과정(이하, '표준보육과정'이라 함)과 3~5세 누리과정이 있다. 표준보육과정에는 「0~1세 보육과정」, 「2세 보육과정」 뿐만 아니라 유치원과 어린이집이 함께 적용하는 공통과정인 「3~5세 누리과정」으로 구분되어진다. 생태미술교육은 재료 면에서 영아에게 적용하기에 한계가 있을 수 있다. 그러므로 생태미술교육 내용을 0-2세는 제외하고 3~5세 누리과정에 국한하여 살펴보고자 한다.

1. 3~5세 누리과정

3~5세 연령별 누리과정의 주요 구성 방향 중 하나는 "사람과 자연을 존중하고, 우리 문화를 이해하는 데 중점을 두어 구성한다."고 명시하고 있다. 이는 사람과 자연이 더불어 행복하게 살 수 있는 돌봄과 상생의 생태주의 패러다임(paradigm)을 반영한 것이다.

누리과정의 목적은 만 3~5세 유아의 심신의 건강과 조화로운 발달을 도와 민주 시민의 기초를 형성하는 것이다. 생태미술활동은 실제적 체험을 몸으로 체득하면서 자연을 통해 다양한 생명체들과의 관계를 이해하고, 인간과 자연의 조화로운 관계를 자연스럽게 알 수 있게 한다. 이는 누리과정의 목적인 심신의 건강과 조화토운 발달을 도울 수 있는 매개 역할을 생태미술활동이 할 수 있음을 시사하는 것이다.

누리과정은 신체운동·건강, 의사소통, 사회관계, 예술경험, 자연탐구의 5개 영역으로 구성되어있다(교육과학기술부·보건복지부, 2012). 생태미술교육의 내용을 누리과정 영역과 연계지어보면 다음과 같다.

1) 신체운동 · 건강영역

신체운동·건강영역은 자신의 신체를 긍정적으로 인식하고 신체 활동에 즐겁게 참여함으로써 유아기에 필요한 기본 운동 능력과 기초 체력을 기르고, 건강하고 안전한 생활을 실천하는 능력과 태도를 기르기 위한 영역이다. 따라서 다양한 생태미술활동을 통해 대소근육 발달 등 유아기에 필요한 기본 운동 능력과 기초 체력을 기르고, 건강하고 안전한 생활을 실천하는 능력과 태도를 기를 수 있을 것이다.

2) 의사소통영역

의사소통영역은 언어의 기본 형태인 구어와 문어를 활용하여 나와 다른 사람의 느낌이나, 생각, 경험을 상황과 상대방에 알맞게 소통할 수 있는 능력을 기르는 영역이다. 또한 말과 글의 관계를 알고 읽기와 쓰기에 흥미를 가져 언어 사용을 즐기도록 하는 영역이다. 유아들은 생태미술활동을 하면서 자연스럽게 접하게 되는 내용을 말하고 듣는 기회로 활용하고, 정확하지 않은 말과 글로 표현하더라도 즐거운 언어 사용의 경험을 할 수 있을 것이며, 이를 통해 자신의 생각, 느낌을 말과 글로 표현하고자 하는 동기 유발이 확산될 것이다.

3) 사회관계영역

사회관계영역은 유아가 자신을 알고 소중하게 여기며 가족, 또래와 함께 원만하게 지내는 방법 뿐 아니라 공동체에서 함께 살아가는 방법을 익히고 사회에 관심을 가지며 적응해 나갈 수 있는 기초능력과 인성을 기르기 위한 영역이다. 다양한 생태미술활동은 사회관계영역에서 강조하는 자신과 타인에 대한 존중과 배려, 협력, 질서 등 타인과 더불어 살아가기 위해 필요한 기초 예절과 소양을 기르는 바람직한 매개 역할을 할 것이다.

4) 예술경험영역

예술경험영역은 유아가 친근한 주변 환경에서 발생하는 소리, 음악, 움직임과 춤, 모양과 색 등의 미적 요소에서 아름다움을 느끼고, 또래와 교사, 부모, 지역사회의 주민이나 작가가 표현한 예술 작품을 가까이 접하면서, 이를 탐색하고 창의적으로 표현하는 것을 즐기며 감상하기 위한 영역이다. 다양한 생태미술활동은 자연 그 자체에서 보고 느낄 수 있는 아름다움과 그 아름다움을 매개로 개인의 자유로운 감성과 표현이 존중되고, 또한 집단으로 각 유아가 가진 느낌을 편안한 마음으로 자유롭게 표현하고 즐길 수 있는 허용적인 분위기 조성이 가능하므로 예술경험영역과 생태미술활동은 밀접한 연관성이 있다.

5) 자연탐구영역

자연탐구영역은 유아가 자신을 둘러싸고 있는 주변 세계에 대해 호기심을 가지고 궁금한 것을 해소하기 위해 탐구하며, 일상생활에서 부딪치는 현상이나 문제해결을 통해 수학적·과학적으로 생각하는 기초 능력과 태도를 기르기 위한 영역이다. 따라서 자연탐구영역에서는 다양한 실물 재료와 자연 체험의 기회를 유아에게 풍부하게 제공하여 교사의 개입 없이 이루어지는 자발적 학습, 우연히 발생하는 학습 기회를 포착하여 가르치는 비형식적 학습, 그리고 교사가 계획하고 의도한 형식적 학습이 모두 가능하게 한다. 그러므로 유아가 생태미술활동을 통해 구성한 지식을 바탕으로 다양한 시도를 해 보고 추론하는 활동을 통해 수학적·과학적 기초 능력을 의미 있게 확장해 나갈 수 있게 한다.

2. 예술경험영역과 생태미술교육

앞서 살펴본 누리과정 영역 모두 생태미술교육과 연관성을 가지고 있다. 그러나 생태미술교육 활동은 교과로 구분하여 볼 때 미술에 해당하므로 누리과정 영역 중 예술경험영역과 가장 관련성이 높다. 그러므로 여기서는 예술경험영역을 중심으로 생태미술교육과의 관련성을 살펴보고자 한다.

예술경험영역의 목표를 살펴보면 "아름다움에 관심을 가지고 예술 경험을 즐기며, 창의적으로 표현하는 능력을 기른다."이다. 이는 유아가 주변의 자연 속에서 아름다움을 찾아보고, 여러 가지 재료 등을 이용해 자신의 생각과 느낌을 다양한 미술 활동으로 자유롭게 탐색하고 표현할 수 있는 경험을 가지도록 하는 것이다.

예술경험영역의 내용범주는 '아름다움 찾아보기', '예술적 표현하기', '예술 감상하기'로 이루어져 있다. 이 세 가지 범주는 아름다움과 예술이라는 큰 체제 속에서 통합적인 경험이 될 수 있도록 해야 한다.

'아름다움 찾아보기'는 자연 및 주변 환경 속에 잠재된 아름다움을 발견하고, 미술 요소를 자유롭게 탐색하도록 하는 내용을 다룰 수 있으며, '예술적 표현하기'는 다양한 예술표현 방법을 통해 자신의 느낌과 생각을 표현하도록 하는 내용을 다룬다. '예술 감상하기'는 자신과 다른 사람의 작품, 그리고 다양한 종류의 예술을 감상하는 경험들로 구성되는데 주변에서 친근하게 접할 수 있는 자연을 비롯한 다양한 작품들에도 관심을 가져 보는 기회를 제공한다.

〈표 3-1〉 3~5세 누리과정 예술경험영역 목표 및 세부 목표

목표	아름다움에 관심을 가지고 예술 경험을 즐기며, 창의적으로 표현하는 능력을 기른다.
세부 목표	1. 자연과 주변 환경에서 발견한 아름다움과 예술적 요소에 관심을 갖고 탐색한다. 2. 자신의 생각과 느낌을 음악, 움직임과 춤, 미술, 극놀이를 통해 창의적으로 표현하는 것을 즐긴다. 3. 자연과 다양한 예술 작품을 감상하며, 풍부한 감성과 심미적 태도를 기른다.

누리과정의 각 영역은 내용범주-내용-연령별 세부내용으로 구성되어 있다. 다음의 〈표 3-2〉, 〈표 3-3〉, 〈표 3-4〉는 연령간의 연계성을 보여주고 있는데 각 세부내용

의 차이에 관한 자세한 사항은 누리과정 해설서(교육과학기술부·보건복지부, 2012)에 설명되어지고 있다. 예술경험영역에는 미술뿐만 아니라 음악, 움직임과 춤, 극놀이 등의 내용이 포함되어 있으나 여기서는 생태 미술과 관련된 내용을 중심으로 일부를 요약·발췌하고자 한다.

〈표 3-2〉 3-5세 예술경험영역의 내용범주 '아름다움 찾아보기' 내용과 생태미술교육의 연계성

내용범주	내용	세부 내용		
		만 3세	만 4세	만 5세
아름다움 찾아보기	미술적 요소 탐색하기	자연과 사물의 색, 모양, 질감 등에 관심을 갖는다.		자연과 사물에서 색, 모양, 질감, 공간 등을 탐색한다.

내용범주인 '아름다움 찾아보기'의 내용 중 '미술적 요소 탐색하기'는 유아가 자연과 사물에서 접하게 되는 다양한 미술적 요소에 대해 주의를 기울이고 반응하면서 아름다움을 느끼고 미술적 요소들이 갖고 있는 특징들을 발견하고 그 차이 등을 탐색하는 능력을 기르기 위한 내용이다. 자연과 사물에서 색, 모양, 질감, 공간 등의 미술적 요소를 탐색하는 유아의 능력은 자연과 사물의 아름다움을 발견하고 인식할 수 있도록 할 뿐 아니라, 동시에 이를 표현하고 감상할 수 있는 능력을 기르는 데 기초가 된다.

세부내용의 "자연과 사물의 색, 모양, 질감 등에 관심을 갖는다."는 유아가 자연과 사물의 다양하고 고유한 색에 관심을 가지고, 자연과 사물의 다양한 윤곽에서 모양에 주의를 기울이고, 자연과 사물의 독특한 재질에서 질감을 느끼도록 하는 내용이다. 만 3, 4세 유아는 꽃과 열매와 같은 자연에서 다양하고 고유한 색을 찾을 수 있고, 나뭇잎과 같은 자연물에서 다양한 모양을 발견하고, 또한 자연과 사물의 다양한 재질에서 부드러운, 까끌까끌한, 울퉁불퉁한, 뾰족뾰족한, 미끌미끌한 등의 다양한 질감을 느낄 수 있다. 따라서 유아가 실내는 물론 실외에서 시각과 촉각 등을 이용하여 자연과 사물의 색, 모양, 질감 등에 주의를 기울이고 반응할 수 있는 충분한 시간을 허용하는 것이 필요하다. 또한 유아가 관심을 가지게 된 자연과 사물의 미술적 요

소를 다양한 미술품에서도 관심을 가지고 주의를 기울일 수 있는 기회를 제공할 수 있다.

"자연과 사물에서 색, 모양, 질감, 공간 등을 탐색한다."는 유아가 자연과 사물에서 경험했던 미술적 요소인 색, 모양, 질감을 자유롭게 실험하고 조합하며 상하, 좌우, 앞뒤, 여백 등의 공간이 주는 느낌을 탐색하도록 하는 내용이다. 만 5세 유아는 자연과 사물에서 색의 다양함을 발견할 수 있고 차이점을 이야기할 수 있으며, 나뭇잎과 같은 자연과 사물에서 다양한 모양을 발견하고 그 차이를 구별할 수 있다. 나무껍질의 울퉁불퉁함, 가지의 미끌미끌함과 같이 자연과 사물의 재질이 만들어내는 질감을 구별하고 그 차이를 이야기할 수 있다. 또한 만 5세 유아는 사물의 위치에서 상하, 좌우, 앞뒤 공간이 만들어내는 아름다움의 차이를 구별할 수 있고, 동양화에서 여백 등의 공간이 주는 느낌을 발견하고 여백이 만들어내는 아름다움을 탐색할 수 있다.

〈표 3-3〉 3~5세 예술경험영역의 내용범주 '예술적 표현하기' 내용과 생태미술교육의 연계성

<table>
<tr><th rowspan="2">내용 범주</th><th rowspan="2">내용</th><th colspan="3">세부 내용</th></tr>
<tr><th>만 3세</th><th>만 4세</th><th>만 5세</th></tr>
<tr><td rowspan="5">예술적 표현하기</td><td rowspan="3">미술 활동으로 표현하기</td><td>다양한 미술 활동을 경험해 본다.</td><td colspan="2">다양한 미술 활동으로 자신의 생각과 느낌을 표현한다.</td></tr>
<tr><td></td><td>협동적인 미술 활동에 참여한다.</td><td>협동적인 미술 활동에 참여하여 즐긴다.</td></tr>
<tr><td>미술 활동에 필요한 재료와 도구에 관심을 가지고 사용한다.</td><td colspan="2">미술 활동에 필요한 재료와 도구를 다양하게 사용한다.</td></tr>
<tr><td rowspan="2">통합적으로 표현하기</td><td></td><td colspan="2">음악, 움직임과 춤, 미술, 극놀이 등을 통합하여 표현한다.</td></tr>
<tr><td colspan="2">예술 활동에 참여하여 표현과정을 즐긴다.</td><td>예술 활동에 참여하여 창의적으로 표현하는 과정을 즐긴다.</td></tr>
</table>

내용범주 '예술적 표현하기'의 첫 번째 내용인 '미술 활동으로 표현하기'는 다양한 미술 활동을 통해 유아가 자신의 생각과 느낌을 자발적이고 창의적으로 표현하도록 하는 내용이다. 미술 활동은 재료와 도구를 가지고 유아가 알고 있는 것, 본 것, 느낀

것을 자유롭게 표현할 수 있는 기회를 제공할 뿐 아니라, 표현 과정에서 즐거움을 느끼며 만족감과 자신감을 경험하게 하고 미적 감각 및 창의성을 발달시킨다. 세부내용인 "다양한 미술 활동을 경험해 본다."는 만 3세 유아의 경우 나무껍질, 돌, 조개껍질, 다양한 형태와 재질의 종이 등을 그리고, 색칠하는 미술 활동을 경험하도록 한다. 또한 다양한 질감을 느끼고 비교할 수 있는 콜라주와 점토 활동도 만 3세 유아에게 적합한 미술 활동이다. "다양한 미술 활동으로 자신의 생각과 느낌을 표현한다."는 만 4, 5세 유아의 경우 알고 있는 것과 본 것 그리고 느낀 것 등을 바탕으로 미술로 표현한다. 따라서 자연과 주변 환경에서의 감각과 신체를 통한 활동뿐 아니라, 상상하기, 자신의 느낌 명료화하기 등의 다양한 경험을 제공하여 창의적인 미술 표현의 원천이 되는 유아의 생각과 지각 그리고 느낌을 풍부하게 해 주어야 한다.

내용범주 '예술적 표현하기'의 두 번째 내용인 '통합적으로 표현하기'는 유아가 참여하는 다양한 표현 활동들이 서로 통합적으로 이루어지도록 하는 내용이다. 유아는 통합적으로 경험하게 될 때 자신의 경험을 조직적이고 종합적으로 표현할 수 있게 되며 더욱 풍부한 표현력을 가질 수 있게 된다. 또한 이러한 경험이 일상적으로 반복되면서 유아는 예술 활동 전반에 대해 지속적으로 흥미를 가지고 창의적 표현 과정을 즐기게 된다.

〈표 3-4〉 3~5세 예술경험영역의 내용범주 '예술 감상하기' 내용과 생태미술교육의 연계성

<table>
<tr><th rowspan="2">내용범주</th><th rowspan="2">내용</th><th colspan="3">세부 내용</th></tr>
<tr><th>만 3세</th><th>만 4세</th><th>만 5세</th></tr>
<tr><td rowspan="3">예술 감상하기</td><td rowspan="2">다양한 예술 감상하기</td><td>다양한 음악, 춤, 미술작품, 극놀이 등을 듣거나 본다.</td><td colspan="2">다양한 음악, 춤, 미술작품, 극놀이 등을 듣거나 보고 즐긴다.</td></tr>
<tr><td colspan="3">나와 다른 사람의 예술 표현을 소중히 여긴다.</td></tr>
<tr><td>전통예술 감상하기</td><td colspan="2">우리나라의 전통예술에 관심을 갖는다.</td><td>우리나라의 전통예술에 관심을 갖고 친숙해진다.</td></tr>
</table>

내용범주 '예술감상하기'의 첫 번째 내용인 '다양한 예술 감상하기'는 유아가 다양한 미술작품 등을 보고 즐기는 활동을 통하여 아름다움을 느끼고 각자의 표현을 존중하며 예술 감상에 지속적인 관심과 흥미를 갖도록 하는 내용이다. 사람들의 성장과정에서 접하는 경험에 따라 개인이 일생동안 경험하고 즐길 수 있는 예술의 영역과 깊이는 달라질 수 있다. 따라서 유아기의 예술경험은 향후 개인의 인생전반에 걸쳐 예술적 취향에 영향을 준다는 차원에서 중요한 의미를 지닌다.

내용범주 '예술감상하기'의 두 번째 내용인 '전통예술 감상하기'는 우리나라 고유의 전통예술에 관심을 갖고, 이와 친숙해질 수 있도록 하는 내용이다. 유아기는 우리 전통예술에 관심을 갖고 받아들이며 익숙해지는 데 중요한 시기이다. 도자기, 조각보 등 우리 고유의 전통문화를 반복적으로 관찰하고 표현해 보도록 하여 우리 고유의 아름다운 색과 패턴, 질감 등에 친숙해질 수 있도록 한다. 또한 감상활동을 위한 재료는 화가에 의한 작품 뿐만 아니라 계절과 상황에 따른 자연스러운 환경이나 또래의 작품 등도 유아의 감상활동을 위한 좋은 재료가 될 수 있다.

3. 생활주제에 따른 생태미술교육

누리과정에서 지향하는 교수·학습방법 중 하나는 주제를 중심으로 여러 활동이 통합적으로 이루어지도록 하는 것이다. 그러므로 생태미술교육의 내용도 주제를 중심으로 조직한다. 다음은 3~5세 누리과정 교사용 지도서의 생활주제별 주제를 비교한 표이다(교육과학기술부, 2012).

〈표 3-5〉 3~5세 누리과정 교사용 지도서의 생활주제별 주제

생활주제	3세 주제	4세 주제	5세 주제
유치원/어린이집과 친구	유치원/어린이집의 환경	유치원/어린이집의 환경	유치원에서의 환경
	유치원/어린이집에서의 하루	유치원/어린이집에서의 하루	유치원에서의 하루
	유치원/어린이집에서 만난 친구	유치원/어린이집에서 만난 친구	유치원에서의 친구
	함께 놀이하는 유치원/어린이집	함께 놀이하는 유치원/어린이집	함께 만드는 유치원
나와 가족	나의 몸과 마음	나의 몸과 마음	나의 몸과 마음
	소중한 나	소중한 나	소중한 나
	소중한 가족	소중한 가족	소중한 가족
	행복한 우리 집	가족의 생활과 문화	가족의 생활과 문화
우리동네	우리동네모습	우리동네모습	우리동네모습
	우리동네생활	우리동네생활	우리동네생활
	우리동네 사람들	우리동네 사람들	우리동네 사람들
		우리 동네 전통과 문화	우리 동네 전통과 문화
동식물과 자연	궁금한 동식물	궁금한 동식물	궁금한 동식물
	동물과 우리생활	동물과 우리생활	동물과 우리생활
	식물과 우리생활	식물과 우리생활	식물과 우리생활
	자연과 더불어 사는 우리	자연과 더불어 사는 우리	자연과 더불어 사는 우리
건강과 안전	즐거운 운동과 휴식	즐거운 운동과 휴식	즐거운 운동과 휴식
	깨끗한 나와 환경	깨끗한 나와 환경	깨끗한 나와 환경
	맛있는 음식과 영양	맛있는 음식과 영양	맛있는 음식과 영양
	안전한 놀이와 생활	안전한 놀이와 생활	안전한 놀이와 생활
생활도구	다양한 생활도구	다양한 생활도구	다양한 생활도구
	생활도구를 움직이는 힘	생활도구를 움직이는 힘	생활도구를 움직이는 힘
	생활도구로서의 미디어	생활도구로서의 미디어	생활도구로서의 미디어
		미래의 생활도구	미래의 생활도구
교통기관	여러 가지 육상 교통기관	여러 가지 육상 교통기관	여러 가지 육상 교통기관
	고마운 육상 교통기관	고마운 육상 교통기관	고마운 육상 교통기관
	항공/해상 교통기관	항공/해상 교통기관	교통 기관의 변천과정과 구조
	즐거운 교통생활	즐거운 교통생활	교통 통신과 교통 생활

생활주제	3세 주제	4세 주제	5세 주제
우리나라	우리나라 사람들의 생활	우리나라 사람들의 생활	우리나라 사람들의 생활
	우리나라의 놀이와 예술	우리나라의 놀이와 예술	우리나라의 놀이와 예술
	우리나라의 역사와 자랑거리	우리나라의 역사와 자랑거리	우리나라의 역사와 자랑거리
		우리나라의 자랑거리	우리나라의 자랑거리
세계 여러 나라		세계 여러 나라 사람들의 생활	세계 여러 나라 사람들의 생활
		세계 여러 나라의 문화유산	세계 여러 나라의 문화유산
		세계 여러 나라와의 교류	세계 여러 나라와의 교류
		세계의 자연과 사회현상	세계의 자연과 사회현상
환경과 생활	물과 우리생활	물과 우리생활	물과 우리생활
	돌·흙과 우리생활	돌·흙과 우리생활	돌·흙과 우리생활
	바람·공기와 우리생활	바람·공기와 우리생활	바람·공기와 우리생활
	빛과 우리생활	빛과 우리생활	빛과 우리생활
	소리와 우리생활	소리와 우리생활	소리와 우리생활
봄, 여름, 가을, 겨울	봄	봄	봄
	여름	여름	여름
	가을	가을	가을
	겨울	겨울	겨울

이러한 주제는 고정된 것이 아니라 생활주제별로 서로 연계하여 활용할 수도 있다(교육과학기술부, 2012). 일반적으로 교육내용을 조직하기 위해 주제를 선정하고 교육활동을 적용하는 것은 유아의 흥미, 계절, 기관의 철학 및 상황, 연령, 재료 준비 가능성 여부, 교사의 능력과 선호도 등에 따라 달라진다. 주제를 선정한 후에는 동일한 주제나 서로 연관된 일련의 주제를 묶어 시간 간격을 두고 관점을 달리함으로써 유아의 이해 수준을 점차 높여 나간다. 생태미술교육의 내용을 주제 중심으로 조직하여 운영하는 경우 교육내용에 대한 깊이 있는 이해를 도모할 뿐만 아니라 같은 재료라 하더라도 여러 주제에 따라 변형 또는 반복적으로 적용해봄으로써 주변 자연 환경에 대한 관심이 증대될 수 있다. 뿐만 아니라 자연을 바라보는 시각을 변화시켜 생태적 감수성을 향상시키는 데 도움이 될 것이다.

후반부 실제편에서 제시한 생태미술활동을 〈표 3-5〉의 생활주제별로 구분하여 보면 다음과 같다.

〈표 3-6〉 생활주제에 따른 생태미술활동의 예

생활주제	생태미술활동
봄, 여름, 가을, 겨울	- 나뭇잎 가루로 그리기 - 나뭇잎 왕관 만들기 - 나뭇잎 탁본하기 - 나뭇잎 탁본으로 카드 만들기 - 애기똥풀 천연염색하기 - 면봉으로 성탄목 꾸미기 - 손가락 성탄목 꾸미기 - 입체 성탄목 만들기
생활도구	- 문패 만들기 - 석고붕대로 연필꽂이 만들기 - 자연물 브로찌 만들기 - 책갈피 만들기 - 한지 책갈피 만들기 - 핸디코트 액자 만들기
환경과 생활	- 돌로 그리기 - 돌탑 만들기 - 모래 위에 그리기 - 색 모래로 꾸미기 - 찰흙 오브제 만들기 - 흙물로 그리기
우리나라	- 단오부채 만들기 - 지점토 오방색 유두구슬 만들기 - 오방색 유두 목걸이 만들기 - 종이컵으로 노리개 만들기 - 한지 조각보 카드 만들기
동식물과 자연	- 자연물로 동물 얼굴 꾸미기 - 자연물로 반입체 동물 만들기 - 자연물 벽걸이 만들기 - 자연물로 얼굴 꾸미기 - 자연물 연상그림 그리기 - 조개껍데기로 탁본하기

위에 제시한 생태미술활동 중 하나인 '나뭇잎 탁본으로 카드 만들기'는 '가을'이란 생활주제 전개 시 적용할 수도 있으나 카드만들기 활동이라는 점에서 생활주제가 '유치원과 친구' 또는 '나와 가족'이라는 주제 전개 시에도 적용할 수 있다. 또한 '애기똥풀 천연염색하기' 활동은 봄에 이루어지는 활동이라면 여름에는 봉숭아로, 가을에는 맨드라미를 활용하여 염색하기를 할 수 있으므로 같은 활동이라 하더라도 재료에 따라 적용 시기가 달라질 수 있다. 이처럼 생태미술활동의 주제는 현장 적용 시기와 상황에 따라 매우 융통성있게 전개될 수 있다. 따라서 본 실제편에서는 생태미술활동을 생활주제로 구분하지 않고 생태미술활동의 주 재료별(식물, 돌, 모래, 흙, 종이, 기타 다양한 재료 등)로 구분하여 구성하였다.

유아 생태미술교육과 환경구성

04

생태교육의 활성화에 따라 유아교육 박람회나 대형 문구점 등을 방문하여 보면 자연물을 학습 도구로 활용할 수 있도록 생산하여 판매하는 업체가 많이 생겼음을 확인할 수 있다. 나방이나 달팽이, 버섯, 올챙이 등이 자랄 수 있도록 기성품으로 만들어 자라는 과정을 관찰할 수 있도록 하거나, 심지어 나무 조각을 비싼 가격에 판매하기도 한다. 자연에 대한 관심과 친숙함을 위해 만들어진 교구를 활용하는 것은 유아에게 자연에 대한 정보를 제공해 줄 수는 있으나 자연에 대한 애착심 또는 환경보호를 위한 마음을 배양시키는 것은 한계가 있을 수 있다. 그러나 이러한 교구들을 관찰하고 미술 활동과 연계할 수 있는 다양한 방안을 모색해 보고 교육적으로 활용한 후 자연으로 되돌려 보내는 등의 방안을 모색한다면 더할 나위 없이 좋은 교구로 활용되어질 수도 있을 것이다.

1. 생태미술활동을 위한 환경

1) 공간 및 환경 조성

유아들이 생태미술활동에 참여하고 싶어 하는 동기가 생기도록 하기 위해서는 적절한 공간구성과 미술영역의 배치, 다양한 설비 및 재료가 필요하다. 이러한 환경의 질은 유아들의 활동 참여 시 몰입하고 열중하도록 하는 데 영향을 준다.

생태미술교육을 위한 교육환경 조성 시 유의점은 다음과 같다.

첫째, 효율적인 공간 활용이 필요하다. 도시에 있는 교육기관에서는 자연적인 환경 조성이 어려우므로 인위적인 공간 즉, 교육기관에 인접한 놀이공간이나 건물 옥상 등을 활용하여 동물 사육장이나 텃밭, 작은 연못을 자연공간으로 활용한다.

둘째, 기존의 획일화된 환경구성 및 꾸미기 재료보다는 유아들과 산책, 숲 체험놀이 등 현장학습을 통해 얻어지는 자연물(예: 밤, 돌, 나뭇가지, 헝겊, 솔방울, 씨앗, 자갈, 모래, 지푸라기, 조개, 폐품 등)의 재료로 환경을 조성해 준다.

셋째, 생태미술활동을 위해 넓은 공간과 안정된 분위기로 자유롭게 교재교구 및 재료를 접할 수 있도록 준비해 준다. 이러한 환경은 유아가 느낀 것이나 경험한 것 등을 자유롭게 표현하는 데 도움이 된다.

넷째, 생태미술 작품을 전시하여 환경을 조성해준다. 이러한 전시는 유아를 위한 미술 활동에 자극제가 될 수 있다.

2) 미술영역의 배치

생태미술활동이 효과적으로 운영되기 위해 기본적으로 물리적 환경이 잘 구비되어 있어야 한다. 또한 활동을 진행함에 있어 융통성 있고 기능적인 환경이 구성되어야 한다. 환경이 잘 구성되어 있다면 유아는 흥미를 갖고 적극적으로 탐구하며 작업에 몰입할 수 있을 것이다.

교실에 배치할 때 고려해야 할 원리에 대해 Frost(Frost & Kissinger, 1976)는 네 가지 영역으로 구분하여 설명하고 있다.

이 중에 미술영역은 물이 있고 조용한 영역에 설치되는 것이 바람직하다. 출입구와 가까운 곳이나 역할 놀이 등과 같은 활동적인 영역과 분리하여 배치해야 하며 유아들이 편안하게 작업할 수 있도록 충분한 공간을 가져야 한다.

	건조한곳		
조용한 곳	제1영역 언어영역, 수조작 영역 등	제2영역 블록영역, 목공영역, 역할놀이영역, 음률영역 등	활동적인 곳
	제3영역 미술영역 등	제4영역 물 모래 놀이 영역, 과학영역 등	
	물이 있는 곳		

미술영역의 공간 구성 및 배치 시 고려할 점은 다음과 같다.

첫째, 유아들이 편안하게 생태미술활동을 하기 위해서는 충분한 공간을 가져야 한다. 책상에서 활동을 진행할 수도 있지만 생태미술 특성상 바닥에서 작업할 때도 있으므로 이 점을 고려한 넓은 공간 배치가 필요하다. 또한 유아들의 활동성이 많은 영역과는 분리하여 배치하는 것이 좋다.

둘째, 생태미술활동 시 손이나 작업도구들을 자주 씻는 경우가 많으므로 물을 쉽게 사용할 수 있도록 하는 것이 좋다. 또한 글루건과 같은 전기를 사용하는 작업도구들을 사용할 수 있으므로 전기코드와 가까운 곳에 배치하는 것이 바람직하다. 다만 글루건은 유아가 개별적으로 사용하는 것이 아니라 교사의 도움이 필요할 때만 꺼내어 사용하도록 한다.

셋째, 생태미술활동을 위한 미술영역의 바닥은 염액, 물감 등의 채색재료나 본드 등과 같은 붙이기 재료 등이 떨어져도 잘 닦일 수 있도록 비닐이나 타일로 설비하는 것이 좋다. 또한 쉽게 닦을 수 있도록 물걸레 또는 물티슈, 스펀지 등을 함께 준비하여 수시로 닦을 수 있도록 한다. 유아 스스로 정리정돈할 수 있도록 간단한 청소도구를 비치하는 것도 좋다.

넷째, 생태미술 작품을 말릴 수 있는 공간과 미완성 작품을 보관하거나 완성된 작품을 전시하는 공간이 제공되어야 한다. 입체적인 생태공예작품을 전시대, 선반 등을 이용하여 전시하고 평면적인 작품은 게시판이나 벽면 등에 전시하는 것이 효과적이다. 작품을 말릴 경우 바닥의 보호에도 주의해야 한다.

이 외에도 생태미술활동을 하면서 옷이 더러워지지 않도록 작업용 앞치마 또는 소매토시를 사용할 수 있도록 한다. 또한 생태미술활동을 할 수 있는 재료와 작업 도구 등을 보관할 수 있는 공간과 교사의 교수용 재료를 보관할 공간도 필요하다.

3) 생태미술활동을 위한 기본 설비

(1) 작업용 책상

① 책상은 다양한 생태미술활동이 이루어질 수 있도록 낮고 크고 튼튼한 것이어야 한다. 책상 전체가 붙어있는 것보다는 반원, 직사각형 등의 모양이 조합된 것을 사용하여 유아의 인원이나 활동에 따라 변형할 수 있도록 한다.

② 책상의 크기와 개수는 유아의 신체조건이나 인원수, 교실의 공간 등을 고려한다.

③ 생태미술활동을 할 때에는 작업용 비닐커버를 준비하여 책상이 더러워지거나 손상되는 것을 막을 수 있도록 한다.

〈그림 4-1〉 책상

(2) 일반 미술도구 재료정리장

① 일반적인 미술영역에 구비되어야 할 재료정리장은 유아가 쉽게 재료를 볼 수 있고 자유롭게 꺼낼 수 있는 높이의 것, 유아의 눈높이에 맞춘 것을 사용한다.

② 바퀴가 달려있어 이동 시 용이하게 하되 바퀴 잠금장치가 있어 밀리지 않도록 한다.

③ 재료정리장을 정리, 배치할 때는 사용이 잦은 도구들은 높은 곳에 두고, 무겁고 떨어졌을 때 문제가 발생할 수 있는 재료는 아래쪽에 배치한다.

〈그림 4-2〉 미술도구 재료정리장

(3) 생태미술도구 재료정리장

① 생태미술도구 재료정리장에는 나뭇잎, 나뭇가지, 돌, 열매 등을 구분하여 정리하여 둔다.

② 계절에 따라 구할 수 있는 재료들로 재료정리장이 채워지도록 하는 것이 바람직하다.

③ 재료들의 특성에 맞는 상자나 바구니에 담아 사용이 용이하도록 한다.

〈그림 4-3〉 생태미술도구 재료정리장

(4) 교사용 재료장

① 생태미술활동에 필요한 작업도구나 예비 재료들을 다양한 통에 종류별로 넣고 보관하여 둔다. 이 때 사용하는 통은 투명한 것이 좋으며 쉽게 구분할 수 있도록 보관 용기에 내용물을 써서 붙여 놓는다.

② 교사용 재료장은 유아들이 쉽게 열지 못하도록 서랍이나 문이 있는 것을 사용하는 것이 좋다.

〈그림 4-4〉 교사용 보관 재료의 예시

(5) 작품 건조대

① 염액을 이용하거나 목공용 본드를 사용하고 작품을 완성한 후에 건조시킬 수 있는 작품 건조대가 필요하다. 선반이나 재료장 윗면을 건조시키는 공간으로 사용해도 좋다.

② 평면 작품을 완성한 뒤 작품 건조대에 건조시킨다면, 입체 작품은 완성 후 일반적으로 선반이나 재료장 윗면 등의 공간을 활용한다.

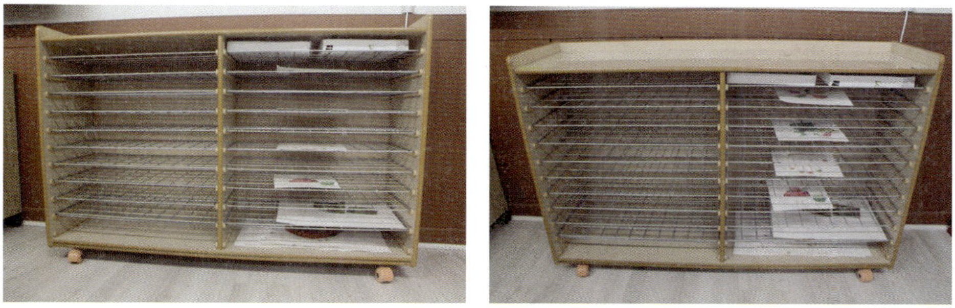

〈그림 4-5〉 평면 작품 건조대 예시

(6) 작품전시대 및 게시판 등 다양한 전시 공간

① 생태미술 작품 전시는 모든 공간에서 가능하다. 게시판이나 작품 전시대를 이용하는 경우도 많지만 전시하는 공간을 국한시키기보다 다양한 공간을 활용하는 것이 좋다. 즉 작품 전시대 및 게시판 이외에 일반 벽면, 창문, 천장, 복도, 현관 등을 활용할 수 있다.

② 평면, 반입체 작품은 게시판 또는 벽면에 전시할 경우 유아의 눈높이에 맞게 전시하는 것이 좋다.

③ 입체작품은 낮은 진열장을 사용하거나 천장에 모빌형식으로 전시하는 것도 좋다. 창문, 현관 등에 전시할 경우 유리에 직접 부착하기보다, 나뭇가지 등을 이용하여 전시한다.

〈그림 4-6〉 게시판 사진의 예시

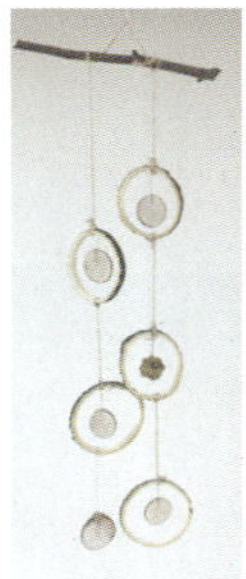

〈그림 4-7〉 다양한 전시공간 활용의 예시

2. 생태미술교육을 위한 재료

1) 미술영역의 도구 및 기본 재료

미술영역의 재료는 가능한 다양하게 준비하는 것이 바람직하다. 재료는 평면, 입체 활동을 모두 경험할 수 있도록 준비하는 것이 좋다. 도구와 재료를 충분히 제공해 준다면 유아가 흥미를 가지고 다양한 활동에 즐겁게 참여할 수 있다. 또한 재료사용에 있어 유아 자신만의 새로운 방법으로 시도하고 실험해 보는 경험 또한 갖게 될 것이다.

- 다양한 종이류
- 그리기 도구류
  - 크레파스, 색연필, 파스텔, 연필, 물감, 붓, 사인펜, 먹, 식물 액 등

- 만들기 도구류
  - 붙이는 도구들 : 물풀, 목공용풀, 무독성 본드(오공본드, 만능본드 등), 밀가루 풀, 녹말풀, 글루건 등
  - 자르는 도구들 : 가위, 펀치 등
- 기타 도구류
  - 전지가위, 교사용 핀셋 등

2) 생태미술 재료의 특성

생태미술수업에 활용되는 재료는 주로 자연물과 재활용품이다. 자연물은 문밖 주변 환경을 관찰하는 습관과 관심만 있다면 우리 주변에서 무한대로 적합하고 필요한 재료를 찾을 수 있다. 자연물 재료를 이용한 생태미술은 자연을 알아가는 방법으로 효과적이다. 자연물은 자연생태의 이해를 돕기 위한 관찰 대상이 될 뿐만 아니라, 표현재료로도 색, 형태, 질감, 크기 등 다양성을 가진 훌륭한 재료이다. 자연물의 우연적 형태는 상상력을 자극시켜 주며 폭 넓게 확산할 수 있는 매개체이며 대체로 인체에 무해할 뿐 아니라 유아의 시각을 넓히고 관찰력을 증진시키므로 자유로운 창의적 활동을 촉진시키는 매개체가 된다. 이처럼 자연 속에 있는 생태 재료는 많은 장점과 접근의 효율성을 가지고 있으며, 유아들의 창의적 아이디어와 결합하여 표상해 낼 수 있는 가능성을 가지고 있다.

이러한 생태미술 재료의 주요 특성을 살펴보면 다음과 같다.

(1) 가변성

생태 재료는 다양한 가변성을 가지고 있어 유아의 기호와 관심에 따라 변형시키고 아이디어를 재결합시킬 수 있는 장점이 있다. 이러한 가변성은 적극적인 장점이 될 수 있다.

(2) 심신의 편안함

인공적인 재료로 둘러싸인 환경에서 벗어나 자연을 호흡하고 지켜보고 만져보는

행위는 심신을 이완시키고 즐거움을 준다. 자연에서 가만히 쪼그리고 앉아 무엇인가 한참 지켜보면 태양의 일조량에 따라 색깔이 다르게 보이고, 특유의 냄새와 다양한 모양들에 이끌려 자연스럽게 탐색 활동이 일어나게 된다.

(3) 유해하지 않은 재료

인공적인 재료는 각종 유해 물질로 인해 문제가 제기되기도 한다. 반면에 생태에서 만나는 대부분의 재료들은 친환경적이며 안전한 측면이 있다. 치톤피스가 다량으로 흘러나오는 소나무 숲에서 솔방울을 주워 생태미술활동을 한다면 심신의 건강은 물론, 다양한 조형적 특성의 경험이 가능하여 양질의 교육적 효과까지 얻을 수 있다.

(4) 발견의 기쁨

자연 속에는 다양한 색, 모양, 냄새, 현상들이 상존해 있다. 그것을 발견하는 시각에 따라 얼마든지 연결 및 연상 활동이 일어날 수 있다. 발견이라는 측면에서는 여러 가지 통합적 요소 때문에 인공 재료보다 더 큰 흥미를 유발할 수 있다. 흥미는 탐색 동기로 이어지고, 탐색을 하면서 유아가 보고, 냄새 맡고, 만지면서 표현할 때 감동과 발견의 기쁨을 맛보게 된다(김용권·김윤희, 2010).

(5) 생동감 있는 재료

자연에서 만나는 재료는 생동감이 있다. 여름이 무르익었을 때의 짙은 녹색 나뭇잎이나 가을이 짙어졌을 때의 단풍잎 등을 통해 우주적 질서의 순환 원리에 입각해 수시로 변화하며 모습을 바꾸는 생태 재료는 매순간 생동감을 보여준다.

(6) 창의적 표상 심리 자극

바람에 일렁이며 태양 빛에 반사된 나뭇잎을 보는 아이는 그 나뭇잎을 만져보거나 따보고 싶은 강한 충동이 일어난다. 미술을 위한 방법적 기능을 습득하지 않더라도 말아보거나 찢어보거나 구멍을 뚫어 연상 활동을 하고자 한다. 이처럼 생태 재료와 환경은 유아들의 표상 심리를 유발하고 실행하고자 하는 동기로 작용한다.

(7) 독특하고 개성 있는 유일 재료

자연의 재료 자체가 이미 독특한 재질, 색깔, 모양으로 구성되어 있으므로 자연에서 만나는 재료에는 유일한 측면이 있다. 똑같은 나무에서 자란 나뭇잎이라 하더라도 모양이 조금씩 다르다. 예를 들면 조금 비틀리거나, 벌레 먹었거나, 색깔에서의 차이 등 다양한 형태가 있다. 이러한 재질 자체가 보는 사람의 마음을 다르게 만들 수 있다.

3) 자연물 재료의 채집과 보관

재료를 구하다 보면 나무 열매의 모양, 이름, 색 등에 관심을 갖게 되면서 언제 열매가 여물고 어디에서 구할 수 있는지 알 수 있다. 애써 주워 모은 건데 그냥 두었다가는 모두 버려야 하는 경우가 종종 있다. 벌레가 나기도 하고, 곰팡이가 생기기도 하고, 가끔 썩기도 한다. 자연물은 사시사철 쉽게 구할 수 있는 재료도 있지만 한 시기에만 구할 수 있는 재료들도 있기 때문에 채집할 수 있는 적절한 시기에 맞춰 채집하고 보관하는 것이 중요하다. 자연물 재료의 채집 및 보관방법은 다음과 같다.

(1) 나무

자연물 재료 중 나무는 벌목을 하거나 가지치기를 한 폐목을 주워서 쓰거나, 솎아내기 또는 가지치기를 위해 자른 나무를 사용한다. 또한 봄이나 여름에 물이 오른 나무는 쉽게 껍질이 벗겨지기 때문에 겨울에 자른 나무를 사용하는 것이 더 좋다. 나무는 부러지거나 마르지 않은 단단한 것으로 골라서 채집한다. 다양한 나무를 선택하면 특유의 결이나 단면의 색감을 통해 다채로운 느낌을 표현할 수 있어 좋다. 마르지 않은 나무를 잘라서 사용하면 마르면서 수축하기도 하고, 습기로 인해 벌레가 생기기도 하므로 채집한 나무는 그늘에서 잘 말려서 사용한다. 여름에 냇가에 놀러 갔을 때 떠내려 온 기이한 형태의 나무 덩굴이나 나무 줄기 등도 이용할 수 있다. 특히 큰 비가 온 후에 산에 가면 긁히고 부딪치면서 불규칙한 무늬를 만들어 낸 나무들도 좋은 재료가 될 수 있다. 고목이나 잘라진지 오래된 나무는 벌레나 미생물이 많이 있을 수 있으므로 사용하지 않는다. 또한 제재소에서 목공용으로 사용하고 남은 나무 껍질이나 나무토막을 얻어 자연물 미술 재료로 활용할 수도 있다.

모든 나무는 베어낸 후 햇빛에 두면 나무의 심재가 갈라지므로, 통풍이 잘 되는 그늘에 양파 주머니를 이용해 보관하면 나무가 갈라지는 것을 막을 수 있다. 너무 바짝 말라버린 나무를 전지가위로 자르면 모두 부서지거나 거칠게 갈라진다. 섬세한 나무 조각이 필요하면 반건조된 나무 조각을 사용해야 한다. 만일 너무 마른 나뭇가지를 사용할 때는 사용 하루 전 비닐봉지에 넣어 스프레이로 물을 뿌려 두면 나무가 습기를 흡수하여 잘라 쓰기 편하다. 야외에서 주운 죽은 나뭇가지는 젖은 천으로 닦아주면 나무의 무늬결이 뚜렷하게 나타난다. 그러나 닦은 후에도 작은 구멍이 뚜렷하게 있다면 작은 벌레가 살고 있을 가능성이 있기 때문에 사용하지 않는 것이 좋다. 특히 참나무 종류(상수리나무, 갈참나무, 졸참나무, 굴참나무, 떡갈나무, 신갈나무)는 벌레가 많아 작품이 망가질 수 있기 때문이다. 나무토막이 필요한 경우 톱이나 전기톱을 이용해서 자른 후 전자레인지로 돌려 작품을 만든다.

〈그림 4-7-1〉 나무 보관

(2) 풀 또는 나뭇잎, 꽃잎

풀 또는 나뭇잎을 채집하는 경우 손으로 꺽지 말고 전지가위 등을 사용한다. 이는 줄기가 갈라지고 상하지 않도록 하기 위함이다. 꽃잎은 가장 많이 피어 있는 곳에서 솎아주는 정도로 채집한다. 꽃은 한 철에만 개화하기 때문에 습기를 제거할 수 있도록 흰 종이나 키친 타올에 싸서 두꺼운 책에 끼워 눌러 두면 변색을 어느 정도 막을 수 있고, 언제든지 꽃 사전이나 책갈피 등을 만드는 데 사용할 수 있다.

(3) 씨앗, 열매

씨앗이나 열매는 금방 떨어진 것을 주워야 예쁜 작품을 만들 수 있다. 떨어진지 너무 오래된 씨앗이나 열매는 쉽게 부서지거나 흙이 묻어 지저분하기 때문이다. 그러나 따는 것보다 주워 쓰는 것이 자연에 대한 예의이다. 꼭 따야 한다면 한 나무에서 너무 많이 따지 말고 솎듯이 채집한다. 또한 제철마다 나는 과일 씨앗을 모아 두면, 작품을 만들 때 눈, 코, 입, 날개 등에 사용할 수 있으므로 틈틈히 준비해 둔다. 다양한 열매나 과일 씨앗 같은 열매를 보관할 때는 10% 희석한 락스물에 담갔다가 건져 햇빛에 말린다. 그리고 벌레가 생길 수 있으므로 다시 전자레인지에 돌려(양에 따라 30~60초, 1분 이상 등 조절가능) 보관하거나 방습제를 같이 두어 썩거나 변형되지 않도록 한다. 솔방울의 경우 20~30분 동안 소금물에 넣고 끓이면 소독도 되고 불순물을 제거할 수도 있다. 모든 자연물은 통풍이 잘 되는 곳에 종류별로 모아 두거나, 망에 넣어 매달아 두는 것도 좋다.

〈그림 4-7-2〉 솔방울, 깍정이 보관

(4) 조개류

조개류는 껍질에 붙어 있는 살점 등을 깨끗이 제거한다. 그리고 물 속에서 각종 유기물질이 썩어서 생기는 냄새나는 찌꺼기를 없애기 위해 솔 등을 이용해 흐르는 물에 박박 문질러 씻은 후 햇빛에 충분히 말려서 사용한다.

더 자세한 내용은 씨앗, 열매, 잎, 줄기, 껍질 등으로 나누어 교사가 참고할 수 있도록 부록 3(자연물 재료의 특징, 보관, 활용 Tip)에 제시하였다.

4) 재료배치 및 제시방법

생태미술활동에 필요한 재료를 배치할 때는 자연물의 특성이 돋보이도록 종이상자. 바구니, 투명 용기 등에 담아 제시함으로써 유아가 쉽게 사용할 수 있도록 한다.

재료의 자리 표시는 연령에 따라 다르게 준비하도록 한다. 연령이 낮은 유아를 위해서는 재료 사진을 찍은 후 인쇄 또는 인화하여 코팅해 붙인다. 연령이 높은 유아들은 사진과 함께 유아들이 직접 재료 이름을 써넣은 자리 표시를 붙여서 사용해도 좋다.

〈그림 4-8〉 씨앗류

〈그림 4-9〉 솔방울류

〈그림 4-10〉 나뭇가지류

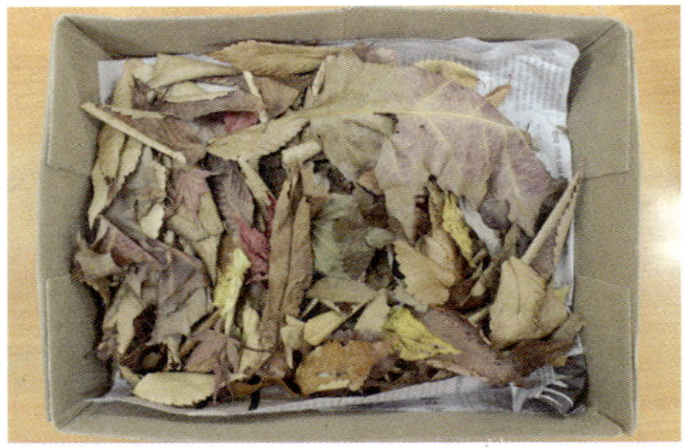

〈그림 4-11〉 나뭇잎류

〈그림 4-12〉 돌류

〈그림 4-13〉 조개류

〈그림 4-14〉 끈류

〈표 4-1〉 재료배치 및 제시방법

재료 종류	재료 제시방법
씨앗류	- 뚜껑이 있는 투명하고 작은 페트병에 담아 종류가 한눈에 보이고 쏟아지지 않도록 한다. - 필요한 만큼 덜어 쓸 수 있도록 작은 용기에 담아 제시해 둔다. - 재료의 배치는 교구장 위쪽으로 한다.
솔방울 류	- 솔방울의 크기별로 종이 상자에 담아 제시한다.
나뭇가지류	- 넝쿨로 된 나뭇가지와 굵기가 서로 다른 나뭇가지 등을 한 곳에 담기보다 2~3군데 크기 또는 종류별로 나눠서 제시한다. - 다양한 줄기를 살펴 볼 수 있도록 제시해 주면 더 효과적이다.
나뭇잎 류	- 유아들이 모아온 나뭇잎 등은 먼지를 털거나 마른 수건으로 닦아서 제시한다. - 교사가 준비하는 나뭇잎의 경우 모양이 상하지 않게 책 사이사이에 끼워 잘 말려서 사용한다. - 낮은 높이의 그릇이나 종이 상자에 종류별로 담아 제시한다.
돌 류	- 돌 종류는 항상 제시해 두기 보다 활동을 진행할 때 제시한다. 활동의 종류에 따라 돌의 종류 및 크기별로 종이 상자에 담아 교구장 아래쪽에 제시한다.
흙 류	- 모래 또는 고운 흙, 색 모래는 항상 사용되기 보다 활동에 따라 사용되는 경우가 많다. - 필요할 때 담아 쓸 수 있도록 뚜껑이 달린 투명 페트병에 담아 둔다.
조개류	- 조개는 깨끗이 씻어서 햇볕에 잘 말린 후 사용한다. - 쌓아서 제시하기 보다 조개의 무늬가 잘 보일 수 있게 필요한 만큼 종이 상자나 납작한 용기에 담아 제시한다.
점토	- 점토는 사용할 만큼(야구공 크기) 동그랗게 뭉쳐서 비닐에 감싼 후 투명 용기에 담아 제시한다.
깃털	- 깃털은 작은 바람에도 날릴 수 있으므로 투껑이 있는 투명한 용기에 담아 제시한다.
톱밥	- 바람에 쉽게 날릴 수 있으므로 뚜껑이 있는 투명한 용기에 담아 제시하여 유아들이 잘 보고 쉽게 꺼내 쓸 수 있도록 한다.
끈류	- 기본 끈은 교사용 재료장에 둔다. - 유아들이 사용할 수 있도록 일정 부분 즉 20~30cm 정도씩 잘라서 쟁반에 담아 제시하거나 30cm 정도를 하드보드지(3cm 너비)에 감아 제시해둔다.

유아 생태미술교육의 교수학습방법과 교사의 역할

05

유아들은 주변의 자연재료들을 수집하면서 냄새를 맡고 손으로 만져봄으로써 식물의 다양한 형태와 색, 질감을 가진 재료들을 탐색하게 되고 이는 유아에게 자연에 대한 호기심을 길러줄 수 있다. 그리고 표현활동 시 친구와 함께 모래를 바르고, 그 위에 나무를 심고 꽃을 붙이는 등 서로 도와가며 함께 작업하는 과정에서 타인과 함께 협동하는 마음을 심어줄 수 있다. 뿐만 아니라 자연물을 활용하여 자신만의 독특한 표현활동을 하는 과정에서 자연물은 유아의 상상력뿐만 아니라 창의력 발달에도 긍정적인 효과가 있다(김주미, 2014).

자연물을 활용한 생태미술활동이 교육적 가치가 있도록 운영되기 위해서는 적절한 교수학습방법과 바람직한 교사의 역할이 요구된다. 이에 본 장에서는 생태미술교육의 교수학습방법으로서 통합적 접근방법과 구체적인 지도방법, 교사의 역할에 대해 살펴보고자 한다.

1. 생태미술교육의 통합적 접근

미술교육은 과학과 같이 대상 자체를 학습하고, 관찰하기 위한 활동이 아니라 직관적이고 능동적인 체험활동을 통해 스스로 깨닫고 느끼며 자신의 내면을 표출할 수 있는 표현활동과 연결된다는 점(남효창, 2012)에서 생태미술교육은 미술교육의 가치와 내면적 미의식을 함양할 수 있는 전인적 성장과 발달을 도모하기 위한 통합교육으로 진행될 필요가 있다. 따라서 생태미술의 교수학습과정은 대상을 탐색하거나 놀이, 신체표현활동, 영상관람, 동화책 읽기 등 통합적인 접근을 사용한다(김용권·김윤희, 2010; 임미진, 2007).

생태미술교육에서 통합적 접근법이 적용되어야 할 이유는 다음과 같다.

첫째, 생태미술교육에서의 통합적 접근법은 주제에 대한 깊이 있는 이해를 도모하는 데 도움을 준다. 주제 중심 통합적 접근의 일환으로 자연에서 뛰어 노는 신체활동, 자연의 소리를 듣는 음률활동, 자연의 이야기를 듣는 언어활동 등은 미적 표현능력을 향상시킬 뿐만 아니라 오감의 사용을 가능하게 한다.

둘째, 생태미술교육은 유아에게 학습이기보다는 흥미위주의 '놀이'로 인식되어야 한다. 유아를 위한 생태미술을 위해서는 유아의 내적 자극을 위한 놀이중심의 통합적 접근법이 필요하다.

셋째, 통합적 접근법은 자연을 적극적으로 탐색하고, 표현할 수 있도록 한다. 생태미술교육은 적극적으로 자연을 탐색하는 것에서 비롯된다. 적극적인 자연 탐색은 생태에 대한 이해를 도울 뿐 아니라 자연에 대한 관심으로 발전시킬 수 있다.

넷째, 통합적 접근법은 생태미술활동을 유아의 삶과 보다 밀접하게 관련시키며 경험으로의 전이가 잘 일어나게 한다. 이러한 현상은 유아의 생활 속으로 반영되어 생태적 감수성 함양에 긍정적인 영향을 미칠 것이다.

생태미술교육 운영 시 통합적 측면에서 다음을 고려하여 운영한다.

첫째, 생태학과 미술교육의 통합은 생태학과 미술교육을 접목시키는 데 있어, 양자를 이분법적인 형태로 제시하지 않는다. 생태학에서 얻을 수 있는 환경윤리적인 측면과 미술교육에서 얻을 수 있는 창의성 증진 및 표현능력 향상이 융합될 수 있도록 한다.

둘째, 주제를 중심으로 과학, 신체, 음률, 언어 등과 미술 활동과의 통합이다. 생태미술교육에서 이루어지는 통합적 접근방법은 생태미술에 대한 흥미를 유발시킬 뿐 아니라, 오감을 사용한 체험활동으로 전인적, 통합적인 성장을 촉진하는 기능을 할 수 있도록 한다.

셋째, 체험 및 탐색, 표현, 감상의 세 영역을 통합한다. 유아는 표현활동을 위하여 충분한 체험과 탐색활동이 이루어져야 하며, 아름다운 것을 보고, 느끼며, 표현하고, 표현한 것을 감상하는 능력과 토론할 줄 아는 통합적인 능력을 배양한다.

유아 생태미술의 교수학습방법으로서 체험 및 탐색, 표현, 감상하기의 과정과 전시하기에 대해 자세히 살펴보면 다음과 같다.

1) 체험 및 탐색하기

생태에 대한 체험 및 탐색활동은 자연을 느끼고 자연과 함께하는 여러 가지 놀이활동과 관련된다. 자연을 그냥 바라보는 것도 좋지만 그 속에서 뛰고, 냄새 맡고, 만져보면서 '놀이'를 한다면 심신의 건강은 물론 다양한 조형적 특성의 경험이 가능하여 양질의 교육적 효과를 얻을 수 있다. 예를 들면, 모래사장에서 모래 위에 나뭇가지를 꽂아놓고 놀거나 주변의 나뭇가지나 돌멩이를 가져오게 하고, 모두 둘러앉아서 모아온 나뭇가지나 돌멩이를 중앙에 쌓아 놓은 다음 한 사람씩 돌아가면서 하나씩 조심스럽게 꺼내오는 놀이 등은 유아의 집중력을 기르는 데 효과적이다. 또 다른 예로 산책 중에 나뭇가지를 주워 모아 바닥에 네모 공간을 만들어 그 안에 수집한 열매나 나뭇잎 등을 배열해 보거나 뒤돌아본 후 달라진 부분 찾기 등의 과정은 호기심과 관찰력, 집중력을 향상시키는 데도 도움이 된다.

경우에 따라서는 직접 체험을 할 수 없는 경우 환경적인 한계를 고려하여 시청각 재료 등을 이용하여 간접적으로나마 자연을 경험하고 느낄 수 있게 해줄 수 있다. 이와 같이 자연에 관한 체험 및 탐색활동은 미술에 대한 거부감을 없애주고 호기심을 갖게 해 준다. 이때 주의할 점은 자연 속의 놀이 활동이 단순히 놀이에 그치지 않도록 목적과 의도를 분명히 하여 즐거움 속에서 교육적 효과를 살릴 수 있도록 계획하고 실천할 수 있어야 한다.

2) 표현하기

생태미술활동은 주제에 관련한 대상을 오감을 활용하여 직접 탐색하거나 감상을 통해 경험한 것을 표현하는 과정중심의 활동이어야 한다. 사실 어떤 형태를 아름답게 만들어내는 미술 작업은 자연의 아름다움을 모방해내는 것이기도 하다. 빛과 음영이 교차하여 다양한 형형색색의 빛깔들이 탐색되기도 하고 이러한 자연의 색, 인상적인 색에 영감을 받아 창조적인 색을 표현해 볼 수 있다. 그리고 씨앗, 꽃, 풀, 나뭇잎 등 다양한 식물의 종류와 특징을 관찰하고 표현할 때 미술의 조형요소와 결합하여 표현할 수 있다.

생태에서 만나는 대부분의 재료는 친환경적이며 안전하며 생태미술 재료를 발견하는 눈과 관심만 있다면 어느 곳에나 산재해 있다. 돌멩이나 모래를 비롯해 꽃잎과 나뭇잎 그리고 나뭇가지 등을 도화지 위에 놓아 여러 가지 모양으로 꾸며보면 훌륭한 응용능력을 얻게 된다. 정교하게 조형이 되지 않더라도 그 감흥은 매우 크다. 이렇듯 생태는 그 자체가 조형재료가 되지만, 한편으로는 약간 가공하거나 아니면 크게 변형시켜서 학습할 수도 있다. 예를 들면 나뭇가지로 곤충 만들기, 식물로 종이 만들기, 솔방울을 이용해 트리 만들기 등이 있다. 이와 같이 자연에 대한 관찰 및 표현은 자연에 대한 친숙함을 배양시키고 나아가 자연보호에 대한 경각심을 일깨워 줄 수도 있다.

미술 표현 활동 시 자연물은 다음과 같이 활용할 수 있다(이명호, 2004).

(1) 자연물을 그대로 활용하기

자연에서 발견되는 어떤 형태나 색깔을 더하거나 빼지 않고 그대로 조형하는 것들을 말한다. 자연물의 자연적인 상태를 인위적인 가감 없이 그대로 사용하는 것이다. 예를 들어 유아가 단풍나무에서 노랗게 물들어 땅바닥으로 떨어진 잎을 하나 주워 흔들어 보거나 색깔을 유심히 살피거나 손의 모양과 비교하는 등 인위적인 가감 없이 조형적 요소를 가지고 있는 것을 의미한다. 그러나 유아가 발견하지 않은 상태의 것은 아무리 좋은 조형적 요소라 하더라도 조형이 되지 않는다. 유아의 발견적 심리가 있어야 조형이 되는 것이다. 이러한 표현방법은 유아의 연상 활동이 활발하게 일어나야 효과가 증대된다. 모양, 색깔을 있는 그대로 이용하여 조형하는 것은 최소의 투입조건으로 최대의 교육적 효과를 올릴 수 있는 장점이 있다.

(2) 자연물을 조금 변형하기

자연이 가지고 있는 형태나 색깔을 연상하고 거기에 약간의 변형을 시도하면 재미있는 모양이 조형되는 것을 말한다. 예를 들어 잎을 따서 적당한 곳을 겹쳐 원뿔처럼 잡아당겨 축소시키면 물을 담을 수 있는 용기가 되는 것이다. 이러한 활동에는 어떤 모양이나 색깔 등을 이용하는 능력이 요구된다.

(3) 자연물을 많이 변형하기

미리 어떤 아이디어를 가지고 그것에 알맞게 재료를 자르거나 이어 붙여 조형하는 것을 말한다. 예를 들어 나뭇잎을 가위로 자르거나 자른 것을 이어 붙여 조형하는 것처럼 생태 본래의 특성보다 유아의 주관적이고 창의적인 발상이 많이 개입되는 경우를 의미한다. 이것은 재료를 머리 속에 있는 형상에 맞추는 방법이다.

3) 감상하기

유아가 생태의 무한한 아름다움을 느끼도록 하기 위해서는 다양한 시각에서 보고 느낄 수 있도록 해야 한다. 예를 들어 유아에게 꽃을 나누어 주고 꽃 내음을 맡아보게 하고, 어떤 꽃 내음이 나는지, 기분은 어떤지, 꽃의 이름이 무엇인지, 꽃은 무슨 색깔을 띠고 있는지 등등의 질문과 꽃의 안팎을 살펴보면서 생김새에 대해, 만졌을 때의 느낌 등을 경험하도록 한다. 생태적 감수성은 학습하는 것이 아닌 일상생활 속에서 접하게 되는 친근한 것들을 한 걸음 다가가서 보고, 느껴보는 것이라고 할 때 꽃과 나무 등의 사물 중심에서 시간의 흐름에 따라 꽃과 나무가 어떻게 달라지는 지, 그리고 숲이나, 호수, 언덕과 같은 공간에서는 어떤 자연의 모습을 보이고 있는 지 등 시각적인 다양함을 갖게 함으로써 대상에 대한 유아의 흥미를 높이고 대상에 대한 이해와 의식 수준의 폭을 넓혀 탐색과 표현활동으로 연계된다.

위와 같이 체험 및 탐색, 표현, 감상하기의 과정은 생태미술교육 시 자율적인 방법이나 개방적 분위기를 최대한 보장하면서도 도입과 전개, 마무리 활동의 과정을 철저히 해야 함을 의미한다. 자기의 느낌이나 생각이 표현활동으로 이어진 후, 결과물을 통한 마무리 과정에서 자신의 작품과 느낀 점에 대해서 발표하고 감상하는 과정 속에서 유아는 자신의 활동에 대한 성취감을 느끼게 되며 과정들을 연상하며 정리할 수 있는 계기가 된다. 그리고 이러한 통합적 접근은 생태미술활동을 유아의 삶과 보다 밀접하게 관련시키며 경험으로의 전이가 잘 일어나게 하여 유아의 생활 속으로 반영되어 생태감수성 함양에 긍정적 영향을 미친다.

4) 작품 전시하기

유아가 만든 미술 작품을 전시해줌으로써 유아는 스스로 자신감과 성취감을 얻을 수 있으며, 동기유발 및 감상의 기초적인 학습이 되기도 한다. 또한 나와 다른 친구들과의 표현의 차이를 보며 다른 사람의 생각과 마음을 이해하게 된다. 전시하는 방법은 게시판에 걸기, 빈 벽에 걸기, 천장에 걸기, 바닥에 세우기, 진열대나 교구장 위에 놓기, 연관된 작품을 그룹으로 묶어 전시하기 등 다양한 방법이 있다(이현아, 2005).

작품을 효과적으로 전시할 수 있는 방법은 다음과 같다.

첫째, 교사는 모든 유아의 작품이 전시될 수 있도록 하여야 한다. 만일 전시할 수 있는 공간이 좁아 한꺼번에 모두 전시하기가 어려운 경우 유아들과 협의하여 번갈아가며 전시한다.

둘째, 교사는 유아의 작품을 소중히 여기는 태도를 보여주어 유아 스스로도 자신의 작품을 소중히 여기는 마음을 가질 수 있도록 한다.

셋째, 유아들이 손쉽게 작품을 감상할 수 있도록 전시 작품이 유아의 눈높이에 맞추어 전시되어야 한다. 작품 전시 시 작품을 돋보이도록 다양한 재료로 그림에 테두리를 두르는 방법, 그림에 배지를 대는 방법, 그림을 코팅하여 전시하는 방법, 주변 배경을 꾸미는 등의 방법이 있다.

넷째, 교사는 유아와 함께 작품 전시를 기획할 수 있는데 예를 들면 어디에 전시할 것인지, 언제까지 전시할 것인지, 어떤 순서대로 전시할 것인지 등 전시 위치와 방법 등을 계획할 때 유아의 능동적인 참여를 유도한다면 유아도 전시의 기쁨을 느낄 수 있다.

다섯째, 작품을 전시할 때는 가능한 전시용 벽면의 선이나 창문의 턱 등과 작품의 위치가 수평이 될 수 있도록 한다. 전시된 작품이 떨어져 있거나, 비스듬하게 걸려 있지 않도록 수시로 확인한다.

여섯째, 전시된 자신의 작품이나 친구의 작품에 대해 각자의 생각이나 느낌을 말해 보고, 때로는 글로 적어 보게 한다. 또한 각자의 작품을 제작할 때 떠오르는 아이디어나 생각, 느낌 등을 말해 보게 하고 작품 제작에 사용한 재료들을 어떻게 다루었는지 등에 대해서도 이야기 나눌 수 있다.

2. 생태미술활동 시 지도방법

미술 활동은 세 가지, 즉, 주제, 재료, 기법 및 구성의 아이디어를 포함한다. 미술 활동의 구성요소에 따라 다음과 같은 몇 가지 다른 교수학습방법을 제시할 수 있다(유아미술교과교육학회, 2011; 김성혜·고행숙, 2015, 재인용).

1) 세 가지 요소를 모두 교사가 결정하는 경우

- 목걸이를 만들자 : 주제 결정(교사)
- 동그란 나무조각과 콩, 나뭇잎을 이용하자 : 재료의 결정(교사)
- 동그란 나무조각 위에 콩을 붙이고 그 주변에 나뭇잎을 붙여서 만들자 : 기법, 구성의 결정(교사)

이러한 방법은 세 가지 요소를 교사가 결정한 것이다. 그리고 유아는 교사의 지시에 따라 수동적으로 따를 뿐이므로 유아의 다양한 표현을 기대하기는 어렵다.

2) 두 가지 요소를 교사가 결정하는 경우

(1) 주제와 재료를 제시하는 경우

- 목걸이를 만들자 : 주제 결정(교사)
- 동그란 나무조각과 열매, 나뭇잎을 이용하자 : 재료의 결정(교사)
- 어떻게 만들까? 무엇으로 장식할까? : 기법, 구성의 결정(유아)

(2) 주제와 기법, 구성을 제시하는 경우

- 목걸이를 만들자 : 주제 결정(교사)
- 동그란 나무조각에 여러 가지 열매와 나뭇잎을 붙여서 꾸며보자 : 기법, 구성의 부분을 결정(교사)
- 무엇을 붙일까? 각자가 만들고 싶은 것을 무엇으로 만들까? : 기법, 구성, 재료의 부분적 결정(유아)

(3) 재료와 기법, 구성을 제시할 때

- 동그란 나무조각과 여러 가지 열매, 나뭇잎으로 만들자 : 재료 결정(교사)
- 나무조각에 열매, 나뭇잎을 붙이거나 그림을 그려서 만들자 : 기법, 구성의 결정(교사)
- 무엇을 만들까? : 주제의 결정(유아)

이와 같이 두 가지 요소를 교사가 부분적으로 결정하는 활동은 대체로 반구조적인 미술 활동이라 할 수 있다. 따라서 대체로 교육과정의 주제와 관련할 때 교사의 의도적인 방향 결정이 상당히 작용하는 경우 적용된다.

3) 한 가지 요소를 교사가 결정하는 경우

(1) 주제를 제시할 경우

- 목걸이를 만들어 보자 : 주제의 결정(교사)
- 무엇으로 만들지 재료를 찾아서 만들어 보자 : 재료의 결정(유아)
- 재료를 어떻게 이용해서 목걸이를 만들지 생각해서 만들어 보자 : 기법, 구성의 결정(유아)

(2) 재료를 제시할 경우

- 동그란 나무조각과 열매, 나뭇잎으로 만들자 : 재료의 결정(교사)
- 무엇을 만들까? : 주제의 결정(유아)
- 어떻게 만들까? : 주제의 결정(유아)

(3) 기법, 구성을 제시할 경우

- 다양하게 붙여서 만들어 보자 : 기법, 구성의 결정(교사)
- 무엇을 만들까? : 주제의 결정(유아)
- 무엇을 붙일까? 나무조각? 열매? 꽃잎? : 재료의 결정(유아)

이와 같이 한 가지 요소를 교사가 결정하고 나머지를 유아가 생각하도록 하는 방법은 매우 융통성이 있으나, 교사의 체계적인 계획도 있어야 한다.

4) 세 가지 요소를 모두 유아가 결정하는 경우

주제, 재료, 기법 및 구성 활동의 세 요소를 모두 유아가 결정하는 경우는 매우 창의적이며 큰 가치가 있다. 왜냐하면 유아가 자신의 경험을 자발적으로 표상하고자 하는 욕구를 갖고 있다는 것은 자신의 지식과 경험을 내면화하고 표상할 수 있다는 것을 의미하기 때문이다. 그러나 세 가지 요소를 유아 스스로 결정할 수 있도록 교사의 의미 있는 경험 제공 및 교수가 수반되어야 가능함을 인식할 필요가 있다.

3. 생태미술교육활동 계획안 작성방법

일반적으로 교육활동 계획안의 유형은 매우 다양하나 다음 〈표 5-1〉과 같은 계획안의 형식으로 작성할 수 있다. 계획안의 양식은 유아교육기관의 상황에 따라 얼마든지 변형 가능하다.

〈표 5-1〉 생태미술교육활동 계획안의 예

지점토 오방색 유두구슬 만들기

교육목표	3세 누리과정 관련요소
- 지점토에 다양한 물감을 이용하여 색을 들인 지점토 반죽의 질감에 관심을 갖는다. - 지점토 반죽을 이용해 구슬을 만들며 지점토의 특성에 관심을 갖는다.	- 예술경험〉아름다움 찾아보기〉미술적 요소 탐색하기 - 자연탐구〉과학적 탐구하기〉물체와 물질 알아보기

1. 준비물

- 다섯 가지 색(흰색, 노랑색, 빨강색, 파랑색, 검정색)의 지점토 반죽한 것, 2mm 굵기의 나뭇가지 또는 빨대(가운데 구멍 뚫을 것), 빨래 건조대, 투명 그릇, 2mm 굵기·15cm 길이의 갈대 또는 빨대 (오방색 구슬을 꿰어서 말리는 용도)

2. 활동방법

1) 유아들과 색으로 물들인 지점토를 살펴본다.
   - 지점토가 어떤 색이니?
   - 무엇으로 지점토의 색이 달라졌을까?

2) 지점토로 오방색 반죽(점토)을 만든 이유에 대해 이야기한다.
   - 왜 다섯 가지 색 점토를 만들었을까?

3) 지점토 오방색 유두구슬을 만든다. 이 때 교사는 색깔별로 덩어리를 떼어 내어 유아에게 준다.
   - 동그랗게(또는 네모 모양 등으로) 만들어 볼까?

4) 다 만든 구슬에 나뭇가지나 빨대로 구멍을 만든다.
   - 모양을 다 만든 사람은 나뭇가지나 빨대로 구멍을 내 보도록 하자
   - 구멍을 어떤 크기로 내야 할까?(마르면 구멍이 줄어들기 때문에 구멍의 크기는 끼우는 줄보다 조금 크게 한다.)

5) 자신이 만든 지점토 구슬을 갈대에 꽂아 빨래 건조대에 널어 말린다.
이 때 구슬을 만들 때 균열이 없도록 만들어야 다 마른 후 깨어지지 않는다.
- 5개의 오방색 구슬을 만든 사람은 긴 갈대나 빨대에 끼워서 말려보자.

6) 완성된 오방색 유두구슬을 살펴본다.
- 활동하고 난 오방색 유두구슬을 살펴보자. 유두구슬은 어떤 색이 있니?
- 하고 난 느낌이 어떠니?

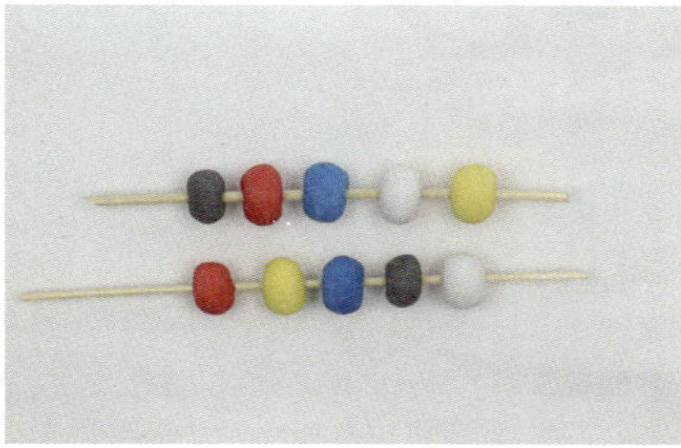

[오방색 유두구슬 만들기 과정]

① 색을 물들인 지점토를 5개의 그릇에 각각 담아 준비한다.
② 오방색 지점토 반죽을 경단만한 크기로 각각 구슬을 1개씩 만든다.
- 구슬은 동그란 모양일 필요는 없고 유아들의 취향대로 세모나 네모난 구슬도 좋다.
③ 다 만든 구슬에 나뭇가지를 이용해 구멍을 만든다. 마르면 구멍이 줄어들기 때문에 구멍의 크기는 끼우는 줄보다 조금 크게 한다.
④ 자신이 만든 지점토 구슬 5개를 15cm 길이의 갈대나 빨대에 꽂아 빨래 건조대에 널어 말린다.
* 유의점: 구슬을 만들 때 균열이 없도록 만들어야 다 마른 후 깨지지 않는다. 만드는 과정에서 지점토가 마르면 약간의 물을 발라주면서 균열이 생기지 않도록 잘 주물러 모양을 만든다.

3. 평가

- 다양한 색을 들인 지점토 반죽의 질감에 관심을 갖는지 평가한다.
- 지점토 반죽을 이용해 구슬을 만들며 지점토의 특성에 관심을 갖는지 평가한다.

평가준거			
예술경험	① 지점토의 색, 질감 등 미술적 요소에 관심이 없다.	1	
	② 도움이 있으면 지점토의 색, 질감 등 미술적 요소 중 일부에 관심을 갖는다.	2	
	③ 지점토의 색, 질감 등 미술적 요소 중 대부분에 관심을 갖는다.	3	

자연탐구	① 지점토 반죽의 특성에 관심이 없다.	1	
	② 도움이 있으면, 지점토 반죽의 특성에 관심을 가진다.	2	
	③ 지점토 반죽의 특성에 관심을 갖고 적극적으로 탐색한다.	3	
총평			

4. 확장활동

- 지점토 오방색 유두구슬을 이용하여 목걸이 만들기를 한다.

[오방색의 뜻]

오방정색이라고도 하며 노랑-황(黃), 파랑-청(靑), 하양-백(白), 빨강-적(赤), 검정-흑(黑)의 5가지 색을 말한다. 음과 양의 기운이 생겨나 하늘과 땅이 되고 다시 음양의 두 기운이 목(木)·화(火)·토(土)·금(金)·수(水)의 오행을 생성하였다는 음양오행사상을 기초로 한다. 오행에는 오색이 따르고 방위가 따르는데, 중앙과 사방을 기본으로 삼아 황(黃)은 중앙, 청(靑)은 동방, 백(白)은 서방, 적(赤)은 남방, 흑(黑)은 북방을 뜻한다.

황(黃)은 오행 가운데 토(土)에 해당하며 우주의 중심이라 하여 가장 고귀한 색으로 취급되어 임금의 옷을 만들었다. 청(靑)은 오행 가운데 목(木)에 해당하며 만물이 생성하는 봄의 색, 귀신을 물리치고 복을 비는 색으로 쓰였다. 백(白)은 오행 가운데 금(金)에 해당하며 결백과 진실, 삶, 순결 등을 뜻하기 때문에 우리 민족은 예로부터 흰 옷을 즐겨 입었다. 적(赤)은 오행 가운데 화(火)에 해당하며 생성과 창조, 정열과 애정, 적극성을 뜻하여 가장 강한 벽사의 빛깔로 쓰였다. 흑(黑)은 오행 가운데 수(水)에 해당하며 인간의 지혜를 관장한다고 생각했다.

이처럼 음양오행사상은 우리의 생활과 밀접한 관련을 맺고 있다. 음귀를 몰아내기 위해 혼례 때 신부가 연지곤지를 바르는 것, 나쁜 기운을 막고 무병장수를 기원해 돌이나 명절에 어린아이에게 색동저고리를 입히는 것, 간장 항아리에 붉은 고추를 끼워 금줄을 두르는 것, 잔치상의 국수에 올리는 오색 고명, 붉은 빛이 나는 황토로 집을 짓거나 신년에 붉은 부적을 그려 붙이는 것, 궁궐·사찰 등의 단청, 고구려의 고분벽화나 조각보 등의 공예품에서 쉽게 찾아볼 수 있다. (출처: 두산백과)

[오방색 유두구슬의 유래]

유두는 음력 6월 15일이다. 유두 무렵에는 참외 등과 같은 햇과일이 나오므로 햇과일·국수·떡 등을 사당에 올리고 제사를 지내는데, 이를 유두천신(流頭薦新)이라고 한다. 보리나 밀이 나는 때이므로 밀가루를 반죽하여 구슬처럼 만들어 오색으로 물들인 뒤 색실로 꿰어 허리에 차고 다니거나 대문 위에 걸어둔 것으로, 지금의 긴 국수와는 모양이 매우 다르다. 이는 잡귀의 출입을 막고 액을 쫓기 위한 행동이었다. 유두절에 아이들에게 오방색 구슬 목걸이를 달면 나쁜 기운을 막는다고 하여 유두절에 밀가루를 활용한 오방색 구슬 목걸이를 했다고 전해진다. (출처: 다음 백과사전)

1. 사전작업
[교사]
- 그림 물감 4가지의 색(빨강, 파랑, 노랑, 검정)으로 지점토를 잘 치대어 반죽해 놓는다. 반죽은 마르지 않도록 비닐봉투에 담아 놓는다.
- 구슬을 말릴 때 사용하는 갈대 또는 빨대 끝에 테이프를 감아 붙인 다음 유아들의 이름을 써서 누구의 것인지 확인할 수 있도록 한다.

출처 : 양은희(2014). 자연과 친구되는 생태미술놀이.

- 다음 〈표 5-1〉의 계획안에서 활동명은 '지점토 오방색 유두구슬 만들기'이다. 이러한 활동명은 활동유형에 따라 동사(~해요) 등으로 다양하게 표기되는 경우가 있으나 본 활동계획안 작성 시 미술 활동인 점을 고려하여 그리기, 꾸미기, 만들기 등의 명사로 표기하였다.
- 교육목표는 일반적으로 한 활동에 2개 이상 작성한다. 한 개의 목표는 활동유형과 관련된 목표기술이며, 또 다른 한 개의 목표는 활동과정 또는 활동내용을 통해 유아가 달성하고자 하는 목표를 기술한다.
- 우리나라 대부분의 유아교육기관은 국가수준 교육과정에 근거하여 교육활동이 전개되고 있다. 이런 점에서 각 활동들의 목표에 대해 누리과정 관련요소가 무엇인지 표기할 필요가 있다. 이에 대한 참고로 부록 1에 3~5세 연령별 누리과정을 제시하였으며 교육계획안 작성 시 각 활동별로 누리과정 관련요소와의 연계성을 찾아보는 것이 필요하다.
- 준비물은 교사가 생태미술활동을 진행하기 위해서 필요한 재료들을 기록하는 것이다. 준비물에 보다 자세히 기록해 놓으면 교육활동을 준비하는 데 훨씬 효과적이다. 예를 들어 빨대라 하더라도 그 종류가 매우 다양하므로 지름이나 길이 등을 제시해준다.
- 교사가 재료를 준비해 주기 위해 사전에 작업해야 하는 것이 있다면 이에 대한 구체적인 설명이 제시될 필요가 있다. 이는 사전 지식이 없는 교사들에게 도움을 주기 위함이므로 반드시 기록해야 하는 것은 아니다.

- 활동방법은 도입-전개-종결의 순서대로 기록한다. 각각의 과정에서 교사가 유아들과 상호작용 시 핵심이 되는 질문들을 2~3개 기록하면 도움이 된다.
- 교육활동은 계획-실행-평가의 과정이 순환적으로 이루어진다. 그러므로 본 활동을 통해 유아가 얼마큼 목표에 도달하였는지 평가할 수 있도록 육아정책연구소(2013a, 2013b)에서 개발한 기술평정척도를 참고하여 활동별로 평가준거를 제시하였다. 또한 총평에 교사의 해석을 기록할 수 있도록 하였다.
- 본 활동 후 연계하여 활동이 계획·실행되어질 필요가 있는 경우 확장활동으로 제시하였다. 뿐만 아니라 교사용 tip을 제시하여 유아와 상호작용 시 도움이 될 수 있도록 하였다.
- 준비한 재료를 활동 직전에 다시 한번 점검할 필요가 있는 경우 교사 사전작업으로 표시하였고, 활동계획안 시 참고했던 문헌이 있으면 표기하도록 한다.

4. 생태미술교육을 위한 교사의 역할

바람직한 미술교육은 결과물을 만들어 내는 데 초점을 두기보다 유아의 성장발달을 돕는 데 두어야 한다. 교사가 미술작품에 대한 일방적인 미적 가치를 유아에게 강요하거나 직접적인 지도를 하는 것은 유아의 자발적이고 독창적인 표현욕구를 소멸시키게 하는 것이다. 교사가 유아에게 탐색할 수 있는 환경을 제공해주고, 자유롭게 놀이할 수 있는 시간을 제공하고, 미술수업을 위한 활동이 아닌 흥미와 호기심을 충족시키기 위한 활동으로 내적동기를 자극시킬 수 있는 의미 있는 교육활동을 제공해야 한다. 여기서는 생태미술교육 시 교사의 역할에 대해 살펴보고자 한다.

첫째, 생태미술교육에서 유아에게 바람직한 자연관을 심어주기 위해 교사의 태도와 인식은 무엇보다 중요하다. '환경 보존'이 아닌 '보전'의 의미에서 자연 활용의 의미를 구축할 필요가 있다. 전자는 자연을 손대지 않은 채로 고스란히 보호하는 것을 강조하는 데 비해, 후자는 자연의 기본구조를 파괴하지 않는 범위 내에서 그것을 이용하는 것을 강조한다(양옥승, 2001). 자연친화적 태도는 자연을 원형 그대로 보존해야 하는 것이 가장 가치롭다는 낭만적 관점을 갖게 하는 것이 아니다. 이는 자칫 유아가 현재의 변화된 자연 세계를 무조건 부정적으로 해석하게 하는 오류를 범할 수 있다. 유아는 자연이 인간에게 늘 이롭고 아름다움을 주는 것만은 아니며, 자연의 자정 능력도 한계가 있고, '훼손'과 '보존을 위한 변형'은 차이가 있다는 것을 이해해야 한다. 그리고 인간이 자연과 공존하기 위해 '자연을 위한 변형'을 때로는 행한다는 것을 알게 해야 한다. 가뭄을 대비한 댐의 건설, 홍수에 따른 피해를 최소화하기 위한 노력, 멸종하는 동식물 보호, 자연림 보존 등의 의미를 깨닫게 되면서 유아는 자연과 인간의 가장 합리적 관계에 접근할 수 있을 것이다. '아는 만큼 보인다'는 말처럼 교사는 생태미술교육에 대한 체계적인 지식과 수용적인 자세를 갖추고, 생태에 대한 폭넓은 이해와 올바른 지식, 환경 윤리적인 소양을 바탕으로 가르침에 있어 능동적인 태도가 요구된다.

둘째, 교사는 유아가 자연을 직접 볼 수 있고 생명을 직접 느낄 수 있는 기회를 제공하고 생명의 소중함을 느끼며 더불어 살아가는 것을 배울 수 있는 올바른 자연관을 가질 수 있도록 안내해야 한다. 그러기 위해서는 교사 자신이 즐겁게 경험하며 학습해야 유아에게 즐겁고 의미 있는 경험을 제공해줄 수 있다. 유아는 선천적으로 주변 세계에 대해 끊임없는 궁금증과 호기심을 갖고 있으며, 환경 속에서 다양한 사물들을 직접 다루어 보고 탐색하는 경험을 통해 자신의 지적 호기심을 충족하고 기본 개념을 형성하게 된다. 그러므로 생태미술교육은 주제를 탐색하고 체험하는 과정이 주안점이 되어야만 수업의 목표에 달성할 수 있다. 이를 위한 교사의 역할로서 상황에 따른 적절한 발문이 중요하며 유아 자신과 자연, 생태에 대한 연결고리를 만들 수 있도록 도와주어야 한다.

셋째, 교사는 안내자이자 조력자로서 유아가 능동적으로 자연에 다가갈 수 있도록 이끌어주어야 한다. 일회적이고 보여주기 위한 미술 활동이 아니라 일상생활 속에서 다양한 생명들을 접하여 자연에 대한 경이로움을 가질 수 있도록 보다 적극적이고 능동적으로 참여할 수 있는 자연과의 다양한 만남을 제공할 수 있어야 한다. 즉

'가르치기'보다 '경험하는 것'에 중점을 두기 위해 자연과의 만남을 일과에 통합할 수 있어야 한다. 자연과의 만남은 멀리 있는 것이 아니라 유아교육기관 주변을 산책하거나 일상생활 속에서도 충분히 경험할 수 있다. 교사는 유아에게 무엇인가를 끊임없이 가르쳐야 한다고 느껴 유아들의 자발적인 놀이 시간을 제한하는 경우가 있다. 그러나 유아들은 한순간도 쉬지 않고 능동적으로 학습한다. 이를 위해 자연으로 유아를 자주 데리고 나가고 산책이나 실외놀이를 통해 적어도 하루에 한 번은 적극적인 자연과의 만남을 갖게 해주어야 한다.

넷째, 자연친화적 장으로써 유아교육기관의 환경을 조성한다. 일상적이고 직접적인 자연과의 경험을 중요시하여 유아교육기관의 실내외 공간 곳곳에서 자연을 경험할 수 있어야 한다. 실내 교실에서는 유아들이 생태계에 관심을 갖고 호기심을 유발할 수 있는 충분한 재료를 준비하여 수업의 질을 향상시키고, 자연친화적인 넓은 공간과 안정된 분위기로 자유롭게 다양한 미술재료나 자연물을 접할 수 있게 준비해 준다. 예를 들어 실내 교실에서는 다양한 식물을 키우거나 동물 기르기를 해볼 수 있으며 주제에 따른 도서와 화보 등을 비치할 수도 있다. 실외에서는 작은 텃밭이나 화단을 마련하여 식물을 기를 수도 있으며 주변의 나무 즉 가로수, 유실수, 꽃나무 등을 관찰하거나 알아보는 활동 등을 할 수 있다. 뿐만 아니라 실외공간은 개미, 거미, 벌, 나비 등 주변의 곤충을 관찰할 수도 있다. 생태학적 관점에서 본다면 자연을 느낄 수 없는 실내외 환경은 오히려 부적절하며 결핍된 환경이다. 우리나라처럼 사계절의 변화가 뚜렷하게 구분되는 자연환경에서는 시간의 변화, 생물의 변화 그리고 자연이 인간에게 주는 생활의 변화 등을 다양하고 풍부하게 느끼고 체험할 수 있도록 해준다.

다섯째, 자연에 대한 직접적인 경험, 즉 체험을 강조한다. 유아의 발달적 수준을 고려하여 산책, 나들이, 견학, 야외 조사, 재료수집 및 분석, 토의하기, 실험하기 등과 같은 다양한 교수·학습방법을 활용한다. 자연에 대한 체험은 자연을 탐구해야 하는 지식의 대상으로 보는 것에서 벗어나 함께 숨쉬고 생존해 가는 생명체로 인식하여 모든 긴장이 완화되고 기쁨을 느끼는 정서적 안정감을 준다. 이는 다양한 매체를 활용하여 자연에 대한 인지적, 정서적, 기능적 요소를 통합할 수 있는 자연친화적 생태교육의 총체적 접근을 말한다.

여섯째, 교사는 유아의 내적인 충동과 생각을 자유롭게 표현하도록 격려하며, 자유로운 수업 분위기를 조성하여 독창성을 인정하고 격려해 주어야 한다. 유아가 능동적으로 지식을 구성하기 위해서는 유아에게 의미 있는, 유아의 주도성이 강조되는 경험을 제시해야 한다. 그러므로 생태미술은 울타리만 정해주고 선택과 결정은 스스로에게 맡길 수 있다. 유아들에게 자발적인 참여와 적극적인 태도를 갖게 해주고 보다 자신감 있고 긍정적인 아이로 성장할 수 있도록 하기 위해서는 체험중심, 감성중심, 경험중심의 활동이 이루어질 수 있도록 한다.

마지막으로, 지역 특성에 알맞은 생태미술교육 프로그램을 지속적으로 개발할 필요가 있다. 유아가 경험하는 자연의 범위와 현상은 유아들의 시·공간적 범위에 제한을 받기 때문에 그 지역이나 사회가 안고 있는 독특한 자연 환경적 요소를 가미한 프로그램을 다양하게 개발하여 운영해야 할 것이다.

다음은 생태미술활동 시 교사의 역할에 대해 안전책임자, 환경구성자, 동기유발자, 유아관찰자, 창의적 표현 촉진자, 유아평가자 등으로 구분하여 살펴보고자 한다.

1) 안전책임자로서의 교사

생태미술활동 시 교사는 재료를 내어주기 전에 재료 및 도구들을 늘 세심하게 관리, 감독한다. 재료의 안전성, 적절성, 유아의 사용 시 용이성 등을 먼저 점검하여 안전사고가 발생하지 않도록 예방을 철저히 한다. 잠재적인 위험요소에 대해 유아와 충분히 토론하여 재료나 도구를 안전하게 다루는 방법을 교육하고, 때로는 시범을 보이면서 유아가 천천히 숙지하여 사용할 수 있도록 격려한다. 또한 식물 채집 시 안전하지 않은 식물에 대한 사전 숙지를 할 필요가 있다. 예를 들어 옻나무 잎사귀의 경우 알러지 반응 등이 생길 수 있으므로 교사는 각 식물의 특징에 대한 파악이 필요하다.

2) 환경구성자로서의 교사

환경은 물리적 환경과 심리적 환경으로 나눌 수 있다. 물리적 환경구성자로서 교사는 유아의 발달과 주제 등을 고려하여 재료, 공간, 용구, 시설 등을 계획하고 준비해야 한다. 뿐만 아니라 심리적 환경구성자로서 유아들이 안정되고 편안한 분위기 속에서 충분히 재료를 탐색하고 표현할 수 있는 시간을 제공한다.

3) 동기유발자로서의 교사

교사는 유아들에게 적절한 질문과 대화, 시청각 재료 등의 정보제공을 통해 유아가 활동에 적극적으로 참여할 수 있도록 동기유발시킨다. 적절한 질문과 대화에는 과거의 경험이나 보거나 들었던 것 또는 현재 진행되고 있는 주제와 관련된 내용을 회상해보거나 질문할 수 있다. 교사가 어떻게 유아들에게 동기유발시키느냐에 따라 유아의 표현하고자 하는 의욕이 달라질 수 있으며 이는 유아의 흥미를 이끄는 원동력이 될 수도 있다.

4) 유아관찰자로서의 교사

유아의 개인적인 발달단계와 경험, 관심 및 흥미 등에 따라 미술도구를 사용하는 능력과 재료 활용 및 표현 능력 등에는 차이가 많다. 그러므로 교사는 보편적인 발달단계를 알아야 할 뿐만 아니라 동시에 관찰을 통해 같은 연령이라 하더라도 개별적인 차이를 파악하여 개별성을 존중하고 배려함으로써 유아들이 성취감과 만족감을 느낄 수 있도록 한다.

5) 창의적 표현 촉진자로서의 교사

창의적인 표현을 위해서는 무엇보다 다양한 사전 경험이 필수적이다. 이를 위해 다양한 견학과 풍부한 재료 제공, 발산적인 질문 및 제안 등을 통해 유아가 자신의 생각을 창의적으로 표현할 수 있도록 한다. 또한 유아가 문제 상황에 부딪혔을 때 직접적인 답을 제시하거나 교사가 대신 해주기 보다 용기를 갖고 유아 스스로 문제를 해결할 수 있도록 격려해준다.

6) 유아평가자로서의 교사

평가 시 교사는 유아들의 작품 결과보다 얼마나 열심히 참여하고 노력하였는가 등 과정에 초점을 맞춰 평가하도록 한다. 평가 시 색, 모양, 질감 등 미적요소를 고려하여 평가하도록 함으로써 다음의 활동을 위한 아이디어를 얻을 수 있는 기회로 여긴다. 평가 시 교사 및 또래와 함께 나누는 격려나 지지는 유아들의 다음 활동에 많은 영향을 미친다.

이와 같이 안전책임자, 환경구성자, 동기유발자, 유아관찰자, 창의적 표현 촉진자, 유아평가자 등 교사의 역할은 각각 분리된 별개의 것이 아니라 모든 활동 속에 포함되는 포괄적인 개념으로 이해될 필요가 있다. 교사의 바람직한 상호작용과 역할이 수반될 때 보다 창의적이고 발전된 생태미술활동을 전개할 수 있을 것이다.

유아 생태미술교육을 위한 평가 06

유아교육기관에서의 평가는 유아의 전인적 성장과 발달이 어느 정도 달성되었는지 또는 교육과정이나 교육 프로그램이 어느 정도 실현되었는지 여부를 밝혀 교육활동의 전반적인 과정을 개선하기 위해 필요하다. 즉 평가의 본질은 유아가 단순히 어느 정도 배우게 되었는지, 성장했는지, 교사는 잘 가르쳤는지를 알아보는 것에만 있는 것이 아니고 이를 근거로 보다 나은 교육적 방향을 모색하는 것이다. 따라서 생태미술교육을 위한 평가는 활동을 통한 다양한 경험들이 유아에게 적합하고, 프로그램에서 추구하는 교육 목표에 도달하였는지를 살펴볼 수 있도록 유아 평가와 교사 평가로 나누어 살펴보아야 할 것이다.

1. 유아 평가

생태미술활동은 유아의 직접적인 활동 및 그 과정에 대한 탐구를 강조하므로 유아에 대한 체계적인 평가가 필요하다. 그러므로 생태미술활동을 위한 평가는 다양한 방법을 사용하여 정기적으로 실시한다. 즉, 유아들의 생태미술활동의 과정 및 결과에 대한 관찰(일화 기록, 체크리스트 등), 활동 결과물, 작품모음집(포트폴리오), 과정과 결과물 사진, 활동에 참여하는 태도, 면담 등 유아의 발달과 흥미에 대한 다양한 정보를 수집하여 다음 활동의 재료와 방법을 계획하고 선정하기 위하여 실시한다. 누리과정 목표와 내용에 근거하여 유아의 특성과 변화 정도를 평가할 수 있다. 유아가 누리과정의 각 영역의 내용을 경험하면서, 어떤 능력이나 태도를 나타내고, 얼마나 개별적으로 변화하고 있는지를 관찰하여 평가한다. 누리과정 3~5세 유아관찰척도(이미화 외, 2013)를 활용하는 방법도 있다. 유아관찰척도를 활용한 평가의 예시는 각 활동의 실제에 제시하였다.

유아 평가를 위한 자료의 종류와 방법에 대해 다음 〈표 6-1〉에 간략히 정리하였다.

〈표 6-1〉 유아 평가를 위한 자료 종류와 방법

자료 종류	수집방법
- 유아작품 결과물	① 사전준비 - 개별 유아마다 반드시 수집해야 할 유아작품 결과물을 정한다. - 작품 선정 기준을 정한다. - 자료수집 시기를 정한다. ② 실행 - 자료 수집 일자를 기록한다. - 유아에게 자료에 대한 견해를 말하거나 써 보게 한다. - 교사도 간단하게 자신의 의견을 기록한다. - 가능하면 작품마다 교사와 유아의 의견을 덧붙인다.
- 활동 과정 사진 - 작품 결과물 사진	① 사전준비 - 교사의 손이 닿기 쉬운 곳에 카메라를 준비한다. - 사진 촬영이 필요한 활동을 사전에 계획한다. ② 실행 - 자연스런 상황의 장면을 찍는다. - 일자, 활동 상황, 관련된 유아의 이름 등 간단한 기록을 한다. - 사진은 바로 출력하거나, 파일로 정리한 후 사진에 일자와 세부 사항을 기록한다. - 교사가 기록한 것에 근거하여 교사의 의견도 기록한다.
〈관찰〉 - 일화 기록 - 표본식 기술 - 관찰척도	① 사전준비 - 개별 유아마다, 활동에 따라 관찰 유형을 정한다. - 관찰 시기와 관찰할 활동을 정한다. ② 실행 - 일화 기록 : 개별 유아 혹은 소집단 유아들의 자발적인 행동을 기록한다. - 표본식 기술 : 관찰할 유아와 관찰 장면과 시간을 미리 정한 다음, 그 장면에서 일어나는 유아의 행동 및 상황을 구체적으로 기록한다. - 관찰척도 : 관찰하려는 행동에 대한 질적 특성의 차이를 판단하여 체크한 후 평정한 결과를 요약해서 기록한다.

참고: 최일선·조운주(2014). 유아교육평가의 이론과 실제. 재구성.

◈ 평가 자료 수집 시 유의점

- 유아의 활동 결과물, 일화 기록 자료 등은 유아의 개인 파일에 체계적으로 수집하여 정리한다.
- 유아의 결과물 중 수집이 어렵거나 보관이 어려운 경우는 사진으로 남겨두어 평가 자료에 첨부한다.
- 신체 활동이나 행동 등은 사진 촬영 및 비디오로 녹화하여 객관적이고 정확한 평가가 되도록 한다.
- 평가를 실시하는 일자와 활동이 이루어질 때의 상황 등을 평가 자료와 함께 기록한다.

2. 교사 평가

유아에 대한 평가 못지않게 중요한 것이 교사 평가이다. 교사는 유아 생태미술활동을 계획하고 평가하는 주체로서 유아에게 적합한 생태미술 경험을 제공하기 위해 지속적으로 평가하고 자신이 가르친 것에 대한 자기반성을 통해 그 결과를 실제 교수·학습 과정에 반영해야 한다. 이를 위해 첫째, 생태미술활동의 목적, 방법, 성과에 대해 정기적으로 평가를 실시한다. 활동 시작 전에 이전 활동의 평가와 함께 요구 분석을 하고, 요구 분석을 포함한 교육계획에 대한 평가를 한다. 둘째, 교사가 생태미술교육을 실시할 때 교수의 전 과정(활동선정, 활동 매체, 교수방법, 마무리/평가)을 평가한다(표 6-2 참고). 셋째, 교사 스스로 생태미술활동에 대한 관심을 높이고, 유아를 이해하고 지도하는 능력을 증진하기 위해 자체 평가를 실시한다. 자체평가를 위해서는 교육내용과 누리과정 영역과의 적절한 연계성, 학습 환경 이해와 구성, 유아와의 관계 형성을 위한 의사소통 등을 평가한다.

〈표 6-2〉 생태미술교육을 위한 수업 평가표 예시

범주	내용	예	아니오
1. 활동선정	생활주제와 연계되는가?		
	교육적으로 가치(교육적 의의)가 있는가?		
	활동 내용이 유아의 발달에 적절한가?		
	활동 목표 및 계획은 명확하게 설정되었는가?		
	탐색, 표현, 감상 등의 내용이 포함되었는가?		
2. 활동매체	준비된 재료와 도구가 유아 수준에 적절한가?(안전 고려)		
	재료와 도구가 활동에 적절한가?		
	재료와 도구가 필요한 만큼 준비되었는가?		
	작업 후 건조시키거나 전시할 장소가 마련되어 있는가?		
3. 교수방법	유아에게 동기 유발을 잘 시켜 주었는가?		
	유아들과 함께 활동 방법을 고안해 보는가?		
	활동을 말로 또는 작업 순서도를 활용하여 소개하는가?		
	재료 및 도구를 탐색하는 시간을 갖는가?		
	자유로운 분위기 속에서 활동이 실시되었는가?		
	유아의 창의적 표현을 격려했는가?		
	유아를 주의 깊게 관찰하여 필요한 시기에 적절히 개입하였는가?		
	유아들이 상호 협력할 수 있도록 간접적으로 도와주었는가?		
	유아의 개성 있는 작품을 칭찬해 주었는가?		
4. 마무리/평가	활동 후 정리할 시간을 주는가?		
	개별 또는 집단으로 작품을 평가하는가?		
	유아의 요구에 따라 작품을 전시 또는 보관하는가?		
	활동 시간이 끝났음을 알리고 다음 활동을 소개하는가?		

참고: 교육인적자원부(2001). 유치원교사 교육프로그램. 재구성

PART 02

실제편

활동의 실제 : 활동별 누리과정 관련 요소

구분	활동명	연령	신체운동건강	사회관계	의사소통	예술경험	자연탐구
1. 식물을 활용한 생태미술활동	1. 나뭇잎가루로 그리기	4				◈	◈
	2. 나뭇잎 왕관 만들기	4				◈	◈
	3. 나뭇잎 탁본하기	5				◈	◈
	4. 나뭇잎 탁본으로 카드 만들기	5				◈	◈
	5. 문패 만들기	5			◈	◈	
	6. 애기똥풀 천연염색하기	4				◈	◈
	6-1. 애기똥풀 자연물 채집하기	3					◈◈
	6-2. 애기똥풀 천연염액 만들기	4				◈	◈
	7. 자연물로 동물 얼굴 꾸미기	4				◈	◈
	8. 자연물로 반입체 동물 만들기	5				◈	◈
	9. 자연물 벽걸이 만들기	4			◈	◈	
	10. 자연물 브로치 만들기	4	◈			◈	
	11. 자연물로 얼굴 꾸미기	3	◈			◈	
	12. 자연물 연상그림 그리기	5			◈	◈	
	13. 책갈피 만들기	3				◈	◈
2. 돌, 모래, 흙을 활용한 생태미술활동	1. 돌로 그리기	4				◈	◈
	2. 돌탑 만들기	3				◈	◈
	3. 모래 위에 그리기	3				◈	◈
	4. 색 모래로 꾸미기	5				◈	◈
	5. 찰흙 오브제 만들기	4				◈◈	
	6. 흙물로 그리기	3				◈	◈

3. 종이를 활용한 생태미술활동	1. 단오부채 만들기	5		◈		◈	
	2. 한지 책갈피 만들기	4				◈	◈
	3. 한지 조각보 카드 만들기	5		◈		◈	
	4. 면봉으로 성탄목 꾸미기	3	◈			◈	
	5. 손가락 성탄목 꾸미기	4		◈		◈	
	6. 입체 성탄목 만들기	5		◈		◈	
4. 다양한 재료를 활용한 생태미술활동	1. 석고붕대로 연필꽂이 만들기	5				◈	◈
	2. 조개껍데기로 탁본하기	5				◈	◈
	3. 종이컵으로 노리개 만들기	5		◈		◈	
	4. 지점토 오방색 유두구슬 만들기	3				◈	◈
	5. 오방색 유두목걸이 만들기	3	◈	◈			
	6. 핸디코트 액자 만들기	3				◈	◈
계			4	6	3	31	20

활동의 실제 : 연령별 활동 갯수

구분	3세	4세	5세	계
1. 식물을 활용한 생태미술활동	3	7	5	15
2. 돌, 모래, 흙을 활용한 생태미술활동	3	2	1	6
3. 종이를 활용한 생태미술활동	1	2	3	6
4. 다양한 재료를 활용한 생태미술활동	3	0	3	6
계	10	11	12	33

식물을 활용한 생태미술활동

07

1. 나뭇잎 가루로 그리기

교육목표	4세 누리과정 관련요소
- 마른 나뭇잎을 활용하여 창의적으로 표현할 수 있다. - 마른 나뭇잎의 특성에 관심을 갖는다.	- 예술경험〉예술적 표현하기〉미술 활동으로 표현하기 - 자연탐구〉과학적 탐구하기〉물체와 물질 알아보기

1. 준비물

- 풀, 도화지, 비닐봉지, 여러 가지 나뭇잎, 큰 상자

2. 활동방법

1) 마른 나뭇잎을 보여주며 색깔과 느낌, 특성에 대해 이야기 나눈다.

- 우리가 주워 온 나뭇잎이란다. 나뭇잎이 어떻게 변했니?
- 나뭇잎의 색깔이 어떠니?
- 만져 볼까? 촉감이 어떠니? (느낌이 어떠니?)

2) 마른 나뭇잎으로 어떤 활동을 할 수 있을지 예상해본다.

- 마른 나뭇잎을 이용해서 어떤 활동을 할까?

3) 마른 나뭇잎을 잘게 부수는 방법에 대해 알아본다.

- 마른 나뭇잎을 어떻게 부수면 좋을까?
- 손으로 나뭇잎 하나를 가루로 만들어 볼까? 어떤 소리가 나니?
  (많은 양을 부수기 위해서는 비닐봉지를 사용해야 함을 알려준다.)

4) 비닐봉지 안에 나뭇잎을 넣어 비빈 후 나뭇잎을 부순다.

- (투명 비닐봉지를 하나씩 나눠준 후) 원하는 나뭇잎을 봉지에 넣고 부숴볼까?
- 손으로 부숴볼 때와 무엇이 다르니? 어떤 느낌이니?

5) 마른 나뭇잎 가루를 활용해서 꾸밀 수 있는 방법에 대해 이야기 나눈다.

- 마른 나뭇잎 가루로 어떻게 꾸미면 좋을까?

6) 도화지 위에 풀로 그림을 그린다.

- 이 풀과 나뭇잎 가루로 어떻게 꾸밀까?

7) 풀로 그린 그림 위에 부순 나뭇잎 가루를 뿌려 칠한다.

- 풀로 그림을 그리고 그 위에 나뭇잎 가루를 뿌려서 그림을 완성해볼까?

8) 나뭇잎 가루를 털어낸다.

- 나뭇잎 가루가 잘 붙도록 두드린 후 큰 상자(쟁반)에 털어내도록 하자.

9) 활동을 하고 난 후 평가를 한다.

- 오늘 어떤 활동을 했지?
- 나뭇잎을 가루로 만들었을 때 느낌이 어땠니?
- 나뭇잎 가루로 그림을 완성하니 어떠니?
- 가장 재미있었던 부분은 무엇이었니?

10) 완성된 작품을 모아 감상해 본다.

- 작품에 제목을 붙여볼까? 어떤 그림을 그려 완성한 거니?
- 친구들에게 소개 시켜주자.

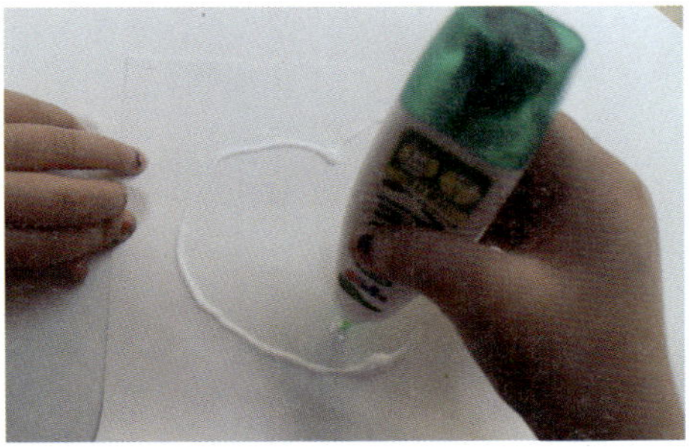

[나뭇잎 가루로 그리기 과정]

① 마른 나뭇잎을 탐색한다.
② 마른 나뭇잎을 탐색하고 비닐봉지에 넣어 비벼보고, 부순다.
(색이 같은 종류의 마른 나뭇잎을 비닐봉지에 넣고 부순다.)
③ 풀로 그림을 그린다.
④ 풀로 그린 그림 위에 나뭇잎 가루를 뿌린다(원하는 곳에만 뿌린다).
⑤ 나뭇잎 가루를 털어낸다.
⑥ 털어낸 작품은 풀이 완전히 마를 때까지 편평한 곳에 펴서 말린다.

3. 활동의 유의점

- 사전에 유아들과 함께 주운 나뭇잎을 활용하는 것이 좋다.
- 나뭇잎이 충분히 마르지 않은 경우 가루로 만들기가 어려울 수 있다.
- 자유롭게 구성하기가 어려운 유아를 위해서 머메드지 또는 두꺼운 도화지에 모양을 만들어 구멍을 낸 뒤 구멍에 나뭇잎 가루를 뿌려 완성해볼 수 있다.
- 나뭇잎 대신 마른 꽃잎으로도 할 수 있다.
- 색깔풀을 미리 만들어 놓아 색깔풀로 그림을 그리면 선명하게 나뭇잎 그림을 그릴 수 있다.

4. 평가

- 마른 나뭇잎을 활용하여 창의적으로 표현하는지 평가한다.
- 마른 나뭇잎의 특성(소리, 부서지는 모습 등)에 대해 관심을 갖는지 평가한다.

〈관찰척도를 활용한 평가의 예시〉

평가준거			
예술경험	① 마른 나뭇잎 가루를 활용하여 꾸미기를 시도한다.	1	
	② 마른 나뭇잎 가루를 활용하여 표현한다.	2	
	③ 다양한 방법으로 마른 나뭇잎 가루를 활용하여 창의적으로 표현한다.	3	
자연탐구	① 마른 나뭇잎의 기본적 특성과 변화과정의 탐구에 대한 관심이 없다.	1	
	② 마른 나뭇잎의 기본적 특성에는 관심을 보이지만, 마른 나뭇잎을 여러 가지 방법으로 변화시키는데 관심이 없다.	2	
	③ 마른 나뭇잎의 기본적 특성을 알아보고, 마른 나뭇잎을 변화시키는데 여러 가지 방법에 관심을 가지고 참여한다.	3	
총평			

교사 TIP

1. 사전작업

- 유아들이 나뭇잎 가루를 만들기 어려울 경우를 대비하여 교사가 미리 여유분의 나뭇잎 가루를 준비한다.

출처: 교육과학기술부(2011). 5세 누리과정 지도서(봄, 여름, 가을, 겨울). pp.149~151.

2. 나뭇잎 왕관 만들기

교육목표	4세 누리과정 관련요소
- 나뭇잎 왕관에 필요한 자연물의 색, 모양, 질감 등을 탐색하며 미술적 요소를 이해한다. - 나뭇잎 왕관에 필요한 다양한 자연물의 특성을 알아본다.	- 예술경험〉아름다움 찾아보기〉미술적 요소 탐색하기 - 자연탐구〉과학적 탐구하기〉생명체와 자연환경 알아보기

1. 준비물

- 소포지 또는 달력종이(머리띠용), 고무줄, 나뭇잎(다양한 나뭇잎), 목공용 본드, 꾸미기 재료(꽃잎, 나뭇가지, 꽈리 열매, 노박 덩굴 등)

2. 활동방법

1) 준비되어 있는 다양한 나뭇잎, 꾸미기 재료의 색, 모양, 크기, 질감 등을 탐색한다.

- 어떤 나뭇잎이 있니?
- 나뭇잎(꾸미기 재료)의 색(모양, 크기)이 어떠니?
- 나뭇잎(꾸미기 재료)을 만져 볼까? 촉감이 어떠니?

2) 나뭇잎으로 왕관을 만드는 방법에 대해 이야기해본다.

- 나뭇잎으로 왕관을 만들 거란다. 어떻게 만들면 될까?

3) 교사가 준비한 머리띠종이를 활용하는 방법을 이야기한다.

- 선생님이 소포지(달력종이) 머리띠 종이를 준비했어. 나뭇잎 왕관을 만들 때 어떻게 사용하면 좋을까?

[나뭇잎 왕관 만들기 과정]

① 머리띠 종이에 다양한 나뭇잎으로 구성한다.
② 나뭇잎으로 꾸민 후 마른 꽃잎이나 다양한 꾸미기 재료를 이용하여 나뭇잎 주변을 꾸민다.
③ 완성된 나뭇잎 왕관은 편평한 곳에 말린다.
④ 다 마르면 고무줄을 끼워 머리에 쓴다.

4) 탐색한 나뭇잎의 색, 모양, 크기 등을 고려하여 아름답게 머리띠 종이에 나뭇잎을 붙인다 (목공용 본드 활용).

- 머리띠 종이에 나뭇잎을 붙여서 나뭇잎 왕관을 꾸며보도록 하자.
- 어떤 나뭇잎으로 왕관을 만들까?
- 색깔별로 만들 수도 있구나. 크기에 따라 패턴으로 만들 수도 있구나. 나뭇잎으로 다양하게 꾸며보도록 하자.

5) 꾸미기 재료(꽃잎, 나뭇가지, 꽈리 열매, 노박 덩굴)를 활용하여 나뭇잎 주변을 꾸며본다.

- 나뭇잎을 붙여봤니? 나뭇잎 주변을 꾸미기 재료로 더 꾸며볼까?

6) 다 꾸미면 목공용 본드가 마르도록 편평한 곳에 잘 말린다.

- 완성된 나뭇잎 왕관은 어디서 말릴까?

7) 다 마르면 고무줄을 끼워 머리에 쓴다.

8) 활동을 하고 난 후 평가를 한다.

- 오늘 어떤 활동을 했니?
- 어떤 것들로 왕관을 꾸몄니?
- 주변에서 우리가 직접 준비한 나뭇잎으로 꾸며봤는데 느낌이 어떠니?
- 내가 만든 나뭇잎 왕관의 이름을 지어주자.
- 나뭇잎 왕관을 쓰고 어떤 활동을 하면 좋을까?

3. 평가

- 나뭇잎 왕관에 필요한 자연물의 색, 모양, 질감 등을 탐색하며 미술적 요소를 이해하는지 평가한다.
- 나뭇잎 왕관에 사용되는 다양한 자연물의 특성을 이해하는지 평가한다.

〈관찰척도를 활용한 평가의 예시〉

평가준거			
예술 경험	① 자연물의 색, 모양, 질감 등 미술적 요소에 관심이 없다.	1	
	② 도움이 있으면 자연물의 색, 모양, 질감 등 미술적 요소 중 일부에 관심을 갖는다.	2	
	③ 자연물의 색, 모양, 질감 등 미술적 요소 중 대부분에 관심을 갖는다.	3	
자연 탐구	① 다양한 자연물의 특성에 대해 알아보려고 하지 않는다.	1	
	② 도움이 있으면, 관심 있는 자연물의 부분적인 특징에 대해 관심을 가지고 알아본다.	2	
	③ 관심 있는 자연물의 특성에 대해 적극적으로 알아보려고 한다.	3	
총평			

4. 확장활동

- 역할놀이 또는 동극 활동에 활용한다.

교사 TIP

1. 사전작업

[교사]

- 소포지 또는 달력종이를 유아의 머리 크기에 맞춰 쓸 수 있도록 자른 후 고무줄을 끼울 구멍을 뚫어 놓는다(이 때 견고하게 하기 위해 구멍 뚫을 부분에 투명 테이프를 앞뒤로 붙인 후 뚫는다).

[유아]

- 원 주변에서 다양한 나뭇잎과 꾸미기 재료를 종류대로 수집한다.

3. 나뭇잎 탁본하기

교육목표	5세 누리과정 관련요소
- 나뭇잎 탁본을 위해 필요한 나뭇잎의 색, 모양, 질감 등을 탐색하며 아름다움을 느낀다. - 손수건에 숟가락으로 탁본하며 나뭇잎의 변화 과정을 보고 탁본의 원리를 이해한다.	- 예술경험〉아름다움 찾아보기〉미술적 요소 탐색하기 - 자연탐구〉과학적 탐구하기〉물체와 물질 알아보기

1. 준비물

- 다양한 크기와 모양의 나뭇잎, 면 손수건 개별 1장씩, 코팅지 1/2크기 개별 1장씩, 쇠 숟가락 개별 1개씩

2. 활동방법

1) 준비되어 있는 다양한 나뭇잎의 색, 모양, 크기, 질감 등을 탐색한다.

- 어떤 나뭇잎이 있니? 어디서 가지고 왔을까?
  (우리가 유치원 주변을 산책하면서 주운 거란다.)
- 나뭇잎의 모양(크기)이 어떠니?
- 나뭇잎의 색이 어떠니?
- 나뭇잎을 만져보니 느낌이 어떠니?

2) 나뭇잎으로 탁본을 하는 방법에 대해 이야기해본다.

- 오늘은 나뭇잎으로 탁본을 해볼 거란다.
- 탁본이 무엇일까?
- 우리가 하는 탁본은 나뭇잎의 고유의 색이 나올 수 있도록 하는 방법이란다.

[나뭇잎 탁본 과정]

① 나뭇잎의 색, 모양, 크기, 질감 등을 탐색한다.
② 손수건 위에 자신이 원하는 모양의 나뭇잎을 올려 놓는다.
③ 그 위에 코팅지를 덮고 나뭇잎이 움직이지 않도록 잘 누른다.
④ 쇠숟가락으로 나뭇잎의 액이 나오도록 힘차게 두드린다.
⑤ 나뭇잎의 잎맥이 손수건에 탁본되면 코팅지를 걷어내고 나뭇잎을 떼어낸다.
⑥ 이와 같은 방법으로 다른 나뭇잎을 두드려 탁본한다.

3) 나뭇잎 탁본 순서도를 보여주며 방법에 대해 이야기한다.

4) 나뭇잎 탁본을 해본다.

- 나뭇잎을 만지면 앞뒤의 느낌이 어떠니?
- 어느 부분으로 탁본을 하면 잘 나올까?
- 손수건 위에 원하는 모양의 나뭇잎 잎맥이 탁본되도록 올려놓아보자.
- 그 위에 코팅지를 덮어볼까? 나뭇잎이 움직이지 않도록 잘 누르자.

- 쇠숟가락으로 힘차게 두드려보자. 느낌이 어떠니?
- 손수건에 나뭇잎이 어떻게 물들었을까(예상하기)?
- 탁본에 사용된 나뭇잎은 어떻게 변했니?

5) 더 꾸미고 싶으면 같은 방법으로 나뭇잎을 두드려 탁본한다.

- 이 색풀과 나뭇잎가루로 어떻게 꾸밀까?

6) 활동을 하고 난 후 평가를 한다.

- 오늘 어떤 활동을 했니?
- 나뭇잎 탁본이 잘 나온 건 나뭇잎의 방향이 어떤 것이었니?
- 나뭇잎을 두드릴 때 기분이 어땠니?
- 실제 나뭇잎과 손수건에 탁본된 나뭇잎과는 어떤 점이 같니(다르니)?
- 탁본된 나뭇잎은 어떻게 변했니?
- 가장 재미있었던 부분은 무엇이었니?

7) 완성된 작품을 건조할 수 있도록 건조대에 널어둔다.

- 친구들에게 어떤 나뭇잎으로 탁본했는지 소개시켜주자.
- 완성된 작품은 어떻게 건조시키면 될까?

3. 유의점

- 사전에 유아들과 함께 주운 나뭇잎을 활용하는 것이 좋다.
- 탁본이 잘 될 수 있도록 잎맥이 뚜렷한 나뭇잎을 준비한다.
- 나뭇잎 위에 올리는 코팅지는 크기를 손수건 크기보다 크게 해서 유아들이 안전하게 코팅지를 누른 채로 탁본을 할 수 있도록 한다.
- 소음이 발생하므로 실내보다는 실외에서 하도록 한다.

4. 평가

- 나뭇잎 탁본을 위해 필요한 나뭇잎의 색, 모양, 질감 등을 탐색하며 아름다움을 느끼는지 평가한다.
- 손수건에 탁본하면서 나뭇잎의 변화과정을 보고 탁본의 원리를 이해하는지 평가한다.

〈관찰 척도를 활용한 평가의 예시〉

평가준거			
예술 경험	① 나뭇잎의 색, 모양, 질감 등 미술적 요소에 관심을 보이지 않는다.	1	
	② 나뭇잎의 색, 모양, 질감 등 미술적 요소를 주의 깊게 탐색한다.	2	
	③ 나뭇잎의 색, 모양, 질감 등 미술적 요소를 자발적으로 탐색하고 변화를 시도한다.	3	
자연 탐구	① 나뭇잎 탁본의 기본 특성을 알아보거나 변화시키는 데 관심이 부족하다.	1	
	② 나뭇잎 탁본의 기본 특성과 변화에 흥미를 보이며, 교사의 도움이 있으면 나뭇잎을 여러 가지 방법으로 탐색하고 변화시킬 수 있다.	2	
	③ 나뭇잎 탁본의 기본 특성과 변화에 관심을 가지고, 스스로 여러 가지 방법으로 나뭇잎의 변화과정을 탐색하고 변화시킬 수 있다.	3	
총평			

5. 확장활동

- 네모난 흰 손수건에 윷판 모양대로 탁본하여 휴대용 윷판으로 활용할 수도 있다.
- 탁본 방법 중 하나인 건탁의 방법으로 나뭇잎(나무껍질 등)에 종이를 대고 색연필로 문질러 모양을 나타내는 탁본을 해본다.

교사 TIP

탁본拓本

비석, 기와, 기물 따위에 새겨진 글씨나 무늬를 종이에 그대로 떠냄. 또는 그렇게 떠낸 종이. 탁본할 곳에 흡습성(吸濕性)이 있는 종이를 대고 물을 뿌려 붙인 후 거의 마르면 솜뭉치에 먹을 묻혀 두드리는 습탁(濕拓)과, 흡습성이 없는 얇은 종이를 대고 탁본용의 연한 먹으로 종이 위를 문지르는 건탁(乾拓)이 있다.

-출처: naver 국어사전〈어휘 설명〉

1. 사전작업

[교사]

- 코팅지를 A4 1/2 정도 크기로 투명하게 코팅하여 준비한다(1인당 1개).
- 잎맥이 뚜렷한 나뭇잎을 준비하도록 한다.

[유아]

- 원 주변 산책을 하면서 잎맥이 뚜렷한 나뭇잎을 찾아본다.

4. 나뭇잎 탁본으로 카드만들기

교육목표	5세 누리과정 관련요소
- 다양한 재료와 도구를 활용하여 창의적으로 나뭇잎 탁본카드를 만들 수 있다. - 나뭇잎 탁본에 찍힌 다양한 나뭇잎의 잎맥에 관심을 갖는다.	- 예술경험〉예술적 표현하기〉미술 활동으로 표현하기 - 자연탐구〉과학적 탐구하기〉생명체와 자연환경 알아보기

1. 준비물

- 나뭇잎 탁본 찍은 한지(유아가 사전에 했던 작품)
- 카드용 밑면 종이(13 × 18cm, A4 용지의 1/2사이즈)
- 카드 속지(카드보다 사방 1cm씩 작게 자른 복사지 또는 색지)
- 카드 봉투(15 × 20cm)
- 기타 : 가위, 풀, 색한지, 사인펜 등

2. 활동방법

1) 미리 찍어 놓은 나뭇잎 탁본을 보며 탐색한다.

- 나뭇잎의 모양(크기)이 어떠니?

2) 나뭇잎 탁본을 이용하여 카드를 만들 것임을 이야기한다.

- (카드 종이를 보여주며) 이것을 이용하여 무엇을 만들 수 있을까?
- 어떻게 만들면 좋을까?

3) 나뭇잎 탁본 카드 만드는 방법에 대해 이야기한다.

- 이 나뭇잎의 잎맥은 어떤 모양이니?

[나뭇잎 탁본으로 카드 만들기 과정]

① 자신이 만든 나뭇잎 탁본을 가위로 오린다.
② 카드 종이 위에 나뭇잎 탁본 오린 것을 붙인다.
③ 카드 주변에 색한지를 이용하여 꾸민다.
④ 탁본 주변에 사인펜을 이용하여 꾸민다.
⑤ 카드 속지를 붙인다.

4) 활동을 하고 난 후 평가를 한다.

- 오늘 어떤 활동을 했니?
- 나뭇잎 탁본을 이용해 카드를 만드니 느낌이 어떠니?

5) 완성된 작품을 모아 감상한다.

- 친구들에게 내가 만든 것을 소개해보자.
- 어떤 모양을 만든거니?

3. 유의점

- 사전에 유아들과 함께 작업한 잎맥이 뚜렷한 탁본을 준비한다.
- 교사가 여유분의 탁본 작품을 준비한다.

4. 평가

- 다양한 재료와 도구를 활용하여 창의적으로 나뭇잎 탁본카드를 만드는지 평가한다.
- 나뭇잎 탁본에 찍힌 다양한 나뭇잎의 잎맥에 관심을 갖는지 평가한다.

〈관찰 척도를 활용한 평가의 예시〉

평가준거			
예술 경험	① 자신의 생각이나 느낌을 미술활동으로 표현하는 것이 서툴고 나뭇잎 카드 만들기에 관심이 없다.	1	
	② 도움을 주면 자신의 생각이나 느낌을 나뭇잎 탁본카드에 표현한다.	2	
	③ 다양한 재료와 도구를 활용하여 창의적으로 자신의 생각이나 느낌을 나뭇잎 탁본 카드에 표현한다.	3	
자연 탐구	① 탁본에 찍힌 나뭇잎의 잎맥에 대한 관심이 부족하다.	1	
	② 도움을 주면 탁본에 찍힌 나뭇잎의 잎맥에 관심을 가진다.	2	
	③ 탁본에 찍힌 나뭇잎의 잎맥에 관심을 가지고 다양한 나뭇잎의 특성을 적극적으로 탐색한다.	3	
총평			

5. 확장활동

- 나뭇잎 탁본 카드를 이용해 부모님께 편지를 써본다.

5. 문패 만들기

교육목표	5세 누리과정 관련요소
- 자연물을 활용하여 창의적으로 자신만의 문패를 만든다. - 자연물을 활용하여 글자의 형태로 문패에 자신의 이름을 쓸 수 있다.	- 예술경험〉예술적 표현하기〉미술 활동으로 표현하기 - 의사소통〉쓰기〉쓰기에 관심가지기

1. 준비물

- 골판지(상자종이 : 20×15cm), 글씨를 쓸 수 있는 작은 나뭇가지, 꾸밀 자연물(호박씨, 솔방울, 칡덩굴, 잣 등), 마끈(작게 자른 것), 굵은 종이 끈 12cm(손잡이용), 목공풀, 이쑤시개, 연필

2. 활동방법

1) 문패의 뜻과 쓰임새에 대해 알아본다.

- 문패를 본 경험이 있니?
- 문패가 무엇일까?

(문패는 주소나 이름을 적어서 대문에 걸어 두는 작은 패이다.)

2) 지끈을 활용하여 걸 수 있는 고리를 붙인다.

- 문패를 만들 골판지 위에 종이 끈을 고리 형태로 붙인다.

3) 자신만의 문패에 넣을 글자를 정한다.

- 내가 만든 문패에 어떤 글자를 넣을까?

4) 문패에 넣을 글자를 연필을 이용하여 밑그림으로 그린다.

- 글자를 연필로 써보도록 하자.

5) 문패의 글자와 어울리는 자연물(나뭇조각, 열매)을 활용하여 글자를 만든다.

- 어떤 자연물을 사용할까?

6) 완성된 문패는 목공풀이 다 마를 때까지 작업 건조대 위에 말리도록 한다.

7) 문패를 소개하고, 활동평가를 한다.

- 문패의 용도는 무엇이니?
- 내가 만든 문패를 소개해보도록 하자.
- 어떤 자연물을 활용하여 문패를 만들었니?
- 자연물(나뭇가지)을 활용하니 문패의 글자가 더 잘 보이는구나.
- 동그라미 글자를 솔방울로 하니 재미있구나.

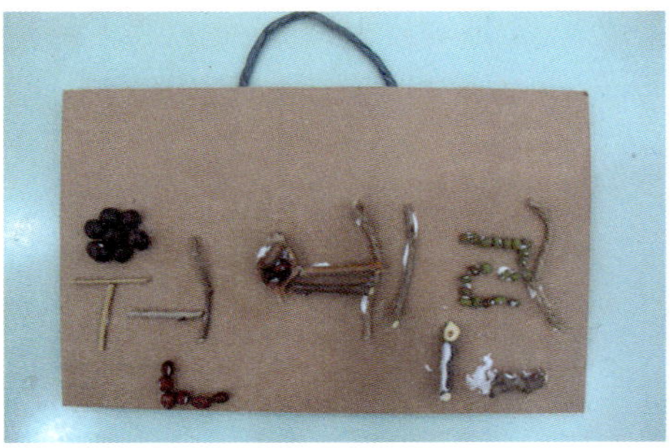

[문패 만들기 과정]

① 지끈을 활용하여 문패를 걸 수 있는 고리를 붙인다.
② 문패에 넣을 자신만의 글자를 정한다.
③ 연필을 이용하여 글자를 붙일 곳에 밑그림을 그린다.
④ 문패의 글자와 어울리는 자연물을 활용하여 문패에 넣을 글자를 만든다.
⑤ 여러 가지 자연물을 활용하여 문패를 꾸민다.
⑥ 완성된 문패는 목공풀이 다 마를 때까지 작업 건조대 위에 말리도록 한다.

3. 유의점

- 문패의 용도에 대해 충분히 이야기해 준다. 학급 이름이나 지역사회에서 볼 수 있는 문패에는 모두 그 나름대로의 의미가 담겨 있다는 것을 알려 주며 활동을 진행한다.

4. 평가

- 자연물을 활용하여 창의적으로 자신만의 문패를 만드는지 평가한다.
- 자연물을 활용하여 글자의 형태로 문패에 자신의 이름을 쓸 수 있는지 평가한다.

〈관찰척도를 활용한 평가의 예시〉

평가준거			
예술경험	① 자연물을 활용하여 표현하는 것이 서툴거나 미술표현에 관심이 없다.	1	
	② 1~2가지의 자연물을 활용하여 자신의 문패를 만든다.	2	
	③ 다양한 자연물을 활용하여 창의적으로 문패를 만든다.	3	
의사소통	① 자연물로 글자를 만드는 데 어려워한다.	1	
	② 교사의 도움이 있으면 자연물로 글자와 비슷한 형태로 만든다.	2	
	③ 스스로 글자와 비슷한 형태나 글자를 자연물로 쓴다.	3	
총평			

5. 확장활동

- 그룹별로 공동 작업을 해서 영역별 표시판을 만들어 보거나 학급의 문패를 만들어 본다.

교사 TIP

1. 사전작업

[교사]

- 골판지(상자종이)를 문패용에 맞춰 오려 준비한다.
- 벽에 걸 수 있도록 하는 굵은 종이 양끝은 펼쳐 준비한다.
  (유아들이 끈을 골라 고리 형태로 붙일 수 있도록 한다. 활동 9. 자연물 벽걸이 만들기 활동 p.130 참조)
- 목공풀은 소주용 종이컵에 담거나, 일반 종이컵의 윗면 1/2을 잘라 만든 작은 컵에 담아 이쑤시개로 찍어 사용할 수 있도록 준비한다.

[유아]

- 문패 만들기에 사용할 다양한 자연물들을 산책하면서 채집하여 준비한다(나뭇가지, 솔방울, 나뭇잎 등).

6. 애기똥풀 천연 염색하기

교육목표	4세 누리과정 관련요소
- 애기똥풀 염액으로 손수건을 염색하며 천연 염색의 과정과 변화에 관심을 갖는다. - 애기똥풀로 염색한 천에 다양한 도구를 사용하여 창의적으로 표현한다.	- 자연탐구〉과학적 탐구하기〉물체와 물질 알아보기 - 예술경험〉예술적 표현하기〉미술 활동으로 표현하기

1. 준비물

애기똥풀 염액 500*ml*, 백반(매염제) 15g, 면 손수건 개별 1장씩, 투명그릇, 건조대

2. 활동방법

1) 유아들과 채집한 애기똥풀과 교사가 준비한 애기똥풀 염액을 탐색한다.

- 애기똥풀의 염액은 무슨 색으로 보이니?
- 애기똥풀에서 나온 색(냄새)과 염액으로 낸 색(냄새)이 어떻게 다르니?
- 염색을 하면 어떤 색으로 바뀔까?

2) 염색을 위해서 매염제(백반, 소금 등) 사용과 기능에 대해 이야기한다.

- 백반(소금)을 염액에 넣는 이유는 무엇일까?
  (매염제로 백반이나 소금을 사용하면 색이 선명해지고 쉽게 바래지 않는다.)
- 염색이 잘되기 위해 넣는 백반이나 소금 등을 '매염제'라고 한단다.

3) 투명 그릇에 염액을 넣고 백반을 섞는다(백반은 약간 미지근한 염액이어야 잘 녹는다).

4) 천연 염색을 하는 방법에 대해 이야기해 본다.

[애기똥풀 천연염색하기 과정]

① 손수건에 네임펜으로 이름을 쓴다.
② 고무줄로 묶는다(손수건이 두툼하면 중간 중간 고무줄을 묶어서 무늬를 만든다).
③ 애기똥풀 염액에 담근다.
④ 꼭 짜서 탁탁 털어 주름이 가지 않도록 말린다(진한 색을 위해서 2~3회 반복한다).
⑤ 다 마른 손수건에 유성매직이나 네임펜으로 간단한 그림을 그려 꾸며 본다.

5) 염색 과정대로 염색한다(손수건의 두께에 따라 고무줄을 묶어서 무늬를 만들거나 네임펜이나 유성매직으로 그림을 그려 꾸민다).

- 고무줄을 풀었을 때 어떤 모양이 생길까?
- 네임펜과 유성매직으로 그린 그림은 어떻게 변할까?
- 손수건 색이 어떻게 변했니(진한 색을 위해서 2~3회 반복한다)?

6) 손수건을 꼭 짜서 건조대에 말린다.

- 염색을 한 손수건이 어떻게 변했니?
- 건조대에 말리면 어떻게 변할까?

7) 활동을 하고 난 후 평가를 한다.

- 애기똥풀의 색, 모양, 특성은 어땠니?
- 애기똥풀은 염색을 하기 위해 어떻게 변화되었니?
- 손수건을 어떻게 꾸며주었니?

- 고무줄을 묶었던 곳은 어떻게 되었니?
- 어떤 점이 재밌었니?
- 어떤 점이 힘들었니?

8) 완성된 작품을 모아 감상해 본다.

3. 평가

- 애기똥풀 염액으로 손수건을 염색하며 천연 염색의 과정과 변화에 관심을 갖는지 평가한다.
- 애기똥풀로 염색한 천에 다양한 도구를 사용하여 표현하는지 평가한다.

〈관찰척도를 활용한 평가의 예시〉

평가준거			
자연 탐구	① 애기똥풀 염액으로 손수건을 염색하며 천연 염색의 과정과 변화에 관심이 없다.	1	
	② 애기똥풀 염액으로 손수건을 염색하는 것에는 관심을 보이지만 염색의 과정과 변화에는 관심이 없다.	2	
	③ 애기똥풀 염액으로 손수건을 염색하는 기본적 특성을 알고, 천연 염색의 과정과 변화에 관심을 가지고 참여한다.	3	
예술 경험	① 그림 그리기를 꺼려한다.	1	
	② 한 가지 색의 펜만 사용하여 표현한다.	2	
	③ 다양한 재료와 도구를 사용하여 창의적으로 표현한다.	3	
총평			

4. 확장활동

- 사전에 유성펜으로 손수건에 그림을 그린 후 염색을 할 수도 있다.
  또는 다 마른 후 유성매직으로 그림을 그린 후 다시 재염색을 할 수도 있다.
- 애기똥풀 염액을 한지 등 종이에 염색하여 책갈피나 카드 등을 만들 수 있다.
- 염색한 손수건을 이용하여 천연염색 큰 조각보(협동작업)를 만들어 볼 수 있다.
- 색이 바랜 흰색 면티셔츠나, 자동차 깔개 등을 염색해 실생활에 활용한다.

교사 TIP

1. 사전작업

[교사]

- 교사는 활동 2~3일 전에 유아들이 충분히 사용할 수 있는 양만큼 진한 염액을 준비해 둔다.
- 냉장 보관된 염액 사용시 미지근하게 데워서 사용하면 염색이 잘 된다.

2. 보관 및 정리

- 염색한 수건은 실생활에 사용할 수 있다.
- 남은 염액은 냉장 보관하여 다른 활동에 활용하거나, 재염색을 한다.
- 애기똥풀 남은 것은 관찰용으로 사용한 후 나무 밑에 거름이 될 수 있도록 둔다.

3. 다른 계절에서 비슷한 활동 찾기

- 여름: 봉숭아 물들이기
- 가을: 맨드라미 물들이기

6-1. 애기똥풀 자연물 채집하기

교육목표	3세 누리과정 관련요소
- 주변에서 볼 수 있는 애기똥풀의 모양과 색, 특성에 관심을 갖는다. - 애기똥풀에 관심을 갖고 채집할 수 있다.	- 자연탐구〉과학적 탐구하기〉생명체와 자연환경 알아보기 - 자연탐구〉탐구하는 태도 기르기〉호기심을 유지하고 확장하기

1. 준비물

- 비닐봉지, 가위, 바구니, 물티슈, 구급약품

2. 활동방법

1) 유치원(어린이집) 주변을 산책하면서 나무, 꽃 등의 변화에 대해 이야기 나눈다.

- 우리 유치원(어린이집)에는 어떤 나무와 꽃이 있을까?
- 어떤 모습으로 변했을까?

2) 애기똥풀을 채집할 수 있는 장소에 모인다.

- 오늘은 애기똥풀을 살펴볼 거란다.
- 애기똥풀을 찾아볼까? 어떤 것이 애기똥풀일까?

3) 주변에 애기똥풀의 모양과 색깔 등을 살펴본다.

- 애기똥풀 모양(색)이 어떠니?
- 다른 풀과 어떤 것이 다르니?

4) 애기똥풀을 하나 잘라(가위 이용) 노란물이 나오는 것을 관찰한다.

- 애기똥풀 줄기에는 특별한 색의 즙이 있단다. 어떤 색일까?
- 직접 잘라서 살펴볼까?

5) 비닐봉지를 하나씩 나눠준다.

6) 비닐봉지에 애기똥풀을 잘라서 담는다.

- 애기똥풀을 채집할 때 손으로 꺾지 않고 가위(교사는 교사용 가위, 유아는 미술용 안전가위)를 사용하도록 한다.

7) 다음 활동(애기똥풀 염색해보기)에 대한 안내를 한다.

- 잘라온 애기똥풀로 무엇을 할까?
- 애기똥풀 즙을 이용해 염액을 만들어 염색하기 활동을 할 꺼란다.

8) 활동을 하고 난 후 평가를 한다.

- 애기똥풀의 색과 모양은 어땠니?
- 애기똥풀의 특성은 무엇이었니?
- 오늘 활동이 어땠니?

3. 유의점

- 애기똥풀은 염액을 낼 것이므로 채집해 오면 비닐 봉지에 담아 두어 물기가 마르지 않게 한다.
- 흙이 묻어 있으면 염액을 낼 때 고운 색이 나오지 않으므로 흙이 묻지 않도록 채집한다.

4. 평가

- 주변에서 볼 수 있는 애기똥풀의 모양과 색, 특성에 관심을 보이는지 평가한다.
- 애기똥풀에 관심을 갖고 채집하는지 평가한다.

〈관찰척도를 활용한 평가의 예시〉

평가준거			
자연탐구	① 애기똥풀에 대해 관심이 없다.	1	
	② 도움을 주면, 애기똥풀의 색에 관심을 가진다.	2	
	③ 애기똥풀에 관심을 갖고, 색, 모양, 특성에 대해 알려고 한다.	3	
자연탐구	① 주변에 있는 애기똥풀에 대한 호기심이 없다.	1	
	② 도움을 주면, 애기똥풀의 채집에 호기심을 가진다.	2	
	③ 적극적으로 애기똥풀을 채집하는 것에 호기심을 가진다.	3	
총평			

5. 확장활동

- 애기똥풀로 염액을 만들어 염색하기 활동을 한다.

교사 TIP

1. 사전작업

[교사]
- 사전에 원 주변에서 유아들이 안전하게 애기똥풀을 채집할 수 있는 장소를 답사한다.

[유아]
- 애기똥풀 관련 책을 보고, 사전에 애기똥풀에 관심을 가질 수 있도록 격려한다.

2. 다른 계절에서 유사한 활동 연계

- 여름: 봉숭아 꽃 채집 후 물들이기
- 가을: 맨드라미 꽃 채집 후 물들이기

6-2. 애기똥풀 천연 염액 만들기

교육목표	4세 누리과정 관련요소
- 주변에서 쉽게 볼 수 있는 천연 염색 재료인 애기똥풀의 색, 모양, 질감 등 미술적 요소에 관심을 갖는다. - 애기똥풀을 삶아 천연 염액을 만들며 애기똥풀의 변화에 관심을 갖는다.	- 예술경험〉아름다움 찾아보기〉미술적 요소 탐색하기 - 자연탐구〉과학적 탐구하기〉물체와 물질 알아보기

1. 준비물

- 애기똥풀, 물, 전기 쿠커 (또는 블루스타), 유리 냄비, 투명그릇, 채, 거즈

2. 활동방법

1) 유아들과 주변에서 채취한 애기똥풀의 색, 모양, 특성 등에 대해 이야기한다.

- 우리가 채취한 식물의 이름은 무엇이니?
- 직접 애기똥풀을 채취하고 만져보니 어땠니?
- 애기똥풀을 자세히 살펴보도록 하자.
  (색, 모양이 어떤지 자세히 살펴본다.)
- 애기똥풀 즙의 색은 무슨 색이니?
  (애기똥풀의 줄기를 잘라 즙을 확인한다.)

2) 천연 염색을 위한 염액 만드는 방법에 대해 이야기해본다.

- 애기똥풀을 이용하여 염색을 하려고 한다.
- 염색할 염액을 어떤 방법으로 만들 수 있을까?

3) 투명 냄비에 애기똥풀을 넣고 적당량의 물을 부은 후 삶는다(유아들과 함께 염액을 만들 때는 색의 변화를 볼 수 있을 정도로 적은 양의 물을 넣고 삶는다) .

- 애기똥풀과 물을 어느 정도 넣으면 좋을까?

- 애기똥풀이 삶아지면 어떻게 변할까?
- 애기똥풀이 삶아진 물은 어떤 색일까?

4) 삶아지면 채에 받쳐서 투명 그릇에 담아 식힌다.

- 애기똥풀의 색, 모양은 어떠니?
- 애기똥풀을 삶았을 때 색, 모양은 어떻게 변했니?
- 삶은 애기똥풀 물은 어떤 색이니?
- 삶으니 어떤 냄새가 나니?
- 삶아진 애기똥풀은 어떻게 변했니?

[염액 만들기 과정]

① 투명한 냄비에 애기똥풀과 물을 넣고 삶는다.
② 삶아지면 애기똥풀을 채에 걸러 투명 그릇에 담는다.
③ 애기똥풀 삶은 물은 거즈수건에 받쳐 찌꺼기 없는 염액이 되도록 한다.
④ 애기똥풀 염액은 식힌 후 보관용기에 담아 냉장고에 보관한다.

5) 활동을 하고 난 후 평가를 한다.

- 애기똥풀의 색, 모양은 어땠었니?
- 애기똥풀을 삶았더니 어떤 색물이 나왔니?
- 애기똥풀 염액으로 염색을 하면 어떤 색으로 염색이 될까?
- 오늘 애기똥풀 염액 만들기를 해봤는데 어땠니?

6) 완성된 염액을 식힌 후 보관 용기에 담아 냉장고에 보관한다.

3. 평가

- 주변에서 쉽게 볼 수 있는 천연 염색 재료인 애기똥풀의 색, 모양, 질감 등 미술적 요소에 관심을 갖는지 평가한다.
- 애기똥풀을 삶아 천연 염액을 만들며 애기똥풀의 변화에 관심을 갖는지 평가한다.

〈관찰척도를 활용한 평가 예시〉

평가준거			
예술경험	① 애기똥풀의 색, 모양, 질감 등 미술적 요소에 관심이 없다.	1	
	② 도움이 있으면 애기똥풀의 색, 모양, 질감 등 미술적 요소 중 일부에 관심을 갖는다.	2	
	③ 애기똥풀의 색, 모양, 질감 등 미술적 요소 대부분에 관심을 갖는다.	3	
자연탐구	① 애기똥풀의 기본적 특성과 변화과정에 대한 관심이 없다.	1	
	② 애기똥풀의 기본적 특성에는 관심을 보이지만 애기똥풀을 염액으로 변화시키는데는 관심이 없다.	2	
	③ 애기똥풀의 기본적 특성에 관심을 갖고, 애기똥풀을 염액으로 변화시키는데 적극적으로 참여한다.	3	
총평			

4. 확장활동

- 염액을 활용하여 천연 염색 활동을 한다.
- 다른 연령과의 연계
  · 만 3세는 애기똥풀 관찰 및 채집만 하고 염액은 교사가 만들어 염색활동과 연결한다.
  · 만 5세는 애기똥풀 관찰 및 채집, 염액 추출 및 염색활동 전반에 참여하여 활동한다.

교사 TIP

1. 사전작업

[교사]
- 삶을 애기똥풀은 잎부분보다 줄기부분에서 염액이 더 잘 우러나므로 교사는 줄기부분을 넉넉히 채집해둔다.
- 삶은 애기똥풀은 사용한 후 나무 밑에 거름이 될 수 있도록 둔다.

2. 다른 계절에서 유사한 활동 연계

- 여름: 봉숭아를 활용한 천연염액 만들기
- 가을: 맨드라미를 활용한 천연염액 만들기

7. 자연물로 동물 얼굴 꾸미기

교육목표	4세 누리과정 관련요소
- 다양한 자연물의 색, 모양, 질감 등에 관심을 갖는다. - 자연물을 이용하여 동물을 꾸미며, 자신이 꾸미고자 하는 동물의 특성에 관심을 갖는다.	- 예술경험〉아름다움 찾아보기〉미술적 요소 탐색하기 - 자연탐구〉과학적 탐구하기〉생명체와 자연환경 알아보기

1. 준비물

- 다양한 모양의 나무 조각(원형, 반원, 기다란 나무 등), 다양한 열매(서리태콩, 팥, 잣, 강낭콩, 호박씨, 피스타치오, 고추씨, 도토리 등), 다양한 자연물(억새풀, 캐나다 단풍나무 깍정이 등), 목공풀, 이쑤시개, 목공풀 담을 종이컵, 자연물을 담을 통

2. 활동방법

1) '콩'에 대한 수수께끼를 낸다.

- 이것은 무엇일까요? 이것은 많은 가족과 살고 있는 식물이에요. 이것이 살고 있는 집을 콩깍지라고 해요. 이것은 무엇일까요?

2) 콩을 본 경험에 대해 이야기한다.

- 콩을 본 적이 있니?
- 콩에는 어떤 종류가 있을까?

3) 다양한 열매와 나무 조각을 보여주며 오늘 어떤 활동을 할지 예상해 보도록 한다.

- 어떤 열매들이 있니? 색이 어떠니? 모양이 어떠니?
- 모두 본 적이 있는 열매니? 이름을 모르는 열매가 있다면 어떤 것이니?
- 크기대로 이름을 말해볼까?
- 색깔대로 이름을 말해볼까?

- 나무 조각은 어떤 모양이니?
- 나무 조각과 다양한 열매를 이용하여 어떤 활동을 할 수 있을까?

4) 내가 표현하고 싶은(좋아하는) 다양한 동물을 꾸며볼 것임을 이야기한다.

- 나무 조각과 여러 열매 및 다양한 자연물을 이용하여 동물을 꾸며볼 거란다.
- 어떤 동물을 좋아하니? 내가 꾸며 보고 싶은 동물에 대해 이야기해 볼까?
- 표현하고 싶은(꾸미고 싶은) 동물은 어떤 특징이 있니? 어떤 방법으로 표현해 볼까?

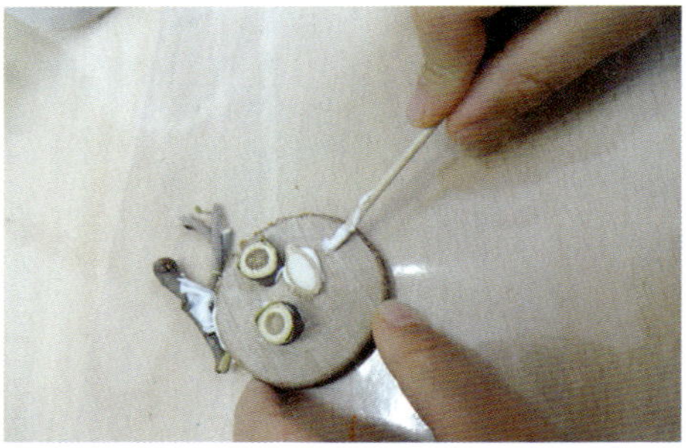

[자연물로 동물 꾸미기 과정]

① 자신이 만들고 싶은 동물을 생각한다.
② 원하는 나무 조각을 고른다.
③ 표현하고 싶은 동물에 적합한 열매와 자연물을 고른다.
④ 목공풀을 이용하여 붙인다.

5) 재료 사용법에 대해 알려준다.

- 나무 조각에 다양한 열매와 자연물을 붙일 때는 어떤 것으로 붙여야 할까?
- 이쑤시개를 이용하여 목공풀로 붙여보도록 하자.

6) 자신이 만들고 싶은 동물에 적합한 나무 조각을 고른다.

7) 다양한 열매와 자연물을 이용해 동물을 꾸민다.

- 내가 꾸미고 싶은 동물에 어울리는 열매나 자연물에는 어떤 것이 있을까?
- 토끼의 귀(새의 깃털, 호랑이 무늬, 코끼리의 코, 강아지의 꼬리 등)는 어떤 자연물을 사용하면 좋을까?

8) 주변을 정리한 후 활동평가를 한다.

- 내가 사용한 자리 주변을 정리해보자.
- 내가 꾸민 동물의 특징은 무엇이니?
- 동물의 특징을 살리기 위해 어떤 열매(자연물)를 사용했니?
- 내가 사용한 자연물은 다른 것과 어떤 차이가 있었니?

3. 유의점

- 동물을 꾸밀 때 나무 조각 안에 꾸미기보다 나무 조각을 몸으로 이용하여 꾸밀 수 있으므로 부착 시 목공용 본드 외에 떨어지기 쉬운 부분은 교사가 글루건으로 잘 부착할 수 있도록 한다. 단, 글루건 사용은 유아들의 손이 닿지 않는 곳에 두고 교사만 사용하도록 한다.
- 목공풀 사용법을 충분히 설명한다.

4. 평가

- 다양한 자연물의 색, 모양, 질감 등에 관심을 갖는지 평가한다.
- 자연물을 이용하여 동물을 꾸미며, 자신이 꾸미고자 하는 동물의 특성에 관심을 갖는지 평가한다.

〈관찰척도를 활용한 평가의 예시〉

평가준거			
예술 경험	① 다양한 자연물의 색, 모양, 질감 등 미술적 요소에 관심이 없다.	1	
	② 도움이 있으면 다양한 자연물의 색, 모양, 질감 등 미술적 요소 중 일부에 관심을 갖는다.	2	
	③ 다양한 자연물의 색, 모양, 질감 등 미술적 요소 중 대부분에 관심을 갖는다.	3	
자연 탐구	① 자신이 꾸미고자 하는 동물의 특성에 대해 알아보려고 하지 않는다.	1	
	② 도움이 있으면, 자신이 꾸미고자 하는 동물의 부분적인 특징에 대해 관심을 가지고 알아본다.	2	
	③ 자신이 꾸미고자 하는 동물의 특성에 대해 적극적으로 알아보려고 한다.	3	
총평			

교사 TIP

1. 사전작업

- 다양한 모양의 나무 조각을 종류별로 유아수 대비 1.5배 이상 넉넉하게 준비한다.
- 동물 모양을 꾸밀 다양한 열매는 유아들이 쉽게 잡고 꺼낼 수 있도록 높이가 낮은 투명한 플라스틱 통에 담아 준비한다.
- 목공풀은 소주용 종이컵에 담아 쓰거나 일반 종이컵의 1/2 정도를 잘라 컵의 아래 부분을 사용할 수 있도록 준비한다.

8. 자연물로 반입체 동물 만들기

교육목표	5세 누리과정 관련요소
- 다양한 자연물을 사용하여 창의적으로 동물을 만들 수 있다. - 자연물을 활용하여 동물을 만들며 각 동물이 가진 특성에 관심을 갖는다.	- 예술경험〉예술적 표현하기〉미술 활동으로 표현하기 - 자연탐구〉과학적 탐구하기〉생명체와 자연환경 알아보기

1. 준비물

- 다양한 모양의 나무 조각(원형, 반원, 기다란 나무 등), 다양한 열매(서리태콩, 잣, 강낭콩, 호박씨, 피스타치오 껍질, 메타세콰이어 열매, 솔방울, 도토리 등), 다양한 자연물(조개, 홍합껍데기, 갈대잎, 억새풀, 캐나다 단풍나무 깍정이 등), 목공풀, 가위, 이쑤시개, 목공풀 따를 종이컵, 개인 작업 밑판

2. 활동방법

1) 궁금이 상자를 이용하여 어떤 종류의 자연물(솔방울, 메타세콰이어)이 있는지 알아맞혀본다.

- 궁금이 상자 속에 무엇이 들었을까? 누가 나와서 촉감으로 알아맞혀 보자.

2) 두 열매를 본 경험에 대해 이야기한다.

- 두 열매가 어떻게 다르니?

3) 다양한 열매와 나무 조각을 보여주며 오늘 어떤 활동을 할지 예상해 보도록 한다.

- 어떤 열매와 나무 조각들이 있니?
- 모양이나 색이 어떻게 다르니? 어떤 이름이 있을까? 아는 이름을 말해보자.
- 다양한 열매, 자연물을 이용하여 어떤 활동을 할 수 있을까?

[자연물로 반입체 동물 만들기 과정]

① 자신이 만들고 싶은 동물을 생각한다.
② 내가 만들 동물에 적합한 자연물을 골라 개인 작업 밑판으로 가지고 온다.
③ 목공풀을 이용하여 입체감있게 만들어 붙인다.
④ 완성이 되면 목공풀이 잘 마를 때까지 편평한 곳에 보관한다.
⑤ 목공풀이 다 마르면 낚시줄을 달아 모빌대에 모빌로 매달 수 있다.

4) 다양한 동물을 꾸며볼 것임을 이야기한다.

- 어떤 동물을 만들 수 있을까?
- 만들고 싶은 동물은 어떤 특징이 있니? 어떤 재료로 만들까?
- 홍합껍데기로는 어떤 동물을 만들면 좋을까?

5) 재료 사용법에 대해 알려준다.

- 나무 조각에 다양한 열매와 자연물을 붙일 때는 어떤 것으로 붙여야 할까?
- 이쑤시개를 이용하여 목공풀로 붙여볼까?

6) 자신이 만들고 싶은 동물에 적합한 자연물을 골라 개인 작업판에 가져와서 만든다.

- 내가 만드는 동물은 어떤 자연물로 만들어야 특징이 잘 나타날까?
- 필요한 재료를 개인 작업판에 가져와서 만들어 보자.

7) 완성이 되면 목공풀이 잘 마를 때까지 교구장 윗면(편평한 곳)에 보관하도록 한다.

- 목공풀이 다 마를 때까지 어디에 보관하면 좋을까?

8) 동물 만들기를 소개하고, 활동평가를 한다.

- 내가 만든 동물이 어떤 동물인지, 어떤 것을 사용해서 만들었는지 소개하자.
- 동물의 특징을 살리기 위해 어떤 열매(자연물)를 사용했니?
- 동물의 특징을 가장 잘 살려 만든 건 어떤 동물이니?

3. 유의점

- 동물을 꾸밀 때 나무 조각 안에 꾸미기보다 나무 조각을 몸으로 이용하여 꾸밀 수 있으므로 부착 시 목공용 본드 외에 떨어지기 쉬운 부분은 교사가 글루건으로 잘 부착할 수 있도록 한다. 단 글루건 사용은 유아들의 손이 닿지 않는 곳에 두고 교사만 사용하도록 한다.
- 목공풀 사용법을 충분히 설명한다.

4. 평가

- 다양한 자연물을 사용하여 창의적으로 동물을 만드는지 평가한다.
- 자연물을 활용하여 동물을 만들며 각 동물이 가진 특성에 관심을 갖는지 평가한다.

〈관찰척도를 활용한 평가의 예시〉

평가준거			
예술경험	① 다양한 자연물을 사용하여 동물을 만드는 것이 서툴거나 미술표현에 관심이 없다.	1	
	② 다양한 자연물을 사용하여 동물을 표현한다.	2	
	③ 다양한 자연물을 사용하여 창의적으로 동물을 표현한다.	3	
자연탐구	① 동물의 특성에 대한 관심과 이해가 부족하다.	1	
	② 자연물을 활용하여 동물을 만들며 동물의 기본적인 특성을 이해한다.	2	
	③ 자연물을 활용하여 동물의 여러 가지 특성을 알고 표현한다.	3	
총평			

5. 확장활동

- 유아들이 만든 작품을 사진으로 찍어 수·조작영역에서 동물 분류하기(동물의 특징, 동물 만들기 재료) 활동으로 연계하여 활동할 수 있다.

교사 TIP

1. 사전작업

- 다양한 모양의 나무 조각을 종류별로 준비하면 좋으며 유아 수 대비 1.5배 이상 넉넉하게 준비한다.
- 동물 꾸밀 다양한 열매는 유아들이 쉽게 잡고 꺼낼 수 있도록 높이가 낮은 통에 담아 준비한다.
- 목공풀은 소주용 종이컵에 담거나, 일반 종이컵의 윗면 1/2을 자른 부분에 담아 이쑤시개로 찍어 사용할 수 있도록 준비한다.
- 동물 만들기 후 목공풀을 말릴 수 있는 장소(또는 교구장)를 준비한다.
- 교실 한 곳에 나뭇가지 및 자연물을 이용한 모빌대를 부착하여 전시장소를 준비한다.

9. 자연물 벽걸이 만들기

교육목표	4세 누리과정 관련요소
- 다양한 자연물을 사용하여 창의적으로 벽걸이를 만들 수 있다. - 자신이 만든 벽걸이에 대해 자신의 느낌, 생각을 말할 수 있다.	- 예술경험〉예술적 표현하기〉미술 활동으로 표현하기 - 의사소통〉말하기〉느낌, 생각, 경험 말하기

1. 준비물

- 골판지(상자종이 : 22 × 15cm), 지끈, 다양한 자연물(호박씨, 솔방울, 칡덩굴, 잣, 각종 곡식류, 나뭇가지 등), 마끈(작게 자른 것), 굵은 종이 끈 12cm(손잡이용), 목공풀, 이쑤시개

2. 활동방법

1) 벽걸이용 골판지를 보여주며 어떤 활동을 할 수 있을지 예상한다.
   - 어떤 활동을 할 수 있을까?

2) 꾸밀 수 있는 다양한 방법에 대해 이야기 나눈다.
   - 어떤 방법으로 꾸미면 좋을까?

3) 자연물을 관찰하면서 어떻게 꾸밀지에 대해 이야기 나눈다.
   - 어떤 자연물이 있니?
   - 우리가 산책하면서 준비한 자연물에는 어떤 것이 있었니? 처음 보는 자연물은 어떤 것이 있니?
   - 자연물의 모양, 색, 크기는 어떠니? 만져보니 느낌이 어떠니?
   - 어떻게 꾸미면 좋을까?

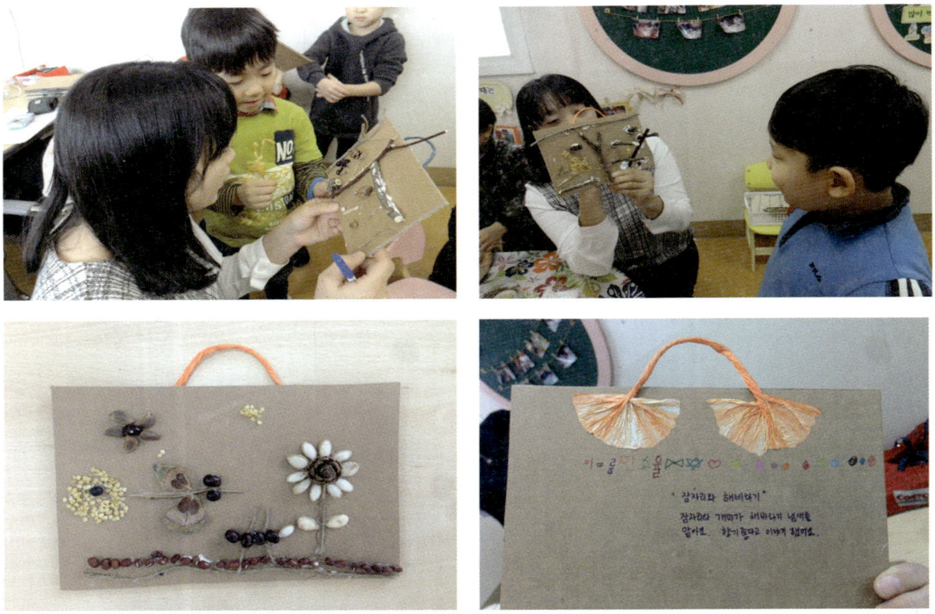

[자연물 벽걸이 만들기 과정]

① 자연물 벽걸이용 골판지(상자종이)를 선택한다.
② 꾸미는 주제(어떻게 꾸밀지)에 대해 생각한다.
③ 자연물 벽걸이용 골판지(상자종이) 위에 다양한 자연물과 재료를 놓고 구성한다.
④ 목공풀을 이용하여 붙인다.
⑤ 완성이 되면 목공풀이 잘 마를 때까지 편평한 곳에 보관한다.

4) 꾸미는 재료를 붙이는 방법에 대해 이야기 나눈다.

- 어떤 방법으로 재료를 붙일까?
- 이쑤시개를 이용하여 목공풀로 붙여보도록 하자.
  (잘 붙여지지 않는 것은 선생님에게 도움을 요청하도록 한다.)

5) 벽걸이용 골판지(상자종이) 위에 다양한 자연물로 꾸민다.

- 어떤 모양으로 꾸미면 좋을까?
- 주제를 정해서 꾸며보도록 하자.

6) 다 꾸민 후 붙인 자연물이 떨어지지 않도록 편평한 곳에 말린다.

- 목공풀이 다 마를 때까지 어디에서 말리면 좋을까?

7) 완성된 후 복도 벽면이나, 교실 벽면에 전시한다.

8) 주변을 정리하고, 활동평가를 한다.

- 우리가 산책하면서 준비한 자연물은 어떤 것이 있었니?
- 우리 주변에서 구한 자연물로 꾸미니 어떠니?
- 내가 만든 벽걸이는 어떤 자연물로 꾸몄는지 소개시켜주자.
- 이 자연물로 꾸미니까 어떤 점이 좋니?
- 어떤 이야기가 있는지 이야기해 보자.
  (유아들이 말을 하면 벽걸이 뒷면에 교사가 이야기를 써준다.)
- 집에 가지고 간다면 어디에 전시하고 싶니?

3. 평가

- 다양한 자연물을 사용하여 창의적으로 벽걸이를 만들 수 있는지 평가한다.
- 자신이 만든 벽걸이에 대해 자신의 느낌, 생각을 말할 수 있는지 평가한다.

〈관찰척도를 활용한 평가의 예시〉

평가준거			
예술 경험	① 벽걸이 만들기에 참여하기를 시도한다.	1	
	② 단순하게 자연물을 붙이며 벽걸이를 만든다.	2	
	③ 다양한 자연물을 활용해 창의적으로 벽걸이를 만든다.	3	
의사 소통	① 자신이 만든 벽걸이의 내용에 대해 말하는 것을 어려워한다.	1	
	② 도움이 있으면 자신이 만든 벽걸이의 내용에 대해 간단하게 말할 수 있다.	2	
	③ 자신이 만든 벽걸이의 내용에 대해 구체적으로 말할 수 있다.	3	
총평			

4. 확장활동

- 자연물 벽걸이 속 이야기를 글로 써 붙여 연결된 이야기 꾸미기 활동으로 연계할 수 있다.

교사 TIP

1. 사전작업

[교사]

- 골판지(상자종이)를 벽걸이용에 맞춰 오린 뒤 벽에 걸 수 있도록 뒷면에 지끈 종이 끝을 펼쳐 붙여 준비한다.
- 목공풀은 소주용 종이컵에 담거나, 일반 종이컵의 윗면 1/2을 자른 부분에 담아 이쑤시개로 찍어 사용할 수 있도록 준비한다.

[유아]

- 자연물 벽걸이 만들기에 사용할 다양한 자연물들은 산책하면서 유아와 함께 준비한다. (나뭇가지, 솔방울, 나뭇잎 등)

10. 자연물 브로치 만들기

교육목표	4세 누리과정 관련요소
- 브로치를 만들며 자연물(피스타치오)의 색, 모양, 질감 등에 관심을 갖는다. - 눈과 손을 협응하여 소근육을 조절하며 브로치를 꾸밀 수 있다.	- 예술경험〉아름다움 찾아보기〉미술적 요소 탐색하기 - 신체운동·건강〉신체 조절과 기본 운동하기〉신체조절하기

1. 준비물

- 피스타치오 껍질, 밑판으로 사용할 동그란 나무, 다양한 나무줄기, 목공풀, 네임펜, 브로치 핀

2. 활동방법

1) 피스타치오 껍질을 보여주며 이야기를 나눈다.
   - 이것은 무엇일까? 본 경험이 있니?

2) 피스타치오 껍질과 나무판으로 브로치를 만들 수 있는 방법에 대해 이야기를 나눈다.
   - 어떤 방법으로 브로치를 만들 수 있을까?

3) 피스타치오를 관찰하면서 어떻게 꾸밀지에 대해 이야기 나눈다.
   - 피스타치오의 모양이 어떠니? 어떤 색이니? 만지니 느낌이 어떠니?
   - 앞과 뒤가 어떻게 다르니?
   - 어느 부분에 꾸미면 좋을까?
   - 둥근 나무판 위에 올려서 어떤 모양으로 붙일지 생각해보자.

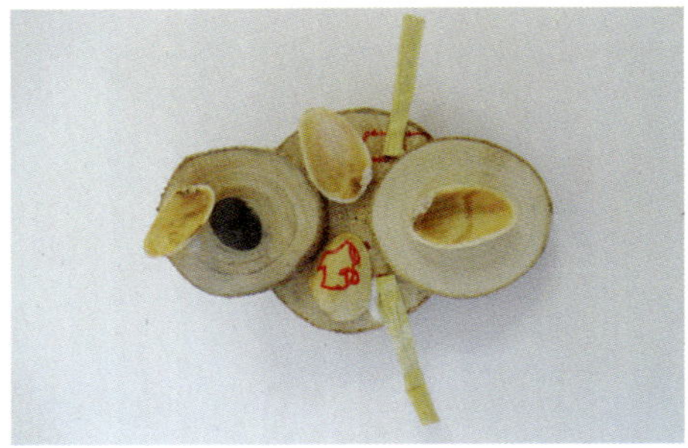

[자연물 브로치(피스타치오) 만들기 과정]

① 피스타치오를 관찰하며 어떻게 꾸밀지 생각한다.
② 둥근 나무판 위에 피스타치오를 올려 구상해본다.
③ 피스타치오에 네임펜으로 꾸민다(그림 그리기 또는 색칠하기).
④ 꾸민 피스타치오를 목공풀을 이용하여 둥근 나무 밑판에 붙인다.
⑤ 목공풀이 마르면 피스타치오 둥근 나무 밑판 뒷면에 브로치 핀을 붙여 완성한다.

4) 피스타치오에 네임펜으로 그림을 그린다.

- 피스타치오의 앞 또는 뒷면, 원하는 쪽을 어떻게 꾸미면 좋을까? 그림을 그려볼까? 색을 칠해 볼까?

5) 꾸며진 피스타치오를 둥근 나무판에 모양을 만들어 목공풀로 붙인다.

- 피스타치오를 어떤 모양으로 붙일까?

6) 완성된 피스타치오 밑판 뒷면에 브로치 핀을 교사가 글루건으로 붙여준다.

- 브로치가 되려면 어떻게 하면 될까?

7) 자연물 브로치를 누구에게 선물할지 생각한다.

8) 주변을 정리하고, 활동평가를 한다.

- 어떤 자연물로 브로치를 만들었니?
- 피스타치오의 색과 모양은 어땠니?
- 브로치로 만들 때 어떤 것들이 필요했니?
- 브로치로 만드니 느낌이 어떠니?
- 만든 브로치는 어떻게 하고 싶니?

3. 평가

- 브로치를 만들며 자연물(피스타치오)의 색, 모양, 질감 등에 관심을 갖는지 평가한다.
- 눈과 손을 협응하여 소근육을 조절하며 브로치를 꾸밀 수 있는지 평가한다.

〈관찰척도를 활용한 평가의 예시〉

평가준거			
예술경험	① 피스타치오의 색, 모양, 질감 등 미술적 요소에 관심이 없다.	1	
	② 도움이 있으면 피스타치오의 색, 모양, 질감 등 미술적 요소 중 일부에 관심을 갖는다.	2	
	③ 피스타치오의 색, 모양, 질감 등 미술적 요소 중 대부분에 관심을 갖는다.	3	
신체운동·건강	① 눈과 손을 협응하여 소근육을 조절하지 못하여 브로치를 잘 꾸미지 못한다.	1	
	② 눈과 손을 협응하여 부분적으로 소근육을 조절하며 브로치를 꾸민다.	2	
	③ 눈과 손을 협응하여 소근육 조절을 하며, 능숙하게 브로치를 꾸민다.	3	
총평			

4. 확장활동

- 브로치 핀을 부착하지 않고 나무판에 구멍을 뚫어 목걸이로 만들 수 있다.
- 유치원(어린이집) 행사 및 부모님 초대의 날에 부모님께 선물한다.
- 3세는 피스타치오에 그림을 그리기보다 채색을 해서 브로치를 만들도록 한다.
- 4세는 피스타치오 외의 다양한 열매를 준비하여 꾸밀 수 있도록 한다.

교사 TIP

1. 사전작업

- 둥근 나무 밑판의 수는 유아 수 대비 1.5배 이상 넉넉히 준비한다.
- 둥근 나무 밑판의 크기도 다양하게 준비한다.
- 목공풀은 소주용 종이컵에 담거나, 일반 종이컵의 윗면 1/2을 자른 부분에 담아 이쑤시개로 찍어 사용할 수 있도록 준비한다.
- 피스타치오가 모자를 수 있으므로 다른 종류의 나무 열매도 준비해 둔다.

11. 자연물로 얼굴 꾸미기

교육목표	3세 누리과정 관련요소
- 다양한 자연물의 색, 모양, 질감 등에 관심을 갖는다. - 자연물을 이용하여 얼굴을 꾸미며, 얼굴 각 부분의 명칭을 알고 각각의 특징에 관심을 갖는다.	- 예술경험〉아름다움 찾아보기〉미술적 요소 탐색하기 - 신체운동·건강〉신체인식하기〉신체를 인식하고 움직이기

1. 준비물

- 다양한 모양의 나무 조각(원형, 반원, 기다란 나무 등), 다양한 열매(서리태콩, 팥, 잣, 강낭콩, 호박씨, 피스타치오, 고추씨, 도토리 등), 이쑤시개, 목공풀 담을 작은 종이컵, 목공풀, 거울

2. 활동방법

1) '거울'에 대한 수수께끼를 낸다.
   - 이것은 무엇일까요? "내가 웃으면 같이 웃고, 내가 울면 같이 우는 내 모습을 따라하는 따라쟁이에요. 나와 똑같은 쌍둥이를 보여주는 물건입니다." 이것은 무엇일까요?

2) 거울을 본 경험에 대해 이야기한다.
   - 거울을 본 적이 있니? 주로 언제 거울을 보니?
   - 거울 볼 때 너의 모습은 어땠니?

3) 거울을 유아들에게 하나씩 나눠주고 다양한 표정을 지어본다.
   - 거울 속 내 얼굴 표정은 어떠니?
   - 웃는 표정을 지어볼까? 우는 표정을 지어볼까?

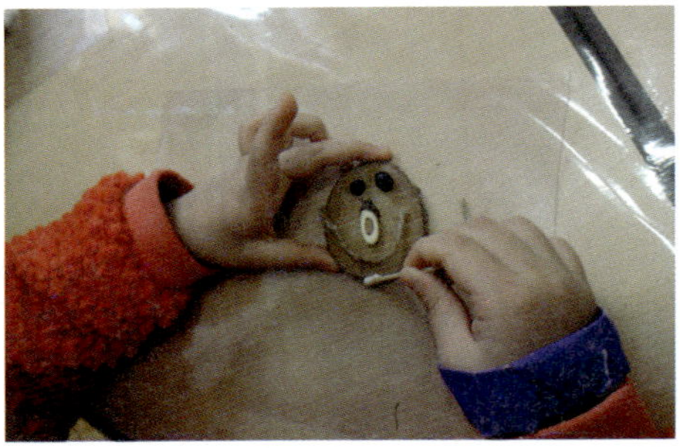

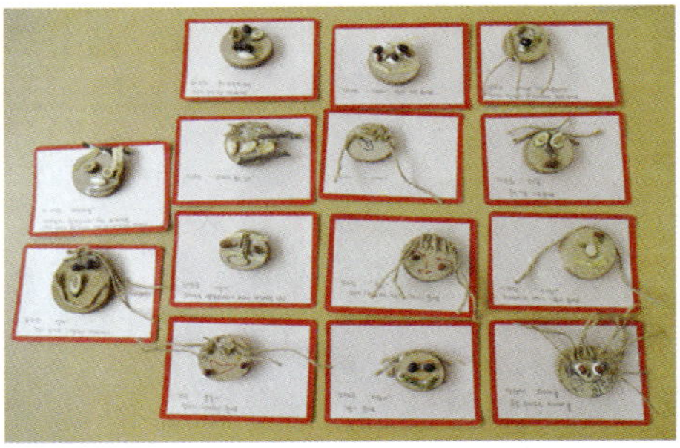

[자연물로 얼굴 꾸미기 과정]

① 자신이 만들고 싶은 얼굴을 생각한다.
② 원하는 나무 조각을 고른다.
③ 나무 조각 위에 표현하고 싶은 얼굴 모양에 적합한 열매와 자연물을 고른다.
④ 목공풀을 이용하여 붙인다.

4) 재료를 보여주며 어떤 활동을 할지 소개한다.

- 어떤 것들이 있니? 나무 조각은 어떤 모양이니?
- 꾸미기 재료에는 무엇이 있니? 여기에 있는 다양한 열매들을 본 적이 있니?
- 오늘은 나무 조각 위에 준비되어 있는 다양한 열매와 자연물들로 얼굴을 꾸며 볼 거란다.

5) 표현하고 싶은 얼굴 모양을 생각한다.

- 어떤 표정의 얼굴을 꾸밀까?

6) 재료 사용법에 대해 알려준다.

- 나무 조각에 다양한 열매와 자연물을 붙일 때는 어떤 것으로 붙여야 할까?
- 이쑤시개를 이용하여 목공풀로 붙여보도록 하자.

7) 얼굴을 꾸미기 위해 자신이 만들고 싶은 얼굴에 적합한 나무 조각을 고른다.

- 어떤 나무 조각을 사용하면 내가 생각한 얼굴을 꾸밀 수 있을까?

8) 다양한 열매와 자연물을 이용해 얼굴을 꾸민다.

- 어떤 열매들이 있니?
- 열매의 색, 모양, 질감이 어떻게 다르니?
- 내가 꾸미고 싶은 얼굴에 어울리는 열매나 자연물에는 어떤 것이 있을까?
- 웃는 표정을 할 때 어떤 열매(자연물)를 사용하면 좋을까?

9) 주변을 정리한 후 활동 평가를 한다.

- 내가 사용한 자리 주변을 정리해 보자.
- 내가 꾸민 얼굴은 어떤 표정이니?
- 내가 꾸민 얼굴의 모양은 어떤 나무 조각을 사용했니?
- 이 표정을 꾸미기 위해서 어떤 열매(자연물)를 사용했니?

3. 유의점

- 얼굴이 될 다양한 모양의 나무 조각의 단면 또는 옆면이 거칠지 않은지 확인한 후 사포로 밀어 매끈하게 준비한다.
- 목공풀을 한 번에 많이 따라 놓으면 굳게 되어 사용이 어려우므로 사용하는 과정 중 조금씩 덜어 주도록 한다.

4. 평가

- 다양한 자연물의 색, 모양, 질감 등에 관심을 갖는지 평가한다.
- 자연물을 이용하여 얼굴을 꾸미며, 얼굴 각 부분의 명칭을 알고 각각의 특징에 관심을 갖는지 평가한다.

〈관찰척도를 활용한 평가의 예시〉

평가준거			
예술 경험	① 다양한 자연물의 색, 모양, 질감 등 미술적 요소에 관심이 없다.	1	
	② 도움이 있으면 다양한 자연물의 색, 모양, 질감 등 미술적 요소 중 일부에 관심을 갖는다.	2	
	③ 다양한 자연물의 색, 모양, 질감 등 미술적 요소 중 대부분에 관심을 갖는다.	3	
신체 운동 · 건강	① 얼굴 각 부분의 명칭을 일부 알지만, 특징에는 관심이 없다.	1	
	② 얼굴 각 부분의 명칭을 일부 알고, 특징에 관심을 갖는다.	2	
	③ 얼굴 각 부분의 명칭을 알고, 특징에 관심을 갖는다.	3	
총평			

4. 확장활동

- 자연물로 얼굴 꾸미기 한 것을 목걸이나 책갈피로 만들어 사용할 수 있다.

교사 TIP

1. 사전작업

- 다양한 모양의 나무 조각을 종류별로 유아 수 대비 1.5배 이상 넉넉하게 준비한다.
- 얼굴 꾸밀 다양한 열매는 유아들이 쉽게 잡고 꺼낼 수 있도록 높이가 낮은 통에 담아 준비한다.
- 목공풀은 소주용 종이컵에 담아 쓰거나 일반 종이컵의 1/2 정도로 잘라 컵의 아래 부분을 사용할 수 있도록 준비한다.

2. 작품 보관 및 정리

- 얼굴 꾸민 나무 조각을 환경게시판에 '우리 반 친구들' 등의 제목으로 공동작품화하여 전시한다.

12. 자연물 연상그림 그리기

교육목표	5세 누리과정 관련요소
- 자연물의 모양, 색, 질감 등에 관심을 갖고 창의적으로 표현한다. - 자신이 표현한 자연 연상 그림에 대해 이야기를 지어 말할 수 있다.	- 예술경험〉예술적 표현하기〉미술 활동으로 표현하기 - 의사소통〉말하기〉느낌, 생각, 경험 말하기

1. 준비물

- 다양한 모양의 나무 조각(원형, 반원, 길다란 나무 등), 다양한 풀, 홍합과 조개껍데기, 나뭇가지, 나뭇잎 등, 다양한 열매(서리태 콩, 팥, 잣, 강낭콩, 호박씨, 피스타치오, 고추씨, 도토리 등), 목공풀, 사인펜, 색연필, 두꺼운 도화지

2. 활동방법

1) 궁금이 상자(수수께끼) 속 자연물을 탐색한다.
   - 소리를 들어볼까? 어떤 소리가 나니?
   - 만져보니 어떤 느낌이니?
   - 무엇일까?
   - (꺼낸 후) 이것을 본 경험이 있니?

2) 다양한 자연물과 두꺼운 도화지로 어떤 활동을 할지 예상한다.
   - 어떤 자연물이 있니? 어떤 모양이니? 무엇과 닮았니?
     (열매, 풀, 조개류 등을 탐색한다.)
   - 이것들을 이용하여 어떤 활동을 할 수 있을까?

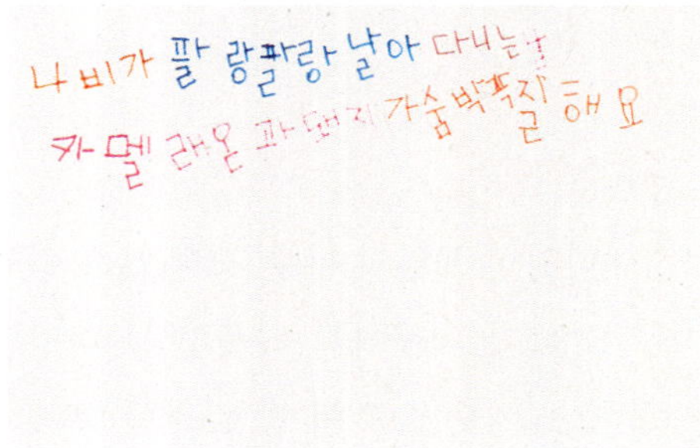

[자연물 연상그림 그리기 과정]

① 도화지에 준비된 자연물을 선택하여 올려놓는다.
② 자연물의 모양, 색, 질감 등을 살펴보면서 어떤 것이 연상되는지 이야기한다.
③ 자연물을 목공풀로 붙인다.
④ 연상되는 부분을 사인펜, 색연필 등으로 그린다.
⑤ 완성된 자연물 연상그림은 목공풀이 마를 때까지 편평한 작업 건조대에 보관한다.
⑥ 자연물 연상그림 속 이야기를 글로 적어 벽면에 전시한다.

3) 도화지에 준비된 자연물을 선택하여 올려놓는다.

- 자연물을 선택하여 도화지에 올려놓아 보자.

4) 자연물의 모양, 색, 질감 등을 살펴보면서 어떤 것이 연상되는지 이야기해 본다.

- 올려놓은 자연물(나뭇가지, 풀, 조개, 잣, 고추씨, 도토리 등)의 모양이 어떠니?
- 색이 어떠니? 만져보니 어떤 느낌이니?
- 자연물(나뭇가지, 조개, 잣, 고추씨, 도토리 등)을 보니 어떤 것이 떠오르니?

5) 자연물을 목공풀로 도화지에 붙인다.

- 선택한 자연물을 목공풀로 도화지에 붙여볼까?

6) 자연물로부터 연상된 것을 사인펜, 색연필 등을 이용하여 그린다.

- 연상된 것을 사인펜, 색연필로 완성해 보자.

7) 자연물 연상그림에 대해 이야기를 꾸며 글로 적어본다.

- 자연물 연상그림엔 어떤 이야기가 있니? 글로 적어볼까?
  (유아들이 쓰기 어려워하는 경우에는 교사가 도움을 준다.)

8) 완성된 자연물 연상그림은 목공풀이 모두 마를 때까지 편평한 작업 건조대에 보관한다.

9) 자연물 연상 그림을 소개하고, 활동평가를 한다.

- 내가 완성한 자연물 연상 그림에 대해 소개시켜주자.
- 자연물의 특징을 잘 살려 연상그림을 그렸니?
- 어떤 자연물을 이용하여 연상그림을 그렸니?
- 이 자연물(조개)로 이것(나비)이 연상되었구나.

3. 유의점

- 자연물 연상 그림을 그릴 수 있는 자연물들의 모양, 색, 질감 등의 특징을 충분히 탐색할 수 있도록 한다.
- 자연물을 선택하고 도화지에 붙일 때 목공풀로 잘 되지 않는 경우 교사가 글루건을 사용하여 붙여준다. 단 유아들의 손이 닿지 않는 곳에서 사용한다.
- 자연물을 부착하므로 도화지는 두꺼운 것으로 사용하도록 한다.

4. 평가

- 자연물의 모양, 색, 질감 등에 관심을 갖고 창의적으로 표현하는지 평가한다.
- 자신이 표현한 자연 연상 그림에 대해 이야기를 지어 말할 수 있는지 평가한다.

〈관찰척도를 활용한 평가의 예시〉

평가준거			
예술경험	① 자연물의 모양, 색, 질감 등을 활용하여 표현하는 것이 서툴거나 미술표현에 관심이 없다.	1	
	② 자연물의 모양, 색, 질감 등을 활용하여 자신의 생각이나 느낌을 넣어 표현한다.	2	
	③ 다양한 자연물의 모양, 색, 질감 등을 활용하여 자신의 생각이나 느낌을 창의적으로 표현한다.	3	
의사소통	① 자신이 표현한 그림에 대해 이야기 지어 말하기를 어려워한다.	1	
	② 교사의 도움이 있으면 자신이 표현한 그림에 대해 이야기 지어 말하기를 할 수 있다.	2	
	③ 자신이 표현한 그림에 대해 이야기 지어 말하는 것을 즐긴다.	3	
총평			

5. 확장활동

- 벽면에 자연물 연상그림을 서로 연결하여 줄거리가 있는 이야기가 전개될 수 있도록 공동작업화하여 전시한다.
- 만 3~4세는 자연물 연상그림 그리는 종이를 연령별로 다르게 준비한다(즉, 어린 유아의 경우 자연물로부터 떠오르는 것을 단순하게 부착할 수 있는 정도의 크기로 준비).

교사 TIP

1. 사전작업

[교사]

- 유아들과 산책 시 모아온 자연물의 겉에 묻은 먼지를 털어 내거나 닦아 사용할 수 있도록 한다. 나뭇가지나 나뭇잎 등은 햇볕에 말리거나, 전자렌지에 잠깐 돌려 혹시나 있을 해충을 없애도록 한다(부록 3 참고).

[유아]

- 산책을 통해 자연물 연상 그림을 그릴 수 있는 돌멩이, 나뭇가지, 나뭇잎 등 다양한 종류의 자연물을 모은다.

13. 책갈피 만들기

교육목표	3세 누리과정 관련요소
- 다양한 자연물의 색, 크기, 모양, 질감 등에 관심을 갖는다. - 자연물을 활용한 책갈피에 호기심을 갖는다.	- 예술경험〉아름다움 찾아보기〉미술적 요소 탐색하기 - 자연탐구〉탐구하는 태도 기르기〉호기심을 유지하고 확장하기

1. 준비물

- 작고 납작한 둥근 나무, 마끈, 구슬, 다양한 열매와 곡식(잣, 호박씨, 팥, 콩, 커피콩), 목공풀, 네임펜, 책갈피

2. 활동방법

1) 책갈피를 보여주며 책갈피의 용도에 대해 소개한다.

- 이건 무엇일까? 어디에 사용하는 것일까?

2) 교사가 사전 준비한 책갈피 견본을 보여준다.

- 우리가 무엇을 만들까? 나무판을 이용해서 책갈피를 만들 거란다.

3) 꾸밀 수 있는 다양한 방법에 대해 이야기 나눈다.

- 나무판을 어떻게 꾸며 책갈피로 만들 수 있을까?

4) 꾸미는 재료를 붙이는 방법에 대해 이야기 나눈다.

- 어떤 방법으로 재료를 붙일까?
- 이쑤시개를 이용하여 목공풀로 붙여보도록 하자.

[책갈피 만들기 과정]

① 끈이 달린 둥근 나무판을 고른다.
② 둥근 나무판 위에 다양한 열매와 곡식으로 꾸민다.
③ 목공풀을 이용하여 붙인다.
④ 나무 열매를 붙인 주변은 필요에 따라 네임펜을 이용하여 꾸민다.
⑤ 완성이 되면 목공풀이 잘 마를 때까지 편평한 곳에 보관한다.

5) 둥근 나무판 위에 다양한 나무열매로 꾸민다.

- 나무 열매의 모양(색)이 어떠니? 본 경험이 있니? 만져보니 느낌이 어떠니?
- 어떤 나무 열매로 꾸며볼까?
- 나무열매로 어떤 모양을 꾸며볼까?

6) 다 꾸민 후 필요에 따라 네임펜 등으로 표현한다.

- 자연물로 꾸민 주변을 더 돋보이게 꾸며볼까?

7) 붙인 나무열매가 떨어지지 않도록 편평한 곳에 보관하여 말린다.

- 목공풀이 다 마를 때까지 준비된 교구장 위에 올려놓자.

8) 주변을 정리하고, 활동평가를 한다.

- 책갈피를 어떤 것으로 만들었니?
- 책갈피에는 어떤 열매(곡식)를 사용했니?

- 책갈피에 붙인 열매(곡식)는 어떤 모양으로 꾸몄니?

3. 유의점

- 목공풀 사용법을 충분히 설명한다.

4. 평가

- 다양한 자연물의 색, 크기, 모양, 질감 등에 관심을 갖는지 평가한다.
- 자연물을 활용한 책갈피에 호기심을 갖는지 평가한다.

〈관찰척도를 활용한 평가의 예시〉

평가준거			
예술 경험	① 자연물의 색, 크기, 모양, 질감 등 미술적 요소에 관심이 없다.	1	
	② 도움이 있으면 자연물의 색, 크기, 모양, 질감 등 미술적 요소 중 일부에 관심을 갖는다.	2	
	③ 자연물의 색, 크기, 모양, 질감 등 미술적 요소 중 대부분에 관심을 갖는다.	3	
자연 탐구	① 책갈피에 대한 호기심이 없다.	1	
	② 도움을 주면, 책갈피에 대해 호기심을 가진다.	2	
	③ 책갈피의 용도에 대해 호기심을 가진다.	3	
총평			

4. 확장활동

- 책갈피가 꾸며진 뒷면에 간단한 글을 써서 부모님의 날 선물로 활용한다.
- 4세의 경우에는 유아들이 마끈에 구슬을 넣도록 한다.
- 5세의 경우에 나무 구멍에 마끈, 구슬, 매듭 등을 넣는 작업을 유아들이 직접 해 볼 수 있도록 한다.

교사 TIP

1. 사전작업

- 둥근 나무에 구멍을 뚫어 마끈을 끼워 넣고, 구슬을 넣어 고정시키고, 매듭을 지어 구슬이 빠져나가지 않도록 사전에 준비한다.

돌, 모래, 흙을 활용한 생태미술활동 08

1. 돌로 그리기

교육목표	4세 누리과정 관련요소
- 다양한 돌의 색, 모양, 질감 등 미술적 요소에 관심을 갖는다. - 다양한 돌의 여러 가지 특성에 관심을 갖는다.	- 예술경험〉아름다움 찾아보기〉미술적 요소 탐색하기 - 자연탐구〉과학적 탐구하기〉자연현상 알아보기

1. 준비물

- 진한 색상지(돌멩이가 두드러질 수 있는 색깔의 종이), 크기와 모양, 색깔이 다양한 돌

2. 활동방법

1) 진한 색상지(진한 푸른색, 진한 녹색, 진한 노란색 등)를 보여주면서 그림을 그리는 방법에 대해 이야기 나눈다.
   - 이 색상지에 그림을 그리려면 어떤 것으로 할 수 있을까?
   - 오늘은 특별히 돌멩이를 이용하여 그림을 그려 볼까?
   - 돌멩이를 이용하여 어떻게 그림을 그릴까?

2) 준비한 돌멩이의 색깔, 크기, 모양에 대해 이야기 나눈다.

- 돌멩이의 색깔이 어떠니?
- 돌멩이의 크기(모양)가 어떠니?

3) 돌멩이의 색깔, 크기와 모양을 고려하여 종이 위에 올려 놓으면서 모양을 구성한다.

- 이 색의 돌멩이로 어떤 그림을 그리면 좋을까?
- 이 크기로 어떤 그림을 그릴 수 있을까?
- 이 모양의 돌멩이로 어떤 그림을 그릴 수 있을까?
- 이 색(크기, 모양)의 돌멩이를 이용한다면 어떤 그림을 그리는 게 어울릴까?

4) 완성된 모습을 보며 어떤 것을 나타냈는지 이야기 나눈다.

- 어떤 그림을 그렸니? 제목을 정해보자.
- 친구들에게 소개해 볼까?

5) 활동을 하고 난 후 평가를 한다.

- 오늘 어떤 활동을 했지?
- 돌멩이로 그림을 그린 느낌이 어떠니?
- 가장 재미있었던 것은 무엇이니?

3. 평가

- 다양한 돌의 색, 모양, 질감 등 미술적 요소에 관심을 갖는지 평가한다.
- 다양한 돌의 여러 가지 특성에 관심을 갖는지 평가한다.

〈관찰척도를 활용한 평가의 예시〉

평가준거			
예술경험	① 다양한 돌의 색, 모양, 질감 등 미술적 요소에 관심이 없다.	1	
	② 도움이 있으면 다양한 돌의 색, 모양, 질감 등 미술적 요소 중 일부에 관심을 갖는다.	2	
	③ 다양한 돌의 색, 모양, 질감 등 미술적 요소 대부분에 관심을 갖는다.	3	
자연탐구	① 돌의 특성에 대한 이해와 관심이 부족하다.	1	
	② 다양한 돌의 기본적인 특성에 대해 안다.	2	
	③ 다양한 돌의 여러 가지 특성에 대해 적극적으로 탐색한다.	3	
총평			

4. 확장활동

- 친구들과 함께 협동작품으로 그려볼 수 있다.
- 실내에서 뿐만 아니라 실외 활동에서도 돌 그림 그리기를 진행해 볼 수 있다.

교사 TIP

1. 사전작업

[교사]

- 다양한 크기, 색, 모양의 돌멩이를 주워서 씻어 말려 준비한다.

[유아]

- 원 주변의 돌멩이를 주워 본다.

2. 작품 보관

- 실외 모래놀이장이 있을 경우 모래놀이를 하면서 활동을 진행할 수 있다.
- 실외 화단이나 텃밭 등에 모양을 만들어 전시할 수 있다.
- 유아들이 작품을 만들면 사진을 찍은 후 유아들의 이야기를 기록해 두었다가 유아 개인의 포트폴리오에 보관한다.

출처 : 교육과학기술부(2012b). 4세 누리과정 지도서(환경과 생활). pp.78~80.

2. 돌탑 만들기

교육목표	3세 누리과정 관련요소
- 다양한 돌의 모양과 크기 등을 이용하여 창의적으로 표현한다 - 주변에서 볼 수 있는 다양한 돌에 관심을 갖는다.	- 예술경험〉예술적 표현하기〉미술 활동으로 표현하기 - 자연탐구〉과학적 탐구하기〉자연현상 알아보기

1. 준비물

- 다양한 크기의 돌, 헝겊 받침대(소리 흡수용), 돌탑 사진

2. 활동방법

1) 돌탑 사진을 보여주며 생김새와 모양, 특징 등에 대해 이야기 나눈다.

- 어떤 사진이니? 이런 사진을 본 적이 있니(본 경험이 있니)?
- 어떤 모양으로 돌탑을 만들었니? 어떻게 만들었을까?
- 이렇게 돌탑을 만드는 이유는 무엇일까?(왜 돌탑을 만들었을까?)

2) 준비한 다양한 크기의 돌의 특징을 살펴본다.

- 선생님이 다양한 돌을 준비했단다. 어떤 돌들이 있는지 살펴보자.
- 생김새가 어떠니? 만져보니 느낌이 어떠니?
- 어떤 무늬가 있니?
- 크기가 어떠니? 크기별로 놓아볼까? 어떤 것이 크니? 어떤 것이 제일 작니?

3) 돌탑을 만들 수 있는 방법에 대해 알아본다.

- 돌로 탑을 만들려고 하는데 어떤 방법이 있을까?
- 높이 쌓으려면 어떻게 해야 할까?
- 어떤 크기의 돌을 맨 아래에 놓아야 할까?

4) 옆, 위 등 공간을 활용하여 다양한 형태의 돌탑을 만들어 본다.

(개인별로 쌓아보고, 그룹을 지어서 쌓아 본다.)

- 헝겊 받침대 위에 돌탑을 쌓아 보자.
- 나만의 돌탑을 만들어 볼까?
- 친구들과 함께 돌탑을 만들어 보자.

5) 다양한 크기의 돌, 헝겊 받침대(소리 흡수용), 돌탑 사진, 각자 만든 돌탑의 특징에 대해 이야기 나눈다.

- 어떤 돌탑을 만들었니? 돌탑의 이름을 정해보자.
- 만든 돌탑에 대해 설명해볼까?

6) 활동을 하고 난 후 평가를 한다.

- 오늘 어떤 활동을 했니?
- 어떤 돌로 만들었니?

- 하고 난 느낌이 어떠니?
- 어떤 활동이 가장 재미있었니?

3. 평가

- 다양한 돌의 모양과 크기 등을 이용하여 창의적으로 탑을 만들 수 있다.
- 주변에서 볼 수 있는 다양한 돌에 관심을 갖는다.

〈관찰척도를 활용한 평가의 예시〉

평가준거			
예술 경험	① 돌의 모양과 크기를 고려하지 않고 탑 만들기를 시도한다.	1	
	② 돌의 모양과 크기 한 가지만 고려하여 탑을 만든다.	2	
	③ 다양한 돌의 모양과 크기 등을 이용하여 창의적으로 탑을 만든다.	3	
자연 탐구	① 돌의 모양, 크기 등에 관심이 없다.	1	
	② 도움이 있으면, 돌의 모양, 크기 등에 관심을 가진다.	2	
	③ 돌의 모양, 크기 등을 고려하여 다양한 방법으로 탑을 쌓으며, 돌의 특성에 관심을 가진다.	3	
총평			

4. 확장활동

- 돌탑 이외에 만들기를 해본다.
  예) 첨성대 만들기, 돌하르방 등
- 돌탑에서 사용한 돌을 이용하여 크기대로 분류하기 활동을 해본다.

교사 TIP

1. 사전작업

[교사]

- 다양한 돌들을 준비하여 유아들이 사용할 수 있도록 깨끗이 씻어 건조시켜 사용한다.

[유아]

- 원 주변에서 유아들과 함께 다양한 돌들을 주워본다.

2. 작품 보관

- 유아들의 작품을 사진으로 찍어 보관하고 유아들이 정한 탑 제목을 별도로 기록해 두었다가 함께 전시한 후 개별 포트폴리오에 보관한다.

출처: 교육과학기술부(2012b). 4세 누리과정 지도서(세계 여러 나라). pp.155~157.

3. 모래 위에 그리기

교육목표	3세 누리과정 관련요소
- 모래 위에 손 또는 도구를 활용하여 자유롭게 그림을 그릴 수 있다. - 모래의 성질과 촉감 등 특성에 관심을 가진다.	- 예술경험〉예술적 표현하기〉미술 활동으로 표현하기 - 자연탐구〉과학적 탐구하기〉자연현상 알아보기

1. 준비물

- 모래, 모래 담을 상자, 나무막대, 작은 빗자루와 쓰레받기

2. 활동방법

1) 모래를 탐색한다.

- 모래를 만져본 경험이 있니?
- 모래를 만져보니 느낌이 어떠니?

2) 모래 위에 그림을 그리는 방법에 대해 이야기 나눈다.

- 모래 위에 그림을 그리려 하는데 어떤 방법으로 그리면 좋을까?

3) 손가락으로 그림을 그려본다.

- 손가락으로 그림을 그려볼까?
- 그림이 잘 그려지니? 느낌이 어떠니?
- 무엇을 그린 거니? 제목을 붙여볼까?

4) 나무막대를 이용해서 그림을 그려본다.

- 나무막대로 그림을 그려보자. 손가락으로 그린 것과 무엇이 다르니?
- 그림이 잘 그려지니?
- 작품 이름을 붙여보자.

5) 손가락과 나무막대를 이용해서 그림을 그렸을 때의 차이점에 대해 이야기 나눈다.

- 손가락과 나무막대로 그림을 그렸는데 어떤 것이 달랐니?
- 무엇으로 그린 것이 더 좋았니?

6) 주변에 떨어진 모래 등을 빗자루 등으로 쓸어 정리한다.

- 이제 정리해보도록 하자. 떨어진 모래를 다시 쓸어서 담아보자.

3. 평가

- 모래 위에 손 또는 도구를 활용하여 자유롭게 그림을 그릴 수 있는지 평가한다.
- 모래의 성질과 촉감 등 특성에 관심을 갖는지 평가한다.

〈관찰척도를 활용한 평가의 예시〉

평가준거			
예술경험	① 손이나 도구를 이용해 모래 위에 그림 그리기를 꺼려한다.	1	
	② 모래 위에 그릴 수 있는 필요한 재료와 도구를 사용한다.	2	
	③ 모래 위에 다양한 재료와 도구를 사용하여 자유롭게 자신의 생각을 표현한다.	3	
자연탐구	① 모래의 성질과 촉감 등 특성에 관심이 없다.	1	
	② 도움이 있으면, 모래의 성질과 촉감 등 특성에 관심을 가진다.	2	
	③ 모래의 성질과 촉감 등 특성에 관심을 갖고 적극적으로 탐색한다.	3	
총평			

교사 TIP

1. 사전작업

[교사]

- 모래를 체에 쳐서 다칠 수 있는 것을 골라낸다.
  (유아들이 손으로 그림을 그리는 것이기 때문에 위험 예방)
- 모래를 햇볕에 건조하여(미생물 없애기) 사용한다.
- 모래그림을 그릴 수 있는 상자는 최소 A4 크기가 되도록 한다.

2. 작품 보관

- 유아들이 작품을 만들면 사진을 찍은 후 유아들의 이야기를 기록해 두었다가 유아 개인의 포트폴리오에 교사의 논평까지 기록하여 보관한다.

4. 색 모래로 꾸미기

교육목표	5세 누리과정 관련요소
- 색 모래를 이용하여 자신의 생각과 느낌을 표현한다. - 색 모래의 색, 질감, 느낌 등 모래의 특성과 변화에 관심을 갖는다.	- 예술경험〉예술적 표현하기〉미술 활동으로 표현하기 - 자연탐구〉과학적 탐구하기〉자연 현상 알아보기

1. 준비물

- 도화지(16절), 종이 상자(각 개인별), 색 모래 담는 작은 통, 작은 숟가락, 풀, 크레파스, 큰 상자(털어낸 모래를 담는 통) 2개

2. 활동방법

1) 색 모래를 탐색한다.
   - (소리 들려주기를 하며) 무엇일까?
   - 어떤 색의 모래가 있니?
   - 모래에 어떻게 색깔이 있을까?
   - 색 모래를 만져볼까? 촉감이 어떠니?

2) 색 모래로 꾸미는 방법에 대해 이야기해본다.
   - 색 모래로 어떤 활동을 할 수 있을까?
   - 색 모래로 꾸미는 방법에는 무엇이 있을까?
   - 색 모래를 어떻게 종이에 붙일 수 있을까?

3) 종이를 골라서 색 모래 꾸미기 활동을 위한 밑그림을 그린다.
   - 어떤 그림을 그려볼까?
     (색 모래로 꾸며야 하므로 밑그림 형태로 그리도록 한다.)

[색 모래로 꾸미기 과정]

① 종이를 골라 자신의 이름을 쓴다.
② 주제에 맞게 자신이 그리고 싶은 그림을 크레파스로 그린다.
③ 종이 상자에 그린 그림을 넣는다.
④ 색 모래를 붙일 공간에 풀칠을 골고루 한다.
⑤ 풀칠한 공간 위에 원하는 색 모래를 뿌리고 상자를 잘 흔든다.
⑥ 종이에 붙지 않은 모래를 큰 상자에 털어낸다.

4) 그림을 다 그린 유아는 상자에 종이를 넣고 색 모래로 꾸미기 활동을 한다.

- 어떤 색 모래를 사용할까?
- 어느 부분에 꾸며주고 싶니?
- 색 모래로 꾸밀 공간에 풀칠을 해보자.
- 색 모래로 꾸민 후 남은 색 모래는 다시 모아 보도록 하자(다른 큰 상자에 털어내기).

5) 완성된 그림을 창틀이나 편평한 곳에 잘 말린다.

- 어디에 말릴까?
- 풀이 다 마르면 어떤 변화가 생길까?

6) 활동을 하고 난 후 평가를 한다.

- 오늘 어떤 활동을 했니?
- 색 모래로 꾸미기 위해 무엇을 사용했니?
- 완성하고 난 느낌이 어떠니?

7) 완성된 작품을 모아 감상해 본다.

- 친구들에게 나의 작품을 소개하고 싶은 사람은 이야기를 해 주자.
- 무엇을 꾸몄니?
- 작품명은 무엇일까?

3. 평가

- 색 모래를 이용하여 자신의 생각과 느낌을 표현하는지 평가한다.
- 색 모래의 색, 질감, 느낌 등 모래의 특성과 변화에 관심을 갖는지 평가한다.

〈관찰척도를 활용한 평가의 예시〉

평가준거			
예술경험	① 색 모래로 자신의 생각이나 느낌을 미술 활동으로 표현하는 것이 서툴거나 미술표현에 관심이 없다.	1	
	② 색 모래로 자신의 생각이나 느낌을 미술 활동으로 표현한다.	2	
	③ 색 모래를 다양하게 사용하여 자신의 생각이나 느낌을 미술 활동으로 표현한다.	3	
자연탐구	① 색 모래의 색, 질감, 느낌 등 모래의 특성에 대한 이해와 관심이 부족하다.	1	
	② 색 모래의 색, 질감, 느낌 등 모래의 특성에 대해 관심을 갖는다.	2	
	③ 색 모래의 색, 질감, 느낌 등 모래의 특성과 변화에 대해 스스로 탐색한다.	3	
총평			

4. 확장활동

- 마른 후 사인펜이나 색연필 등을 이용해서 더 그릴 수 있다.
- 모래 대신 굵은 소금에 파스텔 가루를 섞어서 사용해도 좋다.

교사 TIP

1. 사전작업

[교사]

- 모래는 미리 물에 씻어 고운 흙 입자가 다 없어질 때까지 헹군 후, 모래 입자만 물기를 뺀 후 색 염료(식용색소 또는 그림 물감)로 물을 들여 햇빛에 말려 준비한다.

2. 작품 보관

- 전시 또는 보관을 할 때 모래가 떨어지는 것을 방지하기 위해 투명 래커를 뿌려도 된다.
- 전시가 불가능할 때는 사진으로 찍어 보관하고 유아의 그림 이야기를 별도로 기록해 두었다가 함께 전시한 후 개별 포트폴리오에 보관한다.

5. 찰흙 오브제 만들기

교육목표	4세 누리과정 관련요소
- 찰흙과 자연물을 활용하여 창의적으로 표현할 수 있다. - 다양한 자연물을 점토에 붙인 작품의 아름다움을 감상한다.	- 예술경험〉예술적 표현하기〉미술 활동으로 표현하기 - 예술경험〉예술 감상하기〉다양한 예술 감상하기

1. 준비물

- 찰흙, 찰흙 밑판(받침대), 다양한 모양의 나무 조각(원형, 반원, 길다란 나무 등), 다양한 열매(서리태 콩, 팥, 잣, 강낭콩, 호박씨, 피스타치오, 고추씨, 도토리 등), 다양한 자연물(억새풀, 캐나다 단풍나무 깍정이), 돌맹이(작고 다양한 색깔의 돌), 조개 및 홍합 껍데기, 앞치마, 팔토시 등

2. 활동방법

1) 재료를 탐색하며 어떤 활동을 할지 예상한다.

- 어떤 재료가 있니?
- 찰흙과 나무 조각, 열매 등 자연물을 이용해서 어떤 활동을 할 수 있을까?

2) 찰흙 오브제 활동을 소개한다.

- 오브제가 무엇일까?
- 어떤 방법으로 할까?

3) 찰흙 밑판을 가지고 와서 이름을 쓰고 그 위에 찰흙을 놓고 탐색한다.

- 찰흙의 느낌이 어떠니? 색이 어떠니? 촉감은 어떠니?
- 찰흙은 만지는 대로 모양이 달라지는구나.

[찰흙 오브제 만들기 과정]

① 찰흙 밑판을 깔고 그 위에서 적당한 굵기의 찰흙을 손으로 주무른다.
② 바닥에 놓고 손바닥 힘을 이용하여 찰흙을 납작하게 한다.
③ 자연물을 활용하여 찰흙에 표현하고 싶은 대로 꾸민다.
④ 완성되면 서늘한 곳에 말린다.

4) 찰흙을 납작하게 한 후 찰흙 위에 자연물로 꾸민다.

- 찰흙을 납작하게 눌러보자. 어떻게 하면 평편하고 넓게 펴질 수 있을까?
- 찰흙 위에 다양한 자연물 재료로 꾸며보자. 무엇을 꾸밀 수 있을까?

5) 완성된 작품은 말린다.

- 완성된 작품은 어디서 말릴까?
- 왜 그늘에서 말려야 할까?

6) 서로의 완성한 작품을 보며 느낀 점을 이야기 나눈다.

- 내가 만든 작품에 이름을 붙여주자. 작품명은 무엇이니?
- 어떤 재료를 이용해서 꾸며주었니?
- 작품을 보니 느낌이 어떠니?

7) 활동을 하고 난 후 평가를 한다.

- 오늘은 어떤 활동을 했었지?
- 찰흙을 탐색하고 그 위에 다양한 자연물로 꾸며보는 활동을 해 봤는데 느낌이 어떠니?
- 어떤 점이 가장 기억에 남니?
- 이것을 이용해서 다음에는 어떤 활동을 하고 싶니?

7) 완성된 작품을 모아 감상해 본다.

- 어떤 작품을 만들었는지 친구들에게 소개해 보도록 하자.
- 친구들은 어떤 작품을 만들었니?

3. 평가

- 찰흙과 자연물을 활용하여 창의적으로 표현할 수 있는지 평가한다.
- 다양한 자연물을 점토에 붙인 작품의 아름다움을 감상하는지 평가한다.

〈관찰척도를 활용한 평가의 예시〉

평가준거			
예술 경험	① 찰흙 오브제 만들기에 참여하기를 시도한다.	1	
	② 찰흙 오브제 만들기에 참여하며 필요한 재료와 도구를 사용한다.	2	
	③ 찰흙 오브제 만들기 활동에 적극적으로 참여하고 다양한 재료와 도구를 사용하여 창의적으로 표현한다.	3	
예술 경험	① 자신의 결과물에는 관심을 보이나 타인의 예술표현에 관심이 없다.	1	
	② 자신과 타인의 예술 표현에 관심을 갖는다.	2	
	③ 자신의 타인의 예술 표현에 관심을 갖고 적극적으로 감상한다.	3	
총평			

교사 TIP

[오브제]
초현실주의 미술에서, 작품에 쓴 일상생활 용품이나 자연물 또는 예술과 무관한 물건을 본래의 용도에서 분리하여 작품에 사용함으로써 새로운 느낌을 일으키는 상징적 기능의 물체를 이르는 말 〈출처: 다음국어사전〉

1. 사전작업

[교사]
- 찰흙 밑판 준비하기: 찰흙 활동을 할 수 있는 개인용 받침을 활용해 유아의 이름을 써서 완성된 작품도 함께 전시할 수 있도록 한다. 개인용 받침은 장판이나 코팅지를 활용하여 만들 수 있다.

[유아]
- 찰흙 활동을 하므로 옷이나 팔에 찰흙이 묻지 않도록 앞치마와 팔토시를 할 수 있도록 한다.

2. 작품 보관

- 그늘에서 말려 보관한다.
- 전시가 불가능할 때는 사진으로 찍어 보관하고 유아의 그림 이야기를 별도로 기록해 두었다가 함께 전시한 후 개별 포트폴리오에 보관한다.

6. 흙물로 그리기

교육목표	3세 누리과정 관련요소
- 흙물을 활용해 자신의 생각과 느낌을 표현한다. - 흙물로 그림을 그리며 흙의 특성에 관심을 갖는다.	- 예술경험〉예술적 표현하기〉미술 활동으로 표현하기 - 자연탐구〉과학적 탐구하기〉자연현상 알아보기

1. 준비물

- 흙물, 가는 붓, 도화지, 걸레 등

2. 활동방법

1) 도화지에 그림을 그리는 방법에 대해 소개한다.

- 도화지에 그림을 그리려면 어떤 방법이 있을까?
- 무엇으로 그릴 수 있을까?

2) 흙물을 보여주며 무엇인지 이야기 나눈다.

- 무엇일까? 어떻게 만들었을까?

3) 흙물의 색깔, 사용방법 등에 대해 이야기 나눈다.

- 흙물은 어떤 색이니?
- 흙물로 그림을 그리면 어떤 색 그림이 나올까?
- 흙물로 그림을 그리면 어떤 느낌일까?
- 흙물을 무엇으로 그릴까?

4) 도화지 위에 붓을 이용하여 흙물로 그림을 그린다.

- 무엇을 이용해서 흙물 그림을 그릴 수 있을까?
- 흙물 그림을 그릴 때 무엇을 사용할까?
- 붓을 이용해서 그림을 그려보자. 흙물로 그리니 느낌이 어떠니?

5) 흙물로 그렸을 때와 일반 물감으로 그렸을 때의 차이점을 이야기한다.

- 물감으로 그림을 그려본 경험이 있니? 흙물로 그렸을 때와 어떤 점이 다르니?

6) 붓으로 다 그린 후 말린다.

- 그림을 어디에 말릴까?
- 왜 그늘에 말려야 할까?

7) 활동을 하고 난 후 평가를 한다.

- 오늘 어떤 활동을 했니?
- 하고 난 기분이 어떠니?

8) 완성된 작품을 모아 감상해 본다.

- 어떤 그림을 그렸는지 친구들에게 소개해보도록 하자.
- 친구들은 어떤 그림을 그렸니?

3. 유의점

- 흙물을 사용할 때 가라앉은 부분을 섞어서 사용한다.
- 굵은 붓은 그림을 그려지기보다 색칠 중심이 되어 모양이 잘 그려지지 않으므로 가는 붓을 사용한다.

4. 평가

- 흙물을 활용해 자신의 생각과 느낌을 표현하는지 평가한다.
- 흙물로 그림을 그리며 흙의 특성에 관심을 갖는지 평가한다.

〈관찰 척도를 활용한 평가의 예시〉

평가준거			
예술 경험	① 흙물 그리기를 시도한다.	1	
	② 흙물 그리기에 참여하며 필요한 재료와 도구를 사용한다.	2	
	③ 흙물 그리기에 적극적으로 참여하며 필요한 재료와 도구를 사용한다.	3	
자연 탐구	① 흙물을 그리기는 하지만 흙의 특성에 관심이 없다.	1	
	② 도움이 있으면, 흙의 특성에 관심을 가진다.	2	
	③ 다양한 방법으로 흙그림을 그리며 흙의 특성에 관심을 가진다.	3	
총평			

5. 확장활동

- 종이 또는 천을 이용한 염색활동도 해본다.
- 흰 종이 위에 흙물로 전체적으로 진하게 칠한 후 손이나 나뭇가지로 그림을 그릴 수 있다.

교사 TIP

1. 사전작업

[교사]
- 찰흙 또는 도자기 흙을 물에 개어 흙물을 만든다.
- 유아들과 함께 흙물을 만들 수 있다.

[유아]
- 만 4세 이상이라면 유아들과 함께 흙물을 만들어 본다.

2. 재료 관련

- 흙물의 농도는 물의 양과 흙의 양의 비율에 따라 다르므로 진한 흙물과 연한 흙물을 내주어 함께 사용할 수 있도록 한다.

3. 작품 보관

- 다 마르면 종이가 말려서 흙이 떨어질 수 있으므로 다 마르기 전에 유아들의 이야기를 적고 사진을 찍어 보관한다.

종이를 활용한 생태미술활동

09

1. 단오부채 만들기

교육목표	5세 누리과정 관련요소
- 색한지를 다양하게 이용하여 자신만의 단오 부채를 만든다. - 우리나라 세시절인 단오절과 단오부채의 유래에 관심을 갖는다.	- 예술경험〉예술적 표현하기〉미술 활동으로 표현하기 - 사회관계〉사회에 관심 갖기〉우리나라에 관심 갖고 이해하기

1. 준비물

- 부채, 색 한지, 풀

2. 활동방법

1) 지난 시간에 알아보았던 단오의 의미에 대해 회상한다.

- 단오는 언제일까?
- 단오는 어떤 날일까?

2) 단오부채(단오선)의 유래에 대해 이야기 나눈다.

- 단오부채는 언제부터 사용된 것일까?

[단오부채의 유래]

여름이 시작되는 단오절에 부채를 생산하는 영호남 지역에서 부채를 진상[端午進扇]하면 임금은 여러 자루의 부채를 시종재신(侍從宰臣)에게 하사[端午賜扇]하며, 부채를 받은 시종재신들은 이를 일가친척과 친지에게 나누어주는 풍습에서 유래한다.

그 시원(始源)이 언제부터인지 확실한 전거(典據)는 없으나, 『동국이상국집(東國李相國集)』에 '본성(本省)에서 보낸 학령선(鶴翎扇)을 사람들에게 나누어주면서' 라는 제목의 시가 있어, 고려시대의 관청에서 부채를 내려준 예가 있음을 알 수 있다.

국내의 사선(賜扇)에 대해서는 『조선왕조실록』 선조 37년 5월 5일(을묘일)에 "단오절이라 임금이 승정원, 홍문관, 실록청, 교정청의 관원들에게 특별히 주찬과 부채를 내렸다." 라는 기록이 있다.

(출처: 네이버 지식백과)

3) 부채를 꾸미는 방법에 대해 이야기 나눈다.

- 단오부채를 어떻게 만들면 좋을까?
- 무엇으로 꾸미면 좋을까?

4) 옛날 사람들이 사용했던 한지를 소개한다.

- (한지를 보여주면서) 이건 무엇일까?
- 한지는 무엇으로 만들었을까?

5) 색 한지를 손으로 찢어서 부채를 꾸미는 것을 알려준다.

- 색 한지를 손으로 찢어 볼까? 찢어지는 모양이 어떠니? 종이를 찢을 때와 어떻게 다르니?
- 어떤 모양으로 부채를 꾸밀까?
- 부채 위에 꾸밀 수 있도록 색 한지로 모양을 만들어 붙여 볼까?

6) 단오부채 만들기 활동을 하고 난 후 평가를 한다.

- 오늘은 어떤 것을 만들었니?
- 단오부채는 어떤 의미로 사용하는 것이었지?
- 나만의 단오 부채를 만드니 기분이 어떠니?

7) 완성된 작품을 모아 감상해 본다.

- 친구들에게 나의 단오부채를 소개시켜주도록 하자.
- 내가 만든 단오부채에 제목을 정해보자.
- 단오부채를 어떻게 꾸몄니?
- 단오부채를 언제 사용하면 좋을까?

3. 평가

- 색 한지를 다양하게 이용하여 자신만의 단오부채를 만들 수 있는지 평가한다.
- 우리나라 세시절인 단오절과 단오부채의 유래에 관심을 갖는지 평가한다.

〈관찰 척도를 활용한 평가의 예시〉

평가준거			
예술경험	① 색 한지를 찢거나, 꾸미는 것이 서툴고 관심이 없다.	1	
	② 도움을 주면 색 한지를 찢거나 꾸미기를 시도한다.	2	
	③ 색 한지를 다양한 모양이나 형태로 찢어 자신만의 독특한 단오부채를 만든다.	3	
사회관계	① 우리나라 세시절인 단오의 유래에 관심을 보이지 않는다.	1	
	② 우리나라 세시절인 단오절과 단오 부채에 약간의 관심을 보인다.	2	
	③ 우리나라 세시절인 단오절과 단오 부채의 유래 등에 대해 적극적인 관심을 보인다.	3	
총평			

4. 확장활동

- 한지 외에 다양한 천연염색물(포도물, 양파물, 시금치물 등), 식용색소, 먹물(사군자 느낌 표현) 등을 이용해서 그림으로 그려 꾸밀 수도 있다.

교사 TIP

1. 사전작업

[교사]
- 단오부채에 사용할 부채를 선정한다(접는 부채 또는 펼쳐져 있는 부채 등)
- 색한지를 찢기에 적당한 크기만큼 잘라 놓는다.
- 사전에 유아와 함께 만든 부채를 활용하여 단오부채 만들기를 할 수 있다.

[유아]
- 단오의 유래와 관련된 동화책 및 다양한 재료를 통해 우리나라 세시절인 단오에 관심을 갖도록 한다.

2. 작품 보관 및 정리

- 유아들이 만든 작품은 가정으로 보내 가족들에게 소개하고 함께 사용할 수 있도록 한다.

2. 한지 책갈피 만들기

교육목표	4세 누리과정 관련요소
- 자연물의 색에 대해 관심을 갖고, 색의 번짐에 따라 변화하는 미술적 요소에 관심을 갖는다. - 천연 염액을 이용하여 염색을 하면서 변화되는 색의 번짐에 대해 관심을 갖는다.	- 예술경험〉아름다움 찾아보기〉미술적 요소 탐색하기 - 자연탐구〉과학적 탐구하기〉물체와 물질 알아보기

1. 준비물

- 한지(5×10cm) 2장, 염액 4종(노랑, 파랑, 빨강, 초록), 염액을 담을 그릇 각 4개, 사인펜, 꽃 누르미 꽃, 마끈, 작은 구슬, 코팅지, 목공풀

2. 활동방법

1) 책갈피의 쓰임새에 대해 이야기한다.

- 이것은 무엇일까? 어디에 사용하는 물건일까?
- 책갈피를 보거나 혹은 사용해 본 경험이 있니?

2) 책갈피를 어떻게 만들지 이야기를 나눈다.

- 책갈피를 무엇으로 만들면 좋을까?

3) 한지, 염액(물감), 꽃 누르미, 마끈 및 작은 구슬 등 재료를 탐색한다.

- (한지를 보여주며) 이것은 무엇일까? 어디에서 봤니? 어떻게 사용하니?
- (염액을 보여주며) 어떤 색이 있니? 이 물은 무엇으로 만들었을까?
- 한지와 염액을 이용해 어떻게 활동을 할 수 있을까?
  (한지를 접어 내가 원하는 염액에 염색을 한다.)
- (꽃 누르미를 보여주며) 이것은 무엇일까? 어떻게 이렇게 되었을까?
- (마끈과 작은 구슬을 보여주며) 어떻게 사용할까?

[꽃 누르미 책갈피 만드는 과정]

① 한지를 다양한 방법으로 접는다.
② 접은 한지를 다양한 염액에 조금씩 담근다. 한지를 염액에 담글 때는 다섯까지 세면서 천천히 물들여야 색이 잘 스며든다. 번지는 부분까지 생각하면서 무늬를 만든다.
③ 염액에 적신 한지를 조심스럽게 편 다음 그늘에서 잘 말린다.
④ 책갈피 코팅을 하기 전에 꽃 누르미를 붙인다.
⑤ 코팅한 후 윗부분에 구멍을 뚫고 끝부분에 장식용 구슬을 꿰어 놓은 마끈으로 묶는다.

[번지는 효과를 살린 책갈피 만드는 과정]

① 한지에 사인펜으로 그림을 그린다.
② 한지를 다양한 방법으로 접는다.
③ 접은 한지를 다양한 염액에 조금씩 담근다. 한지를 염액에 담글 때는 다섯까지 세면서 천천히 물들여야 색이 잘 스며든다. 번지는 부분까지 생각하면서 무늬를 만든다.
④ 그늘에서 잘 말린 후 코팅을 한다.
⑤ 코팅을 한 후 펀치로 구멍을 뚫고 끝부분에 장식용 구슬을 꿰어 놓은 마끈으로 묶는다.

4) 만드는 과정대로 한지를 염액에 담궈 염색을 한다.

- 한지를 다양한 방법대로 접어볼까? 어떤 방법으로 접어볼까?
  (네모 접기, 세모 접기, 돌돌 말기 등 다양하게 할 수 있도록 지도한다.)
- 어떤 색 염액에 담궈볼까?
- 어느 쪽을 염색해볼까? 전체를 다 염색해볼까? 부분적으로 염색해볼까?

5) 접는 방식과 염액을 묻히는 부위에 따라 다양한 문양이 나오는 걸 비교하면서 색깔과 모양을 감상한다.

- 한지를 염액에 담그니 한지가 어떻게 변하고 있니?
- (천연 염액에 담근 한지를 펼친 후) 한지 무늬가 어떻게 나왔니?
- (사인펜 그림을 한지에 그린 경우) 사인펜 그림이 어떻게 변화되었니?

6) 염액에 적신 한지를 잘 펴서 그늘에 말리도록 한다.

- 어디에 말리면 좋을까?
- 왜 그늘에 말려야 할까?

7) 한지가 다 마르면 꽃 누르미를 붙이고 주변을 꾸민 후 코팅을 한다.

- 꽃 누르미를 붙일 경우 유아들이 꽃 누르미의 꽃을 선택하여 붙일 수 있도록 한다.
- 어떤 꽃으로 꾸미면 좋을까? 한번 골라보자.
- 주변을 꾸미고 싶은 사람은 사인펜으로 그려보자.

8) 코팅한 후 끝부분에 마끈과 구슬로 장식한다.

9) 활동을 한 후 평가한다.

- 오늘 어떤 활동을 했니?
- 염액에는 어떤 것이 있었니?
- 한지를 염액에 담궈 보니 무늬가 어떻게 나왔니?
- 한지로 염액 물들이기를 한 기분이 어떠니?

10) 완성된 작품을 모아 감상해 본다.

- 한지 책갈피를 친구에게 소개시켜 주자.
- 어떻게 꾸몄니? 어떤 이야기가 있니?

3. 평가

- 색의 번짐에 따라 변화하는 미술적 요소에 관심을 갖는지 평가한다.
- 다양한 염액을 이용하여 염색을 하면서 변화되는 색의 번짐에 대해 관심을 갖는지 평가한다.

〈관찰척도를 활용한 평가의 예시〉

평가준거			
예술경험	① 색의 번짐에 따라 변화하는 색, 모양 등 미술적 요소에 관심이 없다.	1	
	② 도움이 있으면 색의 번짐에 따라 변화하는 모양 등 미술적 요소 중 일부에 관심을 갖는다.	2	
	③ 색의 번짐에 따라 변화하는 모양, 색의 농도 등 미술적 요소 대부분에 관심을 갖는다.	3	
자연탐구	① 다양한 염액을 이용하여 염색하는 것에 관심이 없다.	1	
	② 한지 염색에 관심을 보이지만, 색의 번짐으로 인한 변화에 관심이 없다.	2	
	③ 한지 염색의 기본적 특성을 알고, 색의 번짐으로 인한 다양한 변화에 관심을 갖는다.	3	
총평			

4. 확장활동

- 책갈피로 코팅하기 전에 부모님께 쓰는 편지글을 넣어 선물용으로 만들 수도 있다.

교사 TIP

1. 사전작업

[교사]

- 염액으로 다양한 문양을 내기에는 너무 두껍거나 얇지도 않은 한지가 적당하다. 문구점에서 판매하는 연습지나 창호지는 쉽게 찢어진다. 이합지는 너무 두꺼워서 접으면 속까지 물이 들지 않아 모양이 제대로 나오지 않는다. 한지 전문점에서 판매하는 일반 한지를 준비한다.

[유아]

- 도서영역에서 책갈피가 무엇인지 사용해 볼 수 있도록 경험을 제공한다.

3. 한지 조각보 카드 만들기

교육목표	5세 누리과정 관련요소
- 한지 조각을 이용하여 조각보를 만들며 색, 모양, 공간 등 미술적 요소에 관심을 갖는다. - 한지 조각보 카드를 만들며 우리나라 전통 조각보에 관심을 갖는다.	- 예술경험〉아름다움 찾아보기〉미술적 요소 탐색하기 - 사회관계〉사회에 관심 갖기〉우리나라에 관심 갖고 이해하기

1. 준비물

- 카드용 밑면(머메이드지 13 × 18cm)
- 한지 조각보 카드용 윗면 종이(이합지 11 × 16cm)
- 카드 속지(카드보다 사방 1cm씩 작게 자른 복사지 또는 색지)
- 카드 봉투(15 × 20cm)
- 조각보 한지 자른 것 (정사각형, 직사각형, 삼각형 등)
- 기타 : 풀, 사인펜, 꽃 누르미 스티커 등

2. 활동방법

1) 조각보를 보여주며 이야기를 나눈다.

- 어떤 색이 있니?
- 조각보는 어떻게 만들었을까?
- 이렇게 조각을 이어서 만든 천을 '조각보'라고 한단다.
- 어디(무엇)에 사용할 수 있을까?

2) 한지를 이용하여 조각보 형태의 카드를 만들 것임을 이야기한다.

- (조각한지와 카드를 보여주며) 이것을 이용하여 무엇을 만들 수 있을까?
- 어떻게 만들면 좋을까?

- 조각이 붙어 조각보처럼 꾸미려면 어떻게 해야 할까?
(사인펜으로 바느질 땀을 그린다.)

[한지 조각보 카드 만들기 과정]

① 카드용 윗면 종이(이합지) 네 귀퉁이에 자신이 원하는 색의 정사각형 한지를 골라 붙인다.
② 준비된 한지 조각으로 조각이 이어지듯이 여러 가지 모양으로 꾸며본다.
③ 조각보 느낌이 나도록 사인펜으로 바느질 땀을 그려 넣는다.
④ 완성된 가운데 부분에 꽃 누르미 스티커를 붙이면 자연의 느낌이 난다.

3) 만드는 순서대로 조각 한지를 골라 카드에 붙여 꾸민다.

- 조각 한지를 이용하여 어떤 모양으로 구성해 볼까?

4) 조각보 느낌이 나도록 펜으로 바느질 땀을 그리거나 꽃 누르미 스티커를 붙인다.

- 한지 위에 조각보 느낌이 나도록 펜으로 그려보자.
- 붙이고 싶은 곳에 꽃 누르미 스티커를 붙여줄까?

5) 활동을 하고 난 후 평가를 한다.

- 오늘 어떤 활동을 했니?
- 한지로 조각보 카드를 만드니 기분이 어떠니?

6) 완성된 작품을 모아 감상해 본다.

- 내가 만든 것을 친구들에게 소개해 보자.
- 어떤 모양으로 조각을 붙였니?
- 어떤 모양을 만든 거니?

3. 평가

- 한지 조각을 이용하여 조각보를 만들며 색, 모양, 공간 등 미술적 요소에 관심을 갖는지 평가한다.
- 한지 조각보 카드를 만들며 우리나라 전통 조각보에 관심을 갖는지 평가한다.

〈관찰척도를 활용한 평가의 예시〉

평가준거			
예술경험	① 조각보를 만들기는 하지만 색, 모양, 공간 등에 관심을 보이지 않는다.	1	
	② 조각보를 만들며 색, 모양, 공간 등 미술적 요소를 탐색한다.	2	
	③ 한지 조각보를 만들며 색, 모양, 공간 등 미술적 요소를 자발적으로 탐색하고 변화를 시도한다.	3	
자연탐구	① 우리나라의 전통 조각보의 기본 특성에 대해 관심이 없고 잘 알지 못한다.	1	
	② 우리나라의 전통 조각보의 기본 특성에 대해 알고 있다.	2	
	③ 우리나라의 전통 조각보의 기본 특성을 알고, 자신만의 조각보 형태를 만들며 자부심을 나타낸다.	3	
총평			

4. 확장활동

- 한지 조각보 카드에 편지를 써본다.

교사 TIP

1. 사전작업

[교사]

- 한지를 다양한 모양과 각이 있는 조각으로 잘라둔다.

[유아]

- 조각보와 우리나라 전통 의복과 관련된 사진 자료를 경험하게 한다.

4. 면봉으로 성탄목 꾸미기

교육목표	3세 누리과정 관련요소
- 다양한 도구에 관심을 갖고 성탄목을 꾸민다. - 눈과 손을 협응하여 소근육을 조절하며 성탄목을 만든다.	- 예술경험〉예술적 표현하기〉미술 활동으로 표현하기 - 신체운동·건강〉신체 조절과 기본 운동하기〉신체 조절하기

1. 준비물

- 플라스틱 손잡이 면봉, 물감(흰색, 노란색, 하늘색, 분홍색), 작은 물감 그릇(요플레통 이용), 색상지(녹색, 청록색, 빨강색, 남색 등), 성탄목 모양본(8~12cm 대, 중, 소), 연필, 가위, 건조대, 스펀지, 걸레

2. 활동방법

1) 성탄목의 모양을 보여주며 성탄목에 대해 이야기 나눈다.

- 이것은 무엇일까?
- 이것을 왜 성탄목이라 부를까?
- 성탄목에는 무엇으로 장식할까?

2) 성탄목을 면봉으로 꾸미는 것을 알려준다.

- 성탄목에 눈이 온 것처럼 꾸미려면 어떻게 할 수 있을까?
- 어떤 모양으로 성탄목을 꾸밀까?

3) 성탄목을 꾸미는 방법에 대해 이야기 나눈다.

- 색상지를 골라 성탄목 모양을 대고 그린 후 오린다.
- 오린 성탄목 뒷면에 이름을 쓴다.

- 면봉에 물감을 묻혀 여러 가지 방법으로 성탄목을 꾸민다.
  (물감을 찍어서 그리기: 눈이 내리는 모습 묘사, 선 이어서 그리기 등)
- 완성되면 건조대에 말린다.

4) 성탄목 꾸미기 활동을 하고 난 후 평가를 한다.

- 오늘은 어떤 것을 만들었니?
- 성탄목은 어떤 모양으로 꾸몄지?

3. 유의점

- 면봉은 손잡이가 나무로 된 것은 손으로 잡는 부분이 거칠기도 하고, 물감에 오래 담아두면 물기를 머금어 유아들이 쓰기에 적절하지 않아 플라스틱 손잡이로 된 면봉을 준비한다.
- 유아들이 어느 정도 면봉으로 성탄목 꾸미기를 하면 면봉 끝이 풀어져서 굵게 표현이 되므로 중간에 면봉을 새 것으로 교체해 준다.
- 여러 번 사용하여 끝이 굵어진 면봉은 따로 모았다가 혹시 굵은 선을 그리고 싶은 유아가 활용할 수 있게 한다.
- 성탄목을 오리기 어려워하는 유아는 교사가 사전에 오려 놓은 것에 꾸미도록 한다.
- 완성된 작품은 활동실 벽면에 눈 덮인 겨울 언덕 풍경으로 구성하거나, 여러 개를 함께 커다란 성탄목으로 구성하여 전시한다.

4. 평가

- 다양한 도구에 관심을 갖고 성탄목을 꾸미는지 평가한다.
- 눈과 손을 협응하여 소근육을 조절하며 성탄목을 오리고, 면봉을 이용하여 만드는지 평가한다.

〈관찰 척도를 활용한 평가의 예시〉

	평가준거		
예술 경험	① 성탄목 만들기를 시도한다.	1	
	② 교사의 도움이 있으면 성탄목을 가위로 오릴 수 있고, 면봉을 이용해 성탄목을 꾸민다.	2	
	③ 익숙하게 성탄목을 오리고, 면봉을 이용해 성탄목을 창의적으로 꾸민다.	3	
신체 운동 · 건강	① 소근육 조절이 어려워 성탄목을 잘 오리지 못한다.	1	
	② 도움이 있으면 소근육 조절을 하며 성탄목을 오리고 꾸밀 수 있다.	2	
	③ 능숙하게 소근육 조절을 하며 성탄목을 오리고, 면봉을 잘 쓸 수 있다.	3	
총평			

5. 확장활동

- 유아들이 완성한 성탄목은 모든 유아들이 참여하여 벽면에 성탄 분위기가 느껴질 수 있도록 공동작품화하여 전시한다.

교사 TIP

1. 사전작업

[교사]

- 교사는 약간 두꺼운 종이에 유아들이 대고 그릴 수 있는 성탄목 모양본을 세 가지 (대, 중, 소) 크기로 준비한다.
- 성탄목의 색깔이 진하므로 물감 색은 밝은 것으로 선택한다.
- 물감을 타서 솜을 깔아놓은 작은 물감 그릇(요플레통 활용)에 부은 뒤 면봉을 2-3개 정도씩 꽂아 준비한다.

5. 손가락 성탄목 만들기

교육목표	4세 누리과정 관련요소
- 성탄목을 다양한 방법으로 자신의 생각과 느낌을 표현한다. - 세계 여러 나라 사람들이 즐기는 성탄절에 관심을 갖는다.	- 예술경험〉예술적 표현하기〉미술 활동으로 표현하기 - 사회관계〉사회에 관심 갖기〉세계와 여러 문화에 관심 가지기

1. 준비물

- 색상지(초록, 청록 등), 손바닥 모양 본, 다양한 색지, 가위, 풀, 색연필, 사인펜

2. 활동방법

1) 성탄절에 대해 이야기 나눈다.

- 성탄절에 대해 알고 있니?
- 성탄절은 어떤 날일까?
- 세계 여러 나라에서 성탄절은 어떻게 보낼까?
- 우리 반에서는 성탄절을 어떻게 보낼까?
  (우리반 성탄목을 꾸민다.)

2) 손바닥을 이용해 만드는 성탄목에 대해 이야기 나눈다.

- 성탄목을 어떻게 만들 수 있을까?
- 손바닥을 이용해 성탄목을 꾸밀까?

3) 성탄목을 꾸미는 방법에 대해 이야기 나눈다.

- 색상지를 골라 손바닥 본을 대고 그려서 오린다.
- 오린 성탄목 뒷면에 이름을 쓴다.

- 오린 손바닥의 손가락 끝을 연필이나 색연필로 둥글게 만다.
- 손바닥 위를 색연필이나 사인펜으로 그림을 그리거나, 다양한 색지로 꾸민다.

4) 성탄목 꾸미기 활동이 끝나면 유아들과 함께 벽면에 전시를 한다.

- 손가락 부분을 구부리니 어떤 모양으로 보이니?
- 우리의 손바닥을 모아 큰 성탄목을 만들려면 어떻게 붙여야 할까?
  (손가락 쪽이 밑으로 내려오도록 해서 아래에서부터 원뿔형으로 붙여 올라간다. 원뿔이 완성되면 꼭대기에 큰 별을 만들어 완성한다.)

3. 유의점

- 손바닥 성탄목을 오리기 어려워하는 유아는 교사가 사전에 오려 놓은 것에 꾸미도록 한다.
- 원뿔형으로 붙일 때는 아래면을 너무 많이 붙이지 말고, 작은 원뿔형으로 만들어가며, 주변에 손바닥을 붙여가며 점점 좌우로 넓게, 위로 높게 만들어 간다.

4. 평가

- 손바닥 성탄목을 다양한 방법으로 자신의 생각과 느낌으로 표현하는지 평가한다.
- 세계 여러 나라 사람들이 즐기는 성탄절에 관심을 갖는지 평가한다.

〈관찰 척도를 활용한 평가의 예시〉

평가준거			
예술경험	① 손바닥 성탄목 만들기를 시도한다.	1	
	② 손바닥 성탄목 만들기에 필요한 재료와 도구를 사용하여 만든다.	2	
	③ 손바닥 성탄목 만들기에 필요한 재료와 도구를 사용하여 창의적으로 꾸민다.	3	
사회관계	① 성탄절에 관심을 나타내지 않는다.	1	
	② 성탄절과 성탄절 문화에 약간의 관심을 보인다.	2	
	③ 성탄절과 성탄절 문화에 적극적인 관심을 보인다.	3	
총평			

교사 TIP

1. 사전작업

[교사]

- 교사는 약간 두꺼운 종이에 유아들이 대고 그릴 수 있는 손바닥 모양본을 준비한다.

6. 입체 성탄목 꾸미기

교육목표	5세 누리과정 관련요소
- 성탄목을 다양한 방법으로 자신의 생각과 느낌을 표현한다. - 세계 여러 나라 사람들이 즐기는 성탄절에 관심을 갖고 존중하는 마음을 갖는다.	- 예술경험〉예술적 표현하기〉미술 활동으로 표현하기 - 사회관계〉사회에 관심 갖기〉세계와 여러 문화에 관심 가지기

1. 준비물

색상지(초록, 청록 등), 손바닥 모양 본(대, 중, 소 중), 가위, 색연필, 사인펜, 금·은색 종이, 셀로판테이프

2. 활동방법

1) 성탄절에 대해 이야기 나눈다.
   - 성탄절에 대해 알고 있니?
   - 성탄절은 어떤 날일까?
   - 세계 여러 나라에서 성탄절은 어떻게 보낼까?

2) 세울 수 있는 나만의 성탄목에 대해 이야기 나눈다.
   - 어떻게 성탄목을 꾸밀까?
   - 성탄목을 세우려면 어떻게 만들 수 있을까?

3) 입체 성탄목을 꾸미는 방법에 대해 이야기 나눈다.
   - 똑같은 크기와 모양의 나무를 2개 색상지에 그려서 오린다.
   - 2장 중 한 장은 아래 부분에서 1/2까지 가위로 자르고, 한 장은 위에서 아래로 1/2까지 가위로 자른다.

- 가위로 자른 성탄목의 앞 뒤에 그림을 그리거나, 색종이, 금 은지 등으로 꾸민다. (색지로 꾸밀 때는 가위로 오린 부분에 붙지 않도록 해야 교차해서 끼울 수 있다.)
- 다 꾸미면 가위로 자른 곳끼리 위아래로 서로 끼워 입체형의 성탄목을 만들어 세운다.
- 별 모양에 이름을 써서 맨 꼭대기에 붙인다.

4) 성탄목 꾸미기 활동이 끝나면 자신이 놓고 싶은 곳에 성탄목을 세워 전시하거나, 유리창에 입체적으로 붙인다.

- 유리창에 흰색 창호지를 찢어 붙여 눈 쌓인 효과를 내고 그 위에 성탄목을 붙여 전시한다.

3. 유의점

- 입체 형태로 만들 때 잘 세워지지 않으면 교차되는 부분에 셀로판테이프로 작게 잘라 붙이면 벌어지지 않게 더 잘 세울 수 있다.
- 약간 두꺼운 종이로 다양한 종류의 자연물을 활용해 꾸밀 수 있다.

4. 평가

- 손바닥 성탄목을 다양한 방법으로 자신의 생각과 느낌으로 표현하는지 평가한다.
- 세계 여러 나라 사람들이 즐기는 성탄절에 관심을 갖는지 평가한다.

〈관찰 척도를 활용한 평가의 예시〉

평가준거			
예술경험	① 입체 성탄목 만들기를 시도한다.	1	
	② 입체 성탄목 만들기에 필요한 재료와 도구를 사용하여 만든다.	2	
	③ 입체 성탄목 만들기에 필요한 재료와 도구를 사용하여 창의적으로 꾸민다.	3	
사회관계	① 세계 여러 나라의 문화(성탄절)에 대해 잘 알지 못하고 관심이 없다.	1	
	② 세계 여러 나라와 문화(성탄절)에 대해 알고자 관심을 보인다.	2	
	③ 세계 여러 나라와 문화(성탄절)에 적극적인 관심을 보인다.	3	
총평			

교사 TIP

1. 사전작업

[교사]

- 성탄목을 크기(대, 중, 소)에 따라 약간 두꺼운 종이에 그려서 본을 여러 개 준비한다.

다양한 재료를 활용한 생태미술활동

10

1. 석고붕대로 연필꽂이 만들기

교육목표	5세 누리과정 관련요소
- 석고붕대의 특성과 용도에 관심을 갖는다. - 석고붕대를 활용하여 연필꽂이를 만들 수 있다.	- 자연탐구〉과학적 탐구하기〉물체와 물질 알아보기 - 예술경험〉예술적 표현하기〉미술 활동으로 표현하기

1. 준비물

- 우유팩 상자, 석고붕대, 물, 물을 담는 넓은 통, 유성매직과 크레파스, 색연필 등

2. 활동방법

1) 연필꽂이의 쓰임새에 대해 알아본다.

- 이건 무엇일까? 어떻게 사용하는 것일까?

2) 석고붕대의 쓰임새와 색깔, 질감을 탐색한다.

- 이것을 본 경험이 있니? 이것은 '석고붕대'라고 한단다.
- 어떻게 생겼니? 어떤 색이니?
- 어떻게 사용할까?(석고붕대를 물에 적시면 어떻게 달라지는지도 이야기해 준다.)

3) 우유팩과 석고붕대를 활용하여 연필꽂이를 만드는 방법에 대해 이야기 나눈다.

- 이 재료들로 연필꽂이를 만들려고 해. 어떤 방법으로 할까?

4) 활동 방법대로 우유팩에 석고붕대를 붙인다.

- 우유팩을 골라보자.
- 석고붕대를 어떻게 우유팩에 붙일까?
- 석고 붕대를 물에 적셨더니 어떻게 변했니? 느낌이 어떠니?
- 우유팩 전체를 한번씩 감쌌니? 우유팩의 그림이 안 보이도록 2~3겹 겹쳐서 붙여보자.

5) 우유팩 겉면에 빈틈이 없도록 붙인다.

- 석고붕대 한겹 붙였을 때는 우유팩 그림이 보였는데 계속 덧붙이니 어떻게 되고 있니?
  (처음 한 겹일 때는 우유팩의 그림들이 석고붕대 구멍으로 보였으나 계속 겹치면서 석고붕대가 빈틈이 없어진다는 것을 유아들이 관찰하면서 알 수 있도록 상호작용한다.)
- 우유팩이 점점 어떻게 변하고 있니?

6) 말린다.

- 석고 붕대가 다시 딱딱해질 때까지 말리도록 하자.

7) 석고붕대가 굳으면 다양한 펜으로 꾸민 후 우유팩을 뺀다.

- 석고붕대가 다시 어떻게 변했니?
- 마른 석고 붕대 위에 그림이 잘 그려지니?
- 석고 위에 그림을 그리는 것이 어떠니?
- 우유팩을 빼면 석고붕대가 어떻게 될까?

8) 활동을 하고 난 후 평가를 한다.

- 석고붕대를 이용해 만들어 봤는데 어땠니?
- 석고붕대를 붙이기 위해 무엇을 사용했었지?

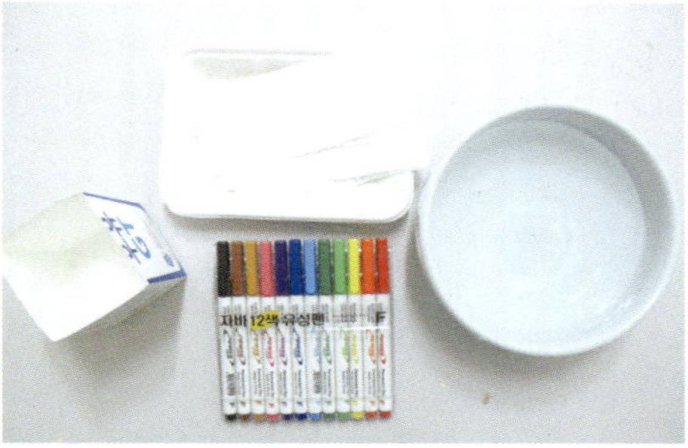

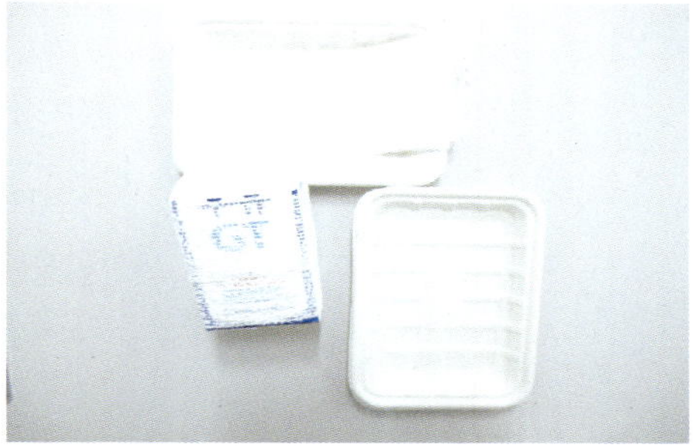

[석고붕대로 연필꽂이 만들기 과정]

① 우유팩을 고른다.
② 조각 석고 붕대를 물에 적셨다가 우유팩 전체에 감싼다. 한 겹으로 전체를 감싼 후 그 위에 돌려가면서 2~3겹 덧붙인다.
③ 그늘에서 말린다.
④ 다 마르면 그 위에 물감이나 유성매직을 이용해 그림을 그려 꾸민다.
⑤ 우유팩을 조심스럽게 석고틀에서 빼낸다.

3. 유의점

- 석고붕대가 충분히 마르지 않은 상태에서 유성매직이나 사인펜으로 그림을 그리면 펜이 쉽게 망가질 수 있다. 그러므로 석고붕대가 충분히 마른 후 펜으로 그리거나 크레파스 또는 색연필을 이용해 꾸민다.

4. 평가

- 석고붕대의 특성과 활용방법에 대해 관심을 갖는지 평가한다.
- 석고붕대로 연필꽂이를 만드는 것에 대해 관심을 갖는지 평가한다.

〈관찰척도를 활용한 평가의 예시〉

평가준거			
자연 탐구	① 석고붕대의 기본 특성을 알아보거나 변화시키는 데 관심이 부족하다.	1	
	② 석고붕대의 기본 특성과 변화에 흥미를 보이며, 교사의 도움이 있으면 석고 붕대를 탐색한다.	2	
	③ 석고붕대의 기본 특성과 변화에 관심을 가지고, 스스로 여러 가지 방법으로 탐색하고 변화시킬 수 있다.	3	
예술 경험	① 석고붕대로 연필꽂이를 만드는 미술표현에 관심이 없다.	1	
	② 석고붕대 연필꽂이 만들기에 관심은 있으나, 자신의 생각이나 느낌을 미술 활동으로 표현하는 데는 관심이 없다.	2	
	③ 석고붕대 연필꽂이 만들기에 관심이 있고 자신의 생각이나 느낌을 석고붕대 연필꽂이에 지속적으로 표현한다.	3	
총평			

교사 TIP

1. 사전작업

[교사]

- 연필꽂이용 우유팩 상자를 적당한 크기로 잘라 놓는다.
- 감겨져 있는 석고붕대를 유아들이 붙이기 쉬운 크기로 잘라 놓는다.

2. 재료 관련

- 석고붕대는 의료기상에서 구입할 수 있다.

2. 조개껍데기로 탁본하기

교육목표	5세 누리과정 관련요소
- 탁본의 원리를 알고 다양한 조개를 활용하여 조개껍데기 탁본을 할 수 있다. - 조개껍데기 탁본에 찍힌 다양한 조개껍데기의 무늬, 질감, 특성에 관심을 갖는다.	- 예술경험〉예술적 표현하기〉미술 활동으로 표현하기 - 자연탐구〉과학적 탐구하기〉생명체와 자연환경 알아보기

1. 준비물

- 다양한 조개껍데기, 한지, 먹물, 솜방망이

2. 활동방법

1) 탁본의 견본을 보여준다.

- (탁본을 보여주며) 무엇일까? 어떻게 만든 것일까?
- 탁본을 해본 경험이 있니? 어떻게 하는 것일까?

2) 준비한 재료(조개껍데기와 먹물, 솜방망이, 한지)를 탐색한다.

- 조개껍데기의 무늬가 어떠니? 만지는 촉감이 어떠니?
- 먹물은 어떻게 만들까? 무슨 색이니? 어떻게 사용할까?
- 조개껍데기에 먹물이 묻으면 어떻게 될까? 조개껍데기 어느 부분에 먹물을 묻혀야 할까?
- 솜방망이는 어떻게 사용하는 것일까?

3) 조개껍데기 탁본을 한다.

- 조개껍데기를 골라 볼까?
- 조개껍데기의 어느 부분에 먹물을 묻혀야 잘 묻어날까?

- 솜방망이로 먹물을 묻혀 조개껍데기 위를 두드려보자. 느낌이 어떠니? 잘 묻혀지니?
  (먹물이 특정 부분에 고여 있지 않도록 잘 두드려 고르게 먹물이 묻혀지도록 한다)
- 먹물을 묻힌 조개껍데기 위에 한지를 올려볼까? 손가락으로 눌러보자. 느낌이 어떠니?
- 탁본을 한 한지에 어떤 무늬가 나타났니?
- 조개껍데기 무늬와 한지의 무늬가 어떻게 보이니? 같은 점이 있니? 다른 점이 있니?

[조개껍데기 탁본 과정]

① 조개껍데기를 고른다.
② 한지 옆에 이름을 쓴다.
③ 솜방망이를 먹물에 묻혀 조개껍데기 위를 두드린다.
④ 먹물이 묻은 조개껍데기 위에 한지를 덮는다.
⑤ 손가락으로 한지를 눌러 조개껍데기의 무늬가 잘 나타나도록 한다.
⑥ 한지를 떼어 내 건조대에 잘 말린다.

4) 활동을 하고 난 후 평가를 한다.

- 오늘 어떤 활동을 했니?
- 조개껍데기 탁본활동을 할 때 어떤 재료를 사용했니?
- 탁본을 위해 먹물을 솜방망이로 두드릴 때 느낌이 어땠니?
- 조개껍데기와 탁본을 한 조개의 무늬를 비교해보니 어땠니?

5) 완성된 작품을 모아 감상해 본다.

- 친구들에게 만든 조개껍데기 탁본을 소개시켜줄까?

3. 유의점

- 탁본이 잘 되도록 무늬가 선명히 나올 수 있는 조개껍데기를 준비한다.

4. 평가

- 탁본의 원리를 알고 다양한 조개를 활용하여 조개껍데기 탁본을 할 수 있는지 평가한다.
- 조개껍데기 탁본에 찍힌 다양한 조개껍데기의 무늬, 질감, 특성에 관심을 갖는다.

〈관찰척도를 활용한 평가의 예시〉

평가준거			
예술경험	① 조개껍데기로 탁본하는 것이 서툴고 관심이 없다.	1	
	② 도움을 주면 조개껍데기 탁본을 시도한다.	2	
	③ 탁본의 원리를 알고 다양한 조개껍데기를 사용하여 탁본을 한다.	3	
자연탐구	① 조개껍데기의 무늬와 질감, 특성에 대한 관심이 부족하다.	1	
	② 조개껍데기의 무늬와 질감, 특성에 관심을 가진다.	2	
	③ 조개껍데기의 무늬와 질감, 특성에 관심을 가지고 다양한 방법으로 여러 가지 특성을 적극적으로 알아본다.	3	
총평			

4. 확장활동

- 조개껍데기 탁본을 오려 탁본을 활용한 편지지를 만든다.

교사 TIP

1. 사전작업

[교사]

- 다양한 크기의 조개껍데기를 깨끗이 씻어 10% 희석 락스물에 담가 두었다가 소독한 후 잘 건조시켜 준비한다.
- 솜방망이는 나무젓가락 끝에 솜이나 스펀지를 잘라 뭉친 후, 면 헝겊을 씌운 다음 고무줄 또는 테이프로 감아 만든다.

2. 재료 보관 및 정리

- 먹물을 묻혀 탁본에 사용한 조개껍데기는 다시 깨끗이 씻어 말려 보관한다.

3. 종이컵으로 노리개 만들기

교육목표	5세 누리과정 관련요소
- 다양한 자연물을 활용하여 노리개를 창의적으로 만든다. - 자연물을 활용하여 노리개를 만들며 우리나라 전통 장신구인 노리개에 관심을 갖는다.	- 예술경험〉예술적 표현하기〉미술 활동으로 표현하기 - 사회관계〉사회에 관심 갖기〉우리나라에 관심 갖고 이해하기

1. 준비물

- 노리개 틀이 되는 종이컵, 다양한 자연물(메타세과이어 열매, 작은 솔방울, 잣, 콩, 녹두, 팥, 호박씨, 피스타치오 등), 가는 종이끈 35cm, 굵은 종이끈 45cm, 색한지(10 × 7cm), 목공풀, 가위, 풀, 실물 노리개

2. 활동방법

1) '노리개' 를 보여주며 무엇인지 이야기를 한다.
   - 이것이 무엇일까? 어디에 사용하는 걸까?
   - 이것을 본 경험이 있니?
   - 노리개의 모양을 살펴보니 어떠니?

2) 종이컵과 자연물을 이용하여 노리개 만들기를 할 것임을 알려준다.
   - 어떤 재료가 있니?
   - 종이컵과 다양한 자연물, 끈을 이용하여 노리개를 만들 거란다.

3) 종이컵을 이용하여 노리개 만드는 방법에 대해 이야기를 나눈다.
   - 종이컵을 이용하여 노리개를 어떻게 만들 수 있을까?

4) 종이컵의 기둥을 8등분한 다음 종이컵 바닥의 둥근 부분까지 가위로 오려서 방사선 모양이 되도록 펼친다.

- 종이컵을 하나씩 나눠가져 볼까? 종이컵의 기둥을 8 조각으로 잘라보자.
  (어려워하는 유아는 교사가 금을 그어 주어 오릴 수 있도록 도움을 준다.)
- 종이컵 바닥의 둥근 부분까지 가위로 잘라 펴보면 어떤 모양이 되었니?

5) 펼쳐진 종이컵의 자른 부분이 종이컵 바닥에서 3cm 정도 올라오게 자른 다음 3cm 부분에 조각한지를 붙인다.

- 펼친 종이컵의 자른 부분을 무엇으로 꾸미면 좋을까?
- 다양한 색한지로 꾸며볼까?

6) 붙인 한지가 마르면 꽃잎 모양으로 오린다.

- 꽃잎 모양이 되도록 오릴 거야. 어떤 모양으로 오리면 좋을까?
  (둥근 모양, 세모 모양 등 다양한 모양으로 꽃잎의 형태가 되도록 오린다.)

7) 종이컵 밑둥을 색한지와 자연물로 다양하게 꾸민다.

- 자연물에는 어떤 것들이 있니? 처음 보는 자연물이 있다면 무엇이니?
- 종이컵 밑둥에 어떤 모양으로 꾸미면 좋을까?
- 내가 원하는 모양으로 색한지와 다양한 재료를 이용하여 꾸며보자.

8) 굵은 종이끈을 이용하여 노리개 아래에 달 술모양을 만든다.

- 굵은 종이끈을 매듭 아랫부분을 편 다음 손으로 찢어보자. 어떤 모양이 되었니?

9) 얇은 종이끈은 두 겹으로 겹쳐서 매듭을 한 번 묶어 고리를 만든 후 열매를 끼워 다시 매듭을 지어 열매가 움직이지 않게 한다.

- 얇은 종이끈에 열매를 끼워 다시 매듭을 지니 어떤 모양이 되었니?
- 어디에 붙이면 될까?

10) 굵은 종이끈과 얇은 종이끈을 연결한다.

- 술과 고리를 하나로 연결해보자. 연결하려면 어떤 방법이 있을까?

11) 종이컵 밑둥에 술이 된 굵은 종이끈과 고리가 된 얇은 종이끈 연결한 것을 붙인다.

12) 완성이 된 노리개는 편평한 작업 건조대 위에 두어 목공풀이 모두 마를 때까지 보관한다.

13) 주변을 정리하고 활동평가를 한다.

- 노리개가 무엇이었니? 어디에 사용하는 것이니?
- 내가 만든 노리개는 어떤 모양이니?
- 어떤 자연물을 이용하여 꾸몄니? 이 자연물을 이용한 이유는 무엇이니?
- 피스타치오를 뒤집어서 꾸미니 연한 노랑꽃잎 모양으로 보이는구나.

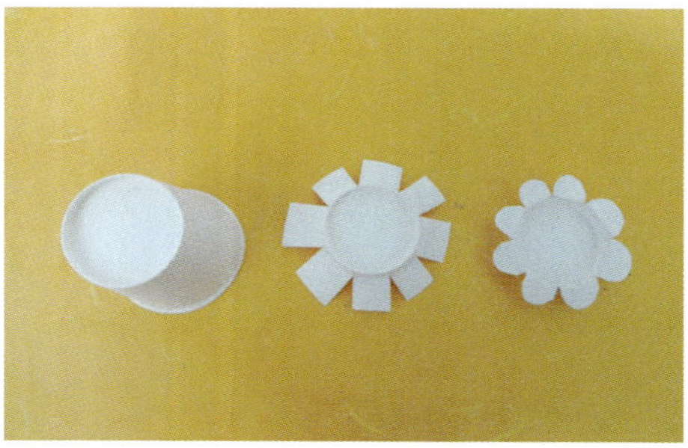

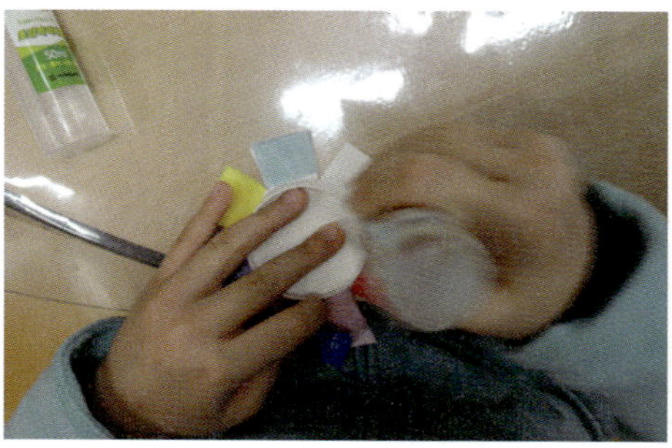

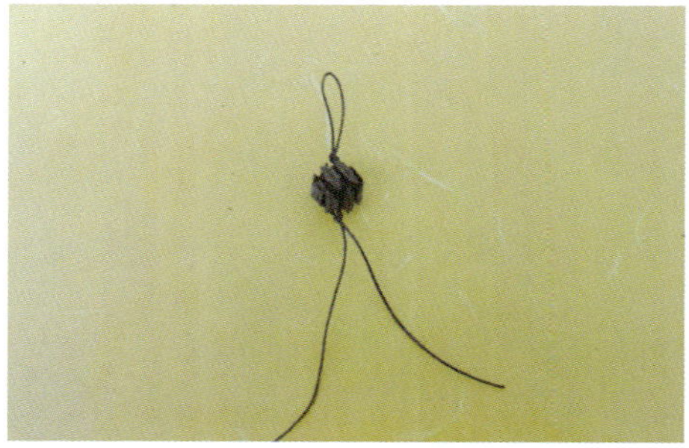

[종이컵으로 노리개 만들기 과정]

① 종이컵의 기둥을 8등분한 다음 종이컵 바닥의 둥근 부분까지 가위로 오려서 편평해지도록 한다.
② 펼쳐진 종이컵 자른 부분이 컵 밑에서 3cm 정도 되도록 자른 다음, 그 부분에 조각한지를 붙인다.
③ 붙인 한지가 마르면 꽃잎 모양으로 자른다.
④ 종이컵 밑둥에 색한지와 자연물로 다양하게 꾸민다.
⑤ 굵은 종이끈은 두 겹으로 겹쳐 두 번 매듭짓고 아랫부분을 편 다음 잘라서 술 모양을 만든다.
⑥ 얇은 종이끈은 두 겹으로 겹쳐 한 번 매듭 묶어 고리를 만든 후 열매를 끼우고 다시 매듭을 지어 열매가 움직이지 않게 한다.
⑦ ⑤와⑥을 연결한다.
⑧ 목공풀로 ④에 ⑦을 붙여 완성한다.
⑨ 완성된 노리개는 작업 건조대 위에 두어 마를 때까지 보관한다.

3. 유의점

- 노리개가 어떤 장신구인지, 노리개를 직접 사용하려면 어떻게 만들어야 하는지에 대해 사전에 경험할 수 있도록 한다.
- 자연물의 특징적인 부분을 살려 종이컵의 밑둥에 꾸밀 수 있도록 상호작용한다.
- 연령에 따라 노리개를 할 종이컵과 고리 및 술 만들 끈을 다르게 준비한다. (만 3, 4세는 종이컵 기둥을 8등분하여 자르기 어려울 수 있으므로 미리 교사가 준비해준다. 얇은 끈은 열매를 끼워 미리 고리를 만들어 놓는다. 굵은 끈은 미리 매듭지어 놓아 유아들이 술을 만들기 위해 찢어보는 활동을 할 수 있게 한다.)

4. 평가

- 다양한 자연물을 활용하여 노리개를 창의적으로 만드는지 평가한다.
- 자연물을 활용하여 노리개를 만들며 우리나라 전통 장신구인 노리개에 관심을 갖는지 평가한다.

〈관찰척도를 활용한 평가의 예시〉

평가준거			
예술경험	① 자연물을 활용하여 노리개를 만드는 것이 서툴거나 관심이 없다.	1	
	② 한두 가지의 자연물을 활용하여 노리개를 만든다.	2	
	③ 자연물을 다양하게 사용하여 창의적으로 노리개를 만든다.	3	
사회관계	① 우리나라 전통 장신구인 노리개에 대해 관심이 없고 잘 알지 못한다.	1	
	② 우리나라 전통 장신구인 노리개에 대해 알고 관심을 보인다.	2	
	③ 우리나라 전통 장신구인 노리개의 특성을 알고, 상당한 자부심을 나타낸다.	3	
총평			

5. 확장활동

- 유치원 행사 중 민속의 날 또는 전통놀이 체험의 날 입는 한복에 직접 달아본다.

교사 TIP

1. 사전작업

- 종이컵은 무늬가 없는 것으로 준비한다.
- 얇은 종이끈은 35cm, 굵은 종이끈은 45cm로 미리 잘라 준비한다.

출처 : 양은희(2014). 자연과 친구되는 생태미술놀이. pp.142-143.

4. 지점토 오방색 유두구슬 만들기

교육목표	3세 누리과정 관련요소
- 다양한 색을 들인 지점토 반죽의 질감에 관심을 갖는다. - 지점토 반죽을 이용해 구슬을 만들며 지점토의 특성에 관심을 갖는다.	- 예술경험〉아름다움 찾아보기〉미술적 요소 탐색하기 - 자연탐구〉과학적 탐구하기〉물체와 물질 알아보기

1. 준비물

- 다섯 가지 색(흰색, 노랑색, 빨강색, 파랑색, 검정색)의 지점토 반죽한 것, 2mm 굵기의 나뭇가지 또는 빨대(가운데 구멍 뚫을 것), 빨래 건조대, 투명 그릇, 2mm 굵기·15cm 길이의 갈대 또는 빨대(오방색 구슬을 꿰어서 말리는 용도)

2. 활동방법

1) 유아들과 색으로 물들인 지점토를 살펴본다.
   - 지점토가 어떤 색이니?
   - 무엇으로 지점토의 색이 달라졌을까?

2) 지점토로 오방색 반죽(점토)을 만든 이유에 대해 이야기한다.
   - 왜 다섯 가지 색 점토를 만들었을까?

3) 지점토 오방색 유두구슬을 만든다. 이때 교사는 색깔별로 덩어리를 떼어내어 유아에게 준다.
   - 동그랗게 (또는 네모 모양으로) 만들어 볼까?

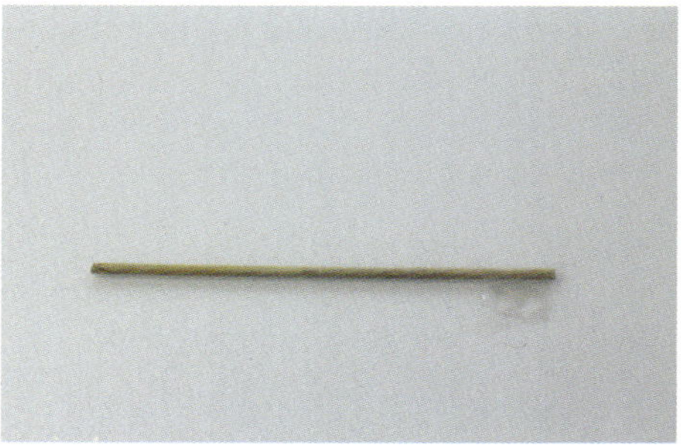

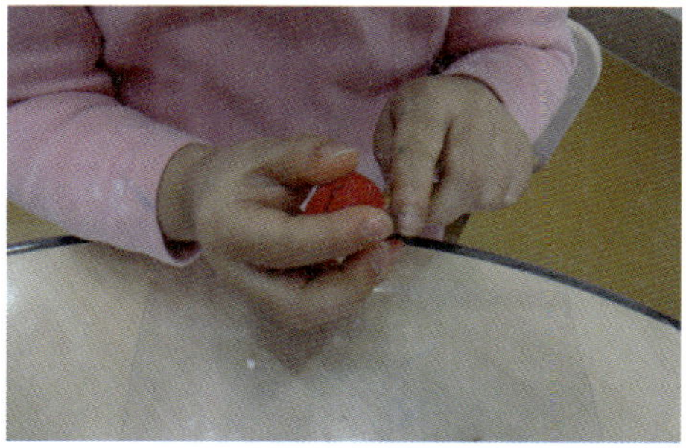

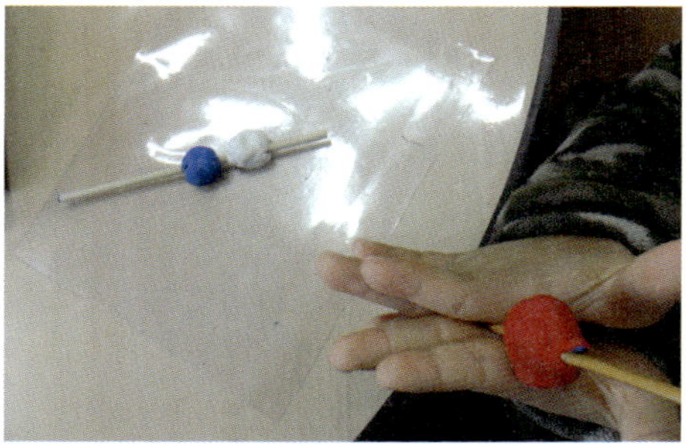

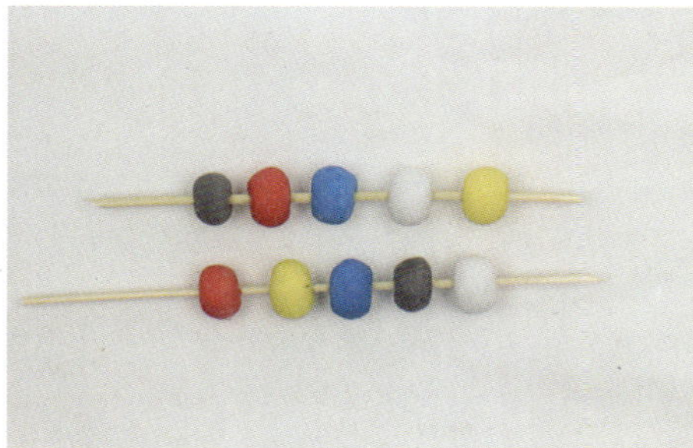

[지점토 오방색 유두구슬 만들기 과정]

① 색을 물들인 지점토를 5개의 그릇에 각각 담아 준비한다.
② 오방색 지점토 반죽을 경단만한 크기로 각각 구슬 1개씩 만든다.
- 구슬은 동그란 모양일 필요는 없고 유아들의 취향대로 세모나 네모난 구슬도 좋다.
③ 다 만든 구슬에 나뭇가지를 이용해 구멍을 만든다. 마르면 구멍이 줄어들기 때문에 구멍의 크기는 끼우는 줄보다 조금 크게 한다.
④ 자신이 만든 지점토 구슬 5개를 15cm 길이의 갈대나 빨대에 꽂아 빨래 건조대에 널어 말린다.
* 유의점: 구슬을 만들 때 균열이 없도록 만들어야 다 마른 후 깨지지 않는다. 따라서 만드는 과정에서 지점토가 마르면 약간의 물을 발라주면서 균열이 생기지 않도록 잘 주물러 모양을 만든다.

4) 다 만든 구슬에 나뭇가지나 빨대로 구멍을 만든다.

- 모양을 다 만든 사람은 나뭇가지나 빨대로 구멍을 내보도록 하자.
- 구멍을 어떤 크기로 내야할까? (마르면 구멍이 줄어들기 때문에 구멍의 크기는 끼우는 줄보다 조금 크게 한다.)

5) 자신이 만든 지점토 구슬을 갈대에 꽂아 빨래 건조대에 널어 말린다. 이때 구슬을 만들 때 균열이 없도록 만들어야 다 마른 후 깨어지지 않는다.

- 5개의 오방색 구슬을 만든 사람은 긴 갈대나 빨대에 끼워서 말려보자.

6) 완성된 오방색 유두구슬을 살펴본다.

- 활동하고 난 오방색 유두구슬을 살펴보자. 유두구슬은 어떤 색이 있니?
- 하고 난 느낌이 어떠니?

3. 평가

- 다양한 색을 들인 지점토 반죽의 질감에 관심을 갖는지 평가한다.
- 지점토 반죽을 이용해 구슬을 만들며 지점토의 특성에 관심을 갖는지 평가한다.

〈관찰척도를 활용한 평가의 예시〉

평가준거			
예술 경험	① 지점토의 색, 질감 등 미술적 요소에 관심이 없다.	1	
	② 도움이 있으면 지점토의 색, 질감 등 미술적 요소 중 일부에 관심을 갖는다.	2	
	③ 지점토의 색, 질감 등 미술적 요소 중 대부분에 관심을 갖는다.	3	
자연 탐구	① 지점토 반죽의 특성에 관심이 없다.	1	
	② 도움이 있으면, 지점토 반죽의 특성에 관심을 가진다.	2	
	③ 지점토 반죽의 특성에 관심을 갖고 적극적으로 탐색한다.	3	
총평			

4. 확장활동

- 지점토 오방색 유두구슬을 이용하여 목걸이 만들기를 한다.

교사 TIP

[오방색의 뜻]

오방정색이라고도 하며 노랑-황(黃), 파랑-청(靑), 하양-백(白), 빨강-적(赤), 검정-흑(黑)의 5가지 색을 말한다. 음과 양의 기운이 생겨나 하늘과 땅이 되고 다시 음양의 두 기운이 목(木)·화(火)·토(土)·금(金)·수(水)의 오행을 생성하였다는 음양오행사상을 기초로 한다. 오행에는 오색이 따르고 방위가 따르는데, 중앙과 사방을 기본으로 삼아 황(黃)은 중앙, 청(靑)은 동방, 백(白)은 서방, 적(赤)은 남방, 흑(黑)은 북방을 뜻한다.

황(黃)은 오행 가운데 토(土)에 해당하며 우주의 중심이라 하여 가장 고귀한 색으로 취급되어 임금의 옷을 만들었다. 청(靑)은 오행 가운데 목(木)에 해당하며 만물이 생성하는 봄의 색, 귀신을 물리치고 복을 비는 색으로 쓰였다. 백(白)은 오행 가운데 금(金)에 해당하며 결백과 진실, 삶, 순결 등을 뜻하기 때문에 우리 민족은 예로부터 흰 옷을 즐겨 입었다. 적(赤)은 오행 가운데 화(火)에 해당하며 생성과 창조, 정열과 애정, 적극성을 뜻하여 가장 강한 벽사의 빛깔로 쓰였다. 흑(黑)은 오행 가운데 수(水)에 해당하며 인간의 지혜를 관장한다고 생각했다.

이처럼 음양오행사상은 우리의 생활과 밀접한 관련을 맺고 있다. 음귀를 몰아내기 위하 혼례 때 신부가 연지곤지를 바르는 것, 나쁜 기운을 막고 무병장수를 기원해 돌이나 명절에 어린아이에게 색동저고리를 입히는 것, 간장 항아리에 붉은 고추를 끼워 금줄을 두르는 것, 잔치상의 국수에 올리는 오색 고명, 붉은 빛이 나는 황토로 집을 짓거나 신년에 붉은 부적을 그려 붙이는 것, 궁궐·사찰 등의 단청, 고구려의 고분벽화나 조각보 등의 공예품에서 쉽게 찾아볼 수 있다. (출처: 두산백과)

[오방색 유두구슬의 유래]

유두는 음력 6월 15일이다. 유두 무렵에는 참외 등과 같은 햇과일이 나오므로 햇과일·국수·떡 등을 사당에 올리고 제사를 지내는데, 이를 유두천신(流頭薦新)이라고 한다. 보리나 밀이 나는 때이므로 밀가루를 반죽하여 구슬처럼 만들어 오색으로 물들인 뒤 색실로 꿰어 허리에 차고 다니거나 대문 위에 걸어둔 것으로, 지금의 긴 국수와는 모양이 매우 다르다. 이는 잡귀의 출입을 막고 액을 쫓기 위한 행동이었다. 이를 활용해 유두절에 아이들에게 오방색 구슬 목걸이를 달면 나쁜 기운을 막는다고 하여 유두절에 밀가루를 활용한 오방색 구슬 목걸이를 했다고 전해진다. (출처: 다음 백과사전)

1. 사전작업

[교사]

- 그림 물감 4가지의 색(빨강, 파랑, 노랑, 검정)으로 지점토를 잘 치대어 반죽해 놓는다. 반죽은 마르지 않도록 비닐봉투에 담아 놓는다.
- 구슬 말릴 때 사용하는 호밀대 또는 빨대 끝에 테이프를 감아 붙인 다음 유아들의 이름을 써서 누구의 것인지 확인할 수 있도록 한다.

출처 : 양은희(2014). 자연과 친구되는 생태미술놀이.

5. 오방색 유두목걸이 만들기

교육목표	3세 누리과정 관련요소
- 눈과 손을 협응하여 소근육을 조절하며, 오방색 구슬을 끈에 끼워 유두 목걸이를 만들 수 있다. - 오방색 유두 목걸이를 만들며 우리나라 세시풍속 유월유두에 사용하던 오방색 유두 구슬의 의미와 유래에 대해 관심을 갖는다.	- 신체운동·건강〉신체조절과 기본 운동하기〉신체조절하기 - 사회관계〉사회에 관심 갖기〉우리나라에 관심 갖고 이해하기

1. 준비물

- 색 지점토로 만든 오방색 구슬, 갈대(속이 비어 있는 것) 또는 빨대 자른 것, 작은 색 구슬, 목걸이 끈, 이름을 쓸 종이 및 펜류

2. 활동방법

1) 미리 만들어 말려 놓은 지점토 오방색 유두구슬을 살펴본다

- 지점토 오방색 유두구슬이 어떻게 변했니? 어떤 점이 달라졌니?
- 이것을 이용하여 무엇을 만들 수 있을까?
- 오방색 유두 목걸이를 만들 것임을 알려준다.

2) 오방색 유두 목걸이 만드는 방법에 대해 이야기한다.

- 어떻게 목걸이를 만들 수 있을까?
- 목걸이에 유두 구슬을 순서대로 끼울 것임을 알려준다.

(갈대가 구슬 속에 끼어들어가지 않게 작은 구슬을 유두구슬 좌우에 한 개씩 끼우면 완성된 후에도 더 예쁘게 된다.)

(갈대 → 구슬 → 빨강(남쪽) → 구슬 → 갈대 → 구슬 → 파랑(동쪽) → 구슬 →갈대 → 구슬 → 노랑(중앙) → 구슬 → 갈대 → 구슬 → 하양(서쪽) → 구슬 → 갈대 → 구슬 → 검정(북쪽) → 구슬 → 갈대)

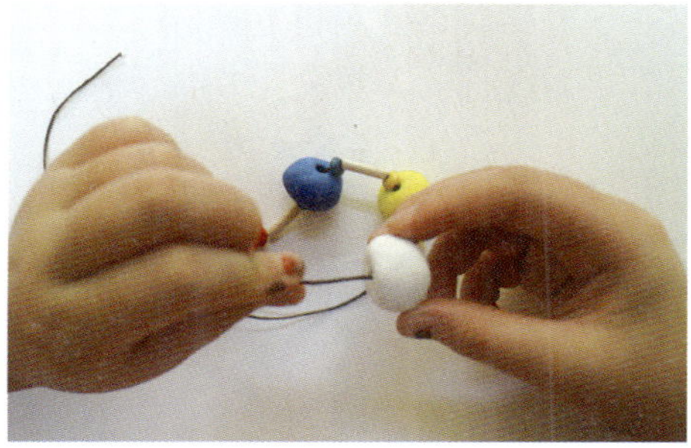
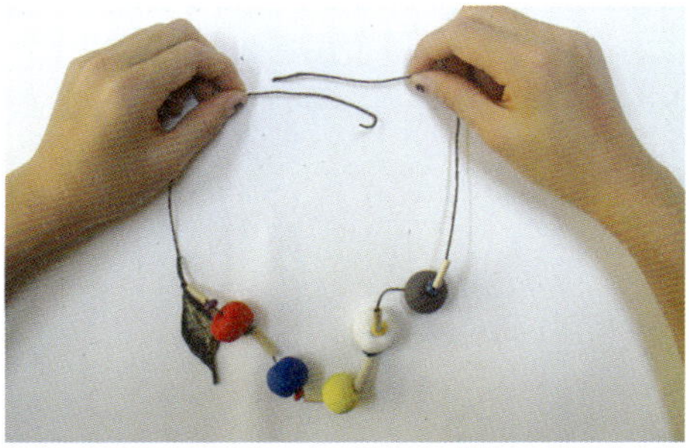

[오방색 유두 목걸이 만들기 과정]

① 미리 말려놓은 지점토 오방색 구슬을 준비한다.
② 빨강, 파랑, 노랑, 하양, 검정색을 하나씩 가지고 간다.
③ 끈에 오방색 구슬과 갈대(빨대), 작은 구슬을 순서대로 끼운다.
(갈대 → 구슬 → 빨강(남쪽) → 구슬 → 갈대 → 구슬 → 파랑(동쪽) → 구슬 → 갈대 → 구슬 → 노랑(중앙) → 구슬 → 갈대 → 구슬 → 하양(서쪽) → 구슬 → 갈대 → 구슬 → 검정(북쪽) → 구슬 → 갈대)
④ 중앙에 노랑색이 오도록 하고, 동서남북은 자유롭게 끼운다.
⑤ 유두구슬과 갈대를 모두 끼운 후 끈을 묶어 목걸이로 만든다.

3) 오방색 유두 목걸이를 만든다.

- 오방색 유두 구슬과 작은 구슬이 끈에 잘 끼워지니?

4) 유두 목걸이를 만든 후 목에 걸어본다.

5) 활동을 하고 난 후 평가를 한다.

- 활동을 하고 나니 어떠니?
- 어떤 색깔의 구슬로 목걸이를 만들었지?
- 어떤 점이 어려웠니?

3. 평가

- 눈과 손을 협응하여 소근육을 조절하며, 오방색 구슬을 끈에 끼워 유두 목걸이를 만들 수 있는지 평가한다.
- 오방색 유두 목걸이를 만들며 우리나라 세시풍속 유월유두에 사용하던 오방색 유두 구슬의 의미와 유래에 대해 관심을 갖는지 평가한다.

〈관찰 척도를 활용한 평가의 예시〉

평가준거			
신체운동·건강	① 눈과 손을 협응하여 소근육을 조절하지 못하여 구슬을 끼우기 어렵다.	1	
	② 눈과 손을 협응하여 부분적으로 소근육 조절을 하며 구슬을 끼운다.	2	
	③ 눈과 손을 협응하여 소근육 조절을 하며 구슬을 잘 끼운다.	3	
사회관계	① 우리나라 세시풍속 유두절의 풍습에 관심을 나타내지 않는다.	1	
	② 우리나라 세시풍속 유두절의 풍습에 약간의 관심을 나타낸다.	2	
	③ 우리나라 세시풍속 유두절의 풍습과 유래 등에 대해 적극적인 관심을 보인다.	3	
총평			

4. 확장활동

- 오방색 유두구슬이 여유로 남게 되면 학급 출입구에 걸 수 있는 발을 만든다.

교사 TIP

1. 사전작업

[교사]

- 유아들이 만든 것이 부서질 것을 대비하여 여유분의 오방색 유두 구슬을 준비한다.

6. 핸디코트 액자 만들기

교육목표	3세 누리과정 관련요소
- 핸디코트를 활용해 액자를 만들며 열매의 색, 질감 등 다양한 재료의 미술적 요소에 관심을 갖는다. - 핸디코트를 활용한 액자를 만들며 시간이 지나면서 핸디코트가 단단하게 굳어지는 것에 호기심을 갖는다.	- 예술경험〉아름다움 찾아보기〉미술적 요소 탐색하기 - 자연탐구〉탐구하는 태도 기르기〉호기심을 유지하고 확장하기

1. 준비물

- 해가 지난 탁상용 달력, 사진 크기의 우드락판(3×4, 4×5), 다양한 열매(서리태 콩, 팥, 잣, 강낭콩, 호박씨, 피스타치오, 고추씨, 도토리 등), 설압저, 네임펜, 목공본드

2. 활동방법

1) 핸디코트 및 탁상용 달력 등 재료를 탐색하며 어떤 활동을 할지 예상한다.

- (핸디코트를 보여주며) 이것은 무엇일까? 무슨 색이니? 어떻게 사용할까?
- (준비된 재료를 보여주면서) 무엇을 만들 수 있을까?

2) 핸디코트 액자 만들기 활동을 소개한다.

- 오늘은 핸디코트를 준비된 탁상용 달력에 바르고 꾸며서 사진 액자를 만들 거란다.

3) 핸디코트 사진 액자 만들기를 시작한다.

- 탁상용 달력과 사진 크기 우드락을 고르자.
- 탁상용 달력에 사진 크기 우드락 판을 가운데 붙여줄게. 그 테두리에 핸디코트를 발라보도록 하자.
- 핸디코트를 만져보니 촉감이 어떠니? 질감이 어떠니?

- 핸디코트를 바를 때 느낌이 어떠니?
- 다양한 열매로 핸디코트 위에 꾸며보자. 어떻게 꾸밀 수 있을까? 어떤 모양으로 꾸밀까?
- 시간이 지나면 핸디코트가 점점 어떻게 변할까?

4) 완성된 핸디코트 사진액자는 그늘지고 서늘한 곳에서 천천히 말린다.

- 어디서 말리면 좋을까?
- 그늘에서 말리는 이유가 뭘까?

5) 핸디코트 사진 액자 만들기를 한 후 주변을 정리하도록 한다.

6) 활동을 하고 난 느낌에 대해 이야기한다.

- 오늘 어떤 활동을 했었지?
- 핸디코트가 다 마르면 어떻게 변화될까?
- 핸디코트 액자가 다 마른 후 우리들의 사진을 넣어 완성해보도록 하자.

[핸디코트 액자 만들기 과정]

① 탁상용 달력과 사진 크기의 우드락 판(3×4, 4×5)을 고른 후 탁상용 달력 뒷면에 이름을 쓴다.
② 탁상용 달력 중앙 부분에 사진 크기의 우드락 판(3×4, 4×5)을 올리고, 우드락 주변 탁상용 달력 위에 설압저를 이용하여 핸디코트를 바른다(곡식이 마른 후 빠져 나오지 않도록 두껍게 균일한 두께로 바른다).
③ 핸디코트를 다 바르고 나면 원하는 다양한 열매를 핸디코트 위에 눌러가며 꾸민다(마른 후 빠져 나오지 않도록 깊숙이 누르거나 또는 재료에 목공 본드를 약간 묻힌 후 눌러 붙인다).
④ 탁상용 달력 중간에 있는 우드락을 떼어낸 후 핸디코트를 바른 탁상용 달력은 그늘지고 서늘한 곳에 말린다.
⑤ 다 마른 후 사진을 붙여 액자를 완성한다.
⑥ 완성된 작품이 다 마르면 탁상용 달력의 가운데 세우는 부분을 벌려 세워 전시한다.

3. 평가

- 핸디코트를 활용해 액자를 만들며 열매의 색, 질감 등 다양한 재료의 미술적 요소에 관심을 갖는지 평가한다.
- 핸디코트를 활용한 액자를 만들며 시간이 지나면서 핸디코트가 단단하게 굳어지는 것에 호기심을 갖는지 평가한다.

〈관찰척도를 활용한 평가의 예시〉

평가준거			
예술 경험	① 핸디코트에 사용된 열매의 색, 모양, 질감 등 다양한 재료의 미술적 요소에 관심이 없다.	1	
	② 도움이 있으면 핸디코트에 사용된 열매의 색, 모양, 질감 등 다양한 재료의 미술적 요소 중 일부에 관심을 갖는다.	2	
	③ 핸디코트에 사용된 열매의 색, 모양, 질감 등 다양한 재료의 미술적 요소 중 대부분에 관심을 갖는다.	3	
자연 탐구	① 핸디코트를 활용한 액자를 만들며 핸디코트의 특성에 대한 호기심이 없다.	1	
	② 도움을 주면, 핸디코트의 굳어지는 특성에 호기심을 가진다.	2	
	③ 핸디코트를 활용한 액자를 만들며 시간이 지나면서 핸디코트가 단단하게 굳어지는 것에 호기심을 갖는다.	3	
총평			

4. 확장활동

- 완성된 핸디코트 사진 액자 위에 물감으로 채색을 할 수 있다.
- 유아들이 작업하는 활동 사진을 인쇄해서 액자에 끼워 가정에 보낸다.

교사 TIP

1. 사전작업

[교사]

- 가정통신문을 보내 해가 지난 탁상용 달력을 사전에 모아서 유아들이 한 개씩 사용할 수 있도록 준비한다.
- 핸디코트에 식용색소를 타서 여러 색으로 준비할 수 있다.

[탁상용 달력을 활용한 액자 틀 만들기 방법]

- 탁상용 달력을 활용하면 세워서 전시하기가 좋다.
- 탁상용 달력의 가운데 세우는 부분을 벌어지지 않게 스카치테이프로 붙여놓는다. (탁상용 달력의 가운데 벌어지는 부분을 그대로 두고 핸디코트를 바르게 되면 나중에 떼어낼 때 핸디코트가 떨어질 수 있기 때문이다)
- 완성된 작품이 다 마르면 벌어지지 않게 스카치테이프로 붙인 부분을 칼로 자르고 세워 전시한다.

2. 재료 관련

- 탁상용 달력의 크기가 비슷한 것으로 준비하는 것이 좋다.
- 핸디코트는 철물점 또는 문구점에서 구입할 수 있다.

부록

부록 1. 누리과정 영역별 교육내용

부록 2. 자연물 소품(주제별, 재료별, 용도별) 만들기 예시

부록 3. 자연물 재료의 특징, 보관 활용 Tip

누리과정 영역별 교육내용 01

1. 3~5세 신체운동·건강영역의 내용범주-내용-세부내용

<table>
<tr><th rowspan="2">내용 범주</th><th rowspan="2">내용</th><th colspan="3">세부 내용</th></tr>
<tr><th>만 3세</th><th>만 4세</th><th>만 5세</th></tr>
<tr><td rowspan="4">신체 인식하기</td><td rowspan="2">감각능력 기르고 활용하기</td><td>감각적 차이를 경험한다.</td><td>감각적 차이를 구분한다.</td><td>감각으로 대상이나 사물의 특성과 차이를 구분한다.</td></tr>
<tr><td>감각기관을 인식하고, 활용해 본다.</td><td colspan="2">여러 감각기관을 협응하여 활용한다.</td></tr>
<tr><td rowspan="2">신체를 인식하고 움직이기</td><td>신체 각 부분의 명칭을 알고, 움직임에 관심을 갖는다.</td><td colspan="2">신체 각 부분의 특성을 이해하고 활용하여 움직인다.</td></tr>
<tr><td colspan="3">자신의 신체를 긍정적으로 인식하고 움직인다.</td></tr>
<tr><td rowspan="7">신체 조절과 기본 운동 하기</td><td rowspan="5">신체 조절하기</td><td>신체균형을 유지해본다.</td><td colspan="2">다양한 자세와 움직임에서 신체균형을 유지한다.</td></tr>
<tr><td>공간, 힘, 시간 등의 움직임 요소를 경험한다.</td><td colspan="2">공간, 힘, 시간 등의 움직임 요소를 활용하여 움직인다.</td></tr>
<tr><td>신체 각 부분의 움직임을 조절해 본다.</td><td colspan="2">신체 각 부분을 협응하여 움직임을 조절한다.</td></tr>
<tr><td colspan="3">눈과 손을 협응하여 소근육을 조절해 본다.</td></tr>
<tr><td></td><td></td><td>도구를 활용하여 여러 가지 조작운동을 한다.</td></tr>
<tr><td rowspan="2">기본 운동하기</td><td>걷기, 달리기 등 이동운동을 한다.</td><td colspan="2">걷기, 달리기, 뛰기 등 다양한 이동운동을 한다.</td></tr>
<tr><td>제자리에서 몸을 움직여 본다.</td><td colspan="2">제자리에서 몸을 다양하게 움직인다.</td></tr>
</table>

내용범주	내용	세부 내용		
		만 3세	만 4세	만 5세
신체 활동에 참여하기	자발적으로 신체 활동에 참여하기	신체 활동에 자발적으로 참여한다.	신체 활동에 자발적이고 지속적으로 참여한다.	
		다른 사람과 함께 하는 신체 활동에 참여한다.		
			자신과 다른 사람의 운동능력의 차이에 관심을 갖는다.	자신과 다른 사람의 운동능력의 차이를 이해한다.
	바깥에서 신체 활동하기	규칙적으로 바깥에서 신체 활동을 한다.		
	기구를 이용하여 신체 활동하기	여러 가지 기구를 이용하여 신체 활동을 한다.		
건강하게 생활하기	몸과 주변을 깨끗이하기	손과 이를 깨끗이 하는 방법을 알고 실천한다.		스스로 몸을 깨끗이 하는 습관을 기른다.
		주변을 깨끗이 한다.	주변을 깨끗이 하는 습관을 기른다.	
	바른 식생활하기	음식을 골고루 먹는다.		적당량의 음식을 골고루 먹는다.
		몸에 좋은 음식에 관심을 갖는다.	몸에 좋은 음식을 알아본다.	몸에 좋은 음식을 선택할 수 있다.
		바른 태도로 식사한다.	음식을 소중히 여기고 식사예절을 지킨다.	
	건강한 일상생활하기	규칙적으로 잠을 자고, 적당한 휴식을 취한다.		
		하루 일과에 즐겁게 참여한다.		
		스스로 화장실에서 배변한다.	바른 배변습관을 가진다.	규칙적인 배변습관을 가진다.
	질병 예방하기	질병의 위험을 알고 주의한다.	질병을 예방하는 방법을 알고 실천한다.	
		날씨에 맞게 옷을 입는다.	날씨와 상황에 알맞게 옷을 입는다.	

<table>
<tr><th rowspan="2">내용 범주</th><th rowspan="2">내용</th><th colspan="3">세부 내용</th></tr>
<tr><th>만 3세</th><th>만 4세</th><th>만 5세</th></tr>
<tr><td rowspan="7">안전하게 생활하기</td><td rowspan="3">안전하게 놀이하기</td><td colspan="2">놀이기구나 놀잇감, 도구를 안전하게 사용한다.</td><td>놀이기구나 놀잇감, 도구의 바른 사용법을 알고 안전하게 사용한다.</td></tr>
<tr><td>안전한 놀이장소를 안다.</td><td colspan="2">안전한 장소를 알고 안전하게 놀이한다.</td></tr>
<tr><td>TV, 인터넷, 통신기기 등을 바르게 사용한다.</td><td colspan="2">TV, 인터넷, 통신기기 등의 위해성을 알고, 바르게 사용한다.</td></tr>
<tr><td rowspan="2">교통안전 규칙 지키기</td><td>교통안전 규칙을 안다.</td><td colspan="2">교통안전 규칙을 알고 지킨다.</td></tr>
<tr><td colspan="3">교통수단을 안전하게 이용한다.</td></tr>
<tr><td rowspan="2">비상 시 적절히 대처하기</td><td>학대, 성폭력, 실종, 유괴 상황을 알고 도움을 요청한다.</td><td colspan="2">학대, 성폭력, 실종, 유괴상황 시 도움을 요청하는 방법을 알고 행동한다.</td></tr>
<tr><td>재난 및 사고 등 비상 시 적절하게 대처하는 방법을 안다.</td><td colspan="2">재난 및 사고 등 비상 시 적절하게 대처하는 방법을 알고 행동한다.</td></tr>
</table>

2. 3~5세 의사소통영역 내용의 내용범주-내용-세부내용

<table>
<tr><th rowspan="2">내용 범주</th><th rowspan="2">내용</th><th colspan="3">세부 내용</th></tr>
<tr><th>만 3세</th><th>만 4세</th><th>만 5세</th></tr>
<tr><td rowspan="7">듣기</td><td rowspan="2">낱말과 문장 듣고 이해하기</td><td colspan="2">낱말의 발음에 관심을 가지고 듣는다.</td><td>낱말의 발음에 관심을 가지고 비슷한 발음을 듣고 구별한다.</td></tr>
<tr><td colspan="2">일상생활과 관련된 낱말과 문장을 듣고 뜻을 이해한다.</td><td>다양한 낱말과 문장을 듣고 뜻을 이해한다.</td></tr>
<tr><td rowspan="2">이야기 듣고 이해하기</td><td>다른 사람의 이야기를 관심 있게 듣는다.</td><td colspan="2">다른 사람의 이야기를 듣고 이해한다.</td></tr>
<tr><td></td><td colspan="2">이야기를 듣고 궁금한 것에 대해 질문한다.</td></tr>
<tr><td rowspan="2">동요, 동시, 동화 듣고 이해하기</td><td colspan="2">동요, 동시, 동화를 다양한 방법으로 듣고 즐긴다.</td><td>동요, 동시, 동화를 다양한 방법으로 듣고 이해한다.</td></tr>
<tr><td></td><td colspan="2">전래 동요, 동시, 동화를 듣고 우리말의 재미를 느낀다.</td></tr>
<tr><td>바른 태도로 듣기</td><td>말하는 사람을 바라보며 듣는다.</td><td>다른 사람의 이야기를 주의 깊게 듣는다.</td><td>다른 사람의 이야기를 끝까지 주의 깊게 듣는다.</td></tr>
<tr><td rowspan="5">말하기</td><td rowspan="3">낱말과 문장으로 말하기</td><td>친숙한 낱말을 발음해 본다.</td><td>친숙한 낱말을 정확하게 발음해 본다.</td><td>정확한 발음으로 말한다.</td></tr>
<tr><td>새로운 낱말에 관심을 가진다.</td><td>다양한 낱말을 사용하여 말한다.</td><td>다양한 낱말을 사용하여 상황에 맞게 말한다.</td></tr>
<tr><td colspan="2">일상생활에서 일어나는 일들을 간단한 문장으로 말한다.</td><td>일상생활에서 일어나는 일들을 다양한 문장으로 말한다.</td></tr>
<tr><td rowspan="2">느낌, 생각, 경험 말하기</td><td>자신의 느낌, 생각, 경험을 말해본다.</td><td>자신의 느낌, 생각, 경험을 말한다.</td><td>자신의 느낌, 생각, 경험을 적절한 낱말과 문장으로 말한다.</td></tr>
<tr><td></td><td colspan="2">주제를 정하여 함께 이야기를 나눈다.</td></tr>
</table>

<table>
<tr><th rowspan="2">내용 범주</th><th rowspan="2">내용</th><th colspan="3">세부 내용</th></tr>
<tr><th>만 3세</th><th>만 4세</th><th>만 5세</th></tr>
<tr><td rowspan="4">말하기</td><td>느낌, 생각, 경험 말하기</td><td></td><td>이야기를 지어 말한다.</td><td>이야기 지어 말하기를 즐긴다.</td></tr>
<tr><td rowspan="3">상황에 맞게 바른 태도로 말하기</td><td></td><td colspan="2">듣는 사람의 생각과 느낌을 고려하여 말한다.</td></tr>
<tr><td>상대방을 바라보며 말한다.</td><td>차례를 지켜 말한다.</td><td>때와 장소, 대상에 알맞게 말한다.</td></tr>
<tr><td colspan="3">바르고 고운 말을 사용한다.</td></tr>
<tr><td rowspan="5">읽기</td><td rowspan="2">읽기에 흥미 가지기</td><td colspan="2">주변에서 친숙한 글자를 찾아본다.</td><td>주변에서 친숙한 글자를 찾아 읽어 본다.</td></tr>
<tr><td colspan="2">읽어 주는 글의 내용에 관심을 가진다.</td><td>읽어 주는 글의 내용에 관심을 가지고 읽어 본다.</td></tr>
<tr><td rowspan="3">책 읽기에 관심 가지기</td><td>책에 흥미를 가진다.</td><td colspan="2">책 보는 것을 즐기고 소중하게 다룬다.</td></tr>
<tr><td>책의 그림을 단서로 내용을 추측해 본다.</td><td colspan="2">책의 그림을 단서로 내용을 이해한다.</td></tr>
<tr><td></td><td colspan="2">궁금한 것을 책에서 찾아본다.</td></tr>
<tr><td rowspan="4">쓰기</td><td rowspan="3">쓰기에 관심 가지기</td><td>말을 글로 나타내는 것에 관심을 보인다.</td><td colspan="2">말이나 생각을 글로 나타낼 수 있음을 안다.</td></tr>
<tr><td>자기 이름의 글자에 관심을 가진다.</td><td>자기 이름을 써 본다.</td><td>자신의 이름과 주변의 친숙한 글자를 써 본다.</td></tr>
<tr><td></td><td>자신의 느낌, 생각, 경험을 글자와 비슷한 형태로 표현한다.</td><td>자신의 느낌, 생각, 경험을 글자와 비슷한 형태나 글자로 표현한다.</td></tr>
<tr><td>쓰기도구 사용하기</td><td></td><td>쓰기 도구에 관심을 가지고 사용해 본다.</td><td>쓰기 도구의 바른 사용법을 알고 사용한다.</td></tr>
</table>

3. 3~5세 사회관계영역 내용의 내용범주-내용-세부내용

<table>
<tr><th rowspan="2">내용
범주</th><th rowspan="2">내용</th><th colspan="3">세부 내용</th></tr>
<tr><th>만 3세</th><th>만 4세</th><th>만 5세</th></tr>
<tr><td rowspan="5">나를 알고
존중하기</td><td rowspan="3">나를 알고,
소중히
여기기</td><td>나에 대해 관심을 갖는다.</td><td colspan="2">나에 대해 알아본다.</td></tr>
<tr><td>나와 다른 사람의 차이에 관심을 갖는다.</td><td>나와 다른 사람의 차이점을 알아본다.</td><td>나와 다른 사람의 신체적, 사회적, 문화적 차이를 존중한다.</td></tr>
<tr><td>나를 소중하게 여긴다.</td><td colspan="2">나에 대해 긍정적으로 생각하고 나를 소중하게 여긴다.</td></tr>
<tr><td rowspan="2">나의 일
스스로 하기</td><td>내가 할 수 있는 일을 알아본다.</td><td>내가 할 수 있는 일을 해 본다.</td><td>내가 할 수 있는 일을 스스로 한다.</td></tr>
<tr><td>내가 하고 싶은 일을 선택해 본다.</td><td colspan="2">하고 싶은 일을 계획하고 해 본다.</td></tr>
<tr><td rowspan="3">나와
다른 사람의
감정 알고
조절하기</td><td rowspan="2">나와 다른
사람의
감정 알고
표현하기</td><td>자신에게 여러 가지 감정이 있음을 안다.</td><td colspan="2">자신의 감정을 알고 표현한다.</td></tr>
<tr><td>다른 사람의 감정에 관심을 갖는다.</td><td>다른 사람의 감정을 안다.</td><td>다른 사람의 감정을 알고 공감한다.</td></tr>
<tr><td>나의 감정
조절하기</td><td colspan="2">자신의 감정을 조절해 본다.</td><td>자신의 감정을 상황에 맞게 조절한다.</td></tr>
<tr><td rowspan="4">가족을
소중히
여기기</td><td rowspan="2">가족과
화목하게
지내기</td><td colspan="2">가족의 소중함을 안다.</td><td>가족의 의미와 소중함을 안다.</td></tr>
<tr><td></td><td></td><td>가족과 화목하게 지낸다.</td></tr>
<tr><td rowspan="2">가족과
협력하기</td><td>가족 구성원을 알아본다.</td><td>가족 구성원의 역할에 대해 알아본다.</td><td>다양한 가족구조에 대해 알아본다.</td></tr>
<tr><td>가족을 위하여 내가 할 수 있는 일을 알아본다.</td><td>가족을 위하여 내가 할 수 있는 일을 알아보고 실천한다.</td><td>가족은 서로 도와야 함을 알고 실천한다.</td></tr>
<tr><td rowspan="2">다른
사람과
더불어
생활하기</td><td rowspan="2">친구와
사이좋게
지내기</td><td>친구와 함께 놀이한다.</td><td colspan="2">친구와 협동하며 놀이한다.</td></tr>
<tr><td>나와 친구의 의견에 차이가 있음을 안다.</td><td colspan="2">친구와의 갈등을 긍정적인 방법으로 해결한다.</td></tr>
</table>

<table>
<tr><th rowspan="2">내용 범주</th><th rowspan="2">내용</th><th colspan="3">세부 내용</th></tr>
<tr><th>만 3세</th><th>만 4세</th><th>만 5세</th></tr>
<tr><td rowspan="7">다른 사람과 더불어 생활하기</td><td rowspan="2">공동체에서 화목하게 지내기</td><td></td><td>도움이 필요할 때 다른 사람과 도움을 주고받는다.</td><td>다른 사람과 도움을 주고받고, 서로 협력한다.</td></tr>
<tr><td colspan="3">교사 및 주변 사람과 화목하게 지낸다.</td></tr>
<tr><td rowspan="5">사회적 가치를 알고 지키기</td><td></td><td colspan="2">정직하게 말하고 행동한다.</td></tr>
<tr><td>다른 사람의 소유물을 존중한다.</td><td>다른 사람의 생각, 행동을 존중한다.</td><td>다른 사람을 배려하여 행동한다.</td></tr>
<tr><td></td><td colspan="2">친구와 어른께 예의 바르게 행동한다.</td></tr>
<tr><td>약속과 규칙을 지켜야 함을 안다.</td><td colspan="2">다른 사람과 한 약속이나 공공규칙을 지킨다.</td></tr>
<tr><td></td><td colspan="2">자연과 자원을 아끼는 습관을 기른다.</td></tr>
<tr><td rowspan="8">사회에 관심 갖기</td><td rowspan="3">지역사회에 관심 갖고 이해하기</td><td>우리 동네의 이름을 안다.</td><td colspan="2">우리 동네에 대해 알아본다.</td></tr>
<tr><td>우리 동네 사람들에 관심을 갖는다.</td><td>우리 동네 사람들이 하는 일에 관심을 갖는다.</td><td>다양한 직업에 관심을 갖는다.</td></tr>
<tr><td></td><td>물건을 살 때 돈이 필요함을 안다.</td><td>일상생활에서 돈의 쓰임에 대해 안다.</td></tr>
<tr><td rowspan="3">우리나라에 관심 갖고 이해하기</td><td>우리나라를 상징하는 것에 관심을 가진다.</td><td>우리나라를 상징하는 것을 안다.</td><td>우리나라를 상징하는 것을 알고 예절을 지킨다.</td></tr>
<tr><td colspan="2">우리나라의 전통놀이와 풍습에 관심을 갖는다.</td><td>우리나라의 전통, 역사, 문화에 관심을 갖는다.</td></tr>
<tr><td></td><td colspan="2">우리나라에 대해 자부심을 갖는다.</td></tr>
<tr><td rowspan="2">세계와 여러 문화에 관심 가지기</td><td rowspan="2"></td><td>세계 여러 나라에 대해 관심을 갖는다.</td><td>세계 여러 나라에 대해 관심을 갖고, 서로 협력해야 함을 안다.</td></tr>
<tr><td>다양한 인종과 문화에 관심을 갖는다.</td><td>다양한 인종과 문화를 알아보고 존중한다.</td></tr>
</table>

4. 3~5세 예술경험영역 내용의 내용범주-내용-세부내용

<table>
<tr><th rowspan="2">내용 범주</th><th rowspan="2">내용</th><th colspan="3">세부 내용</th></tr>
<tr><th>만 3세</th><th>만 4세</th><th>만 5세</th></tr>
<tr><td rowspan="3">아름다움 찾아보기</td><td>음악적 요소 탐색하기</td><td colspan="2">다양한 소리, 음악의 셈여림, 빠르기, 리듬 등에 관심을 갖는다.</td><td>다양한 소리, 악기 등으로 음악의 셈여림, 빠르기, 리듬 등을 탐색한다.</td></tr>
<tr><td>움직임과 춤 요소 탐색하기</td><td colspan="2">움직임과 춤의 모양, 힘, 빠르기 등에 관심을 갖는다.</td><td>움직임과 춤의 모양, 힘, 빠르기, 흐름 등을 탐색한다.</td></tr>
<tr><td>미술적 요소 탐색하기</td><td colspan="2">자연과 사물의 색, 모양, 질감 등에 관심을 갖는다.</td><td>자연과 사물에서 색, 모양, 질감, 공간 등을 탐색한다.</td></tr>
<tr><td rowspan="10">예술적 표현하기</td><td rowspan="4">음악으로 표현하기</td><td>간단한 노래를 듣고 따라 부른다.</td><td colspan="2">노래로 자신의 생각과 느낌을 표현한다.</td></tr>
<tr><td colspan="3">전래동요를 즐겨 부른다.</td></tr>
<tr><td>리듬악기로 간단한 리듬을 표현해 본다.</td><td colspan="2">리듬악기를 연주해 본다.</td></tr>
<tr><td colspan="2">간단한 리듬과 노래를 즉흥적으로 만들어 본다.</td><td>리듬과 노래 등을 즉흥적으로 만들어 본다.</td></tr>
<tr><td rowspan="3">움직임과 춤으로 표현하기</td><td colspan="2">신체를 이용하여 주변의 움직임을 자유롭게 표현한다.</td><td>신체를 이용하여 주변의 움직임을 다양하게 표현하며 즐긴다.</td></tr>
<tr><td colspan="3">움직임과 춤으로 자신의 생각과 느낌을 표현한다.</td></tr>
<tr><td colspan="2">도구를 활용하여 다양한 움직임으로 표현한다.</td><td>다양한 도구를 활용하여 창의적으로 움직인다.</td></tr>
<tr><td rowspan="3">미술 활동으로 표현하기</td><td>다양한 미술 활동을 경험해 본다.</td><td colspan="2">다양한 미술 활동으로 자신의 생각과 느낌을 표현한다.</td></tr>
<tr><td></td><td>협동적인 미술 활동에 참여한다.</td><td>협동적인 미술 활동에 참여하여 즐긴다.</td></tr>
<tr><td>미술 활동에 필요한 재료와 도구에 관심을 가지고 사용한다.</td><td colspan="2">미술 활동에 필요한 재료와 도구를 다양하게 사용한다.</td></tr>
</table>

<table>
<tr><th rowspan="2">내용
범주</th><th rowspan="2">내용</th><th colspan="3">세부 내용</th></tr>
<tr><th>만 3세</th><th>만 4세</th><th>만 5세</th></tr>
<tr><td rowspan="4">예술적
표현하기</td><td rowspan="2">극놀이로
표현하기</td><td>일상생활의 경험을
극놀이로 표현한다.</td><td>일상생활의 경험이나
간단한 이야기를
극놀이로 표현한다.</td><td>경험이나 이야기를
극놀이로 표현한다.</td></tr>
<tr><td></td><td colspan="2">소품, 배경, 의상 등을 사용하여
협동적으로 극놀이를 한다.</td></tr>
<tr><td rowspan="2">통합적으로
표현하기</td><td></td><td colspan="2">음악, 움직임과 춤, 미술, 극놀이 등을
통합하여 표현한다.</td></tr>
<tr><td colspan="2">예술 활동에 참여하여
표현과정을 즐긴다.</td><td>예술 활동에 참여하여
창의적으로 표현하는
과정을 즐긴다.</td></tr>
<tr><td rowspan="3">예술
감상하기</td><td rowspan="2">다양한
예술
감상하기</td><td>다양한 음악, 춤, 미술
작품, 극놀이 등을
듣거나 본다.</td><td colspan="2">다양한 음악, 춤, 미술작품, 극놀이 등을
듣거나 보고 즐긴다.</td></tr>
<tr><td colspan="3">나와 다른 사람의 예술 표현을 소중히 여긴다.</td></tr>
<tr><td>전통예술
감상하기</td><td colspan="2">우리나라의 전통예술에 관심을 갖는다.</td><td>우리나라의 전통예술에
관심을 갖고 친숙해진다.</td></tr>
</table>

5. 3~5세 자연탐구영역 내용의 내용범주-내용-세부내용

내용범주	내용	세부 내용		
		만 3세	만 4세	만 5세
탐구하는 태도 기르기	호기심을 유지하고 확장하기	주변 사물과 자연세계에 대해 호기심을 갖는다.	주변 사물과 자연세계에 대해 지속적으로 호기심을 갖는다.	주변 사물과 자연세계에 대해 지속적으로 호기심을 갖고 알고자 한다.
	탐구과정 즐기기	궁금한 점을 알아보는 과정에 흥미를 갖는다.	궁금한 점을 알아보는 탐구과정에 관심을 가지고 참여한다.	궁금한 점을 알아보는 탐구과정에 참여하고 즐긴다.
				탐구과정에서 서로 다른 생각에 관심을 갖는다.
	탐구기술 활용하기		일상생활의 문제를 해결하는 과정에서 탐색, 관찰 등의 방법을 활용해 본다.	일상생활의 문제를 해결하는 과정에서 탐색, 관찰, 비교, 예측 등의 탐구기술을 활용해 본다.
수학적 탐구하기	수와 연산의 기초개념 알아보기	생활 속에서 수에 관심을 갖는다.	생활 속에서 사용되는 수의 여러 가지 의미를 안다.	
		구체물 수량의 많고 적음을 비교한다.	구체물 수량에서 '같다', '더 많다', '더 적다'의 관계를 안다.	구체물 수량의 부분과 전체 관계를 알아본다.
		다섯 개 가량의 구체물을 세어보고 수량에 관심을 갖는다.	열 개 가량의 구체물을 세어보고 수량을 알아본다.	스무 개 가량의 구체물을 세어보고 수량을 알아본다.
				구체물을 가지고 더하고 빼는 경험을 해 본다.
	공간과 도형의 기초개념 알아보기	나를 중심으로 앞, 뒤, 옆, 위, 아래를 알아본다.	위치와 방향을 여러 가지 방법으로 나타내 본다.	
				여러 방향에서 물체를 보고 그 차이점을 비교해 본다.
		물체의 모양에 관심을 갖는다.	기본 도형의 특성을 인식한다.	기본 도형의 공통점과 차이점을 알아본다.
			기본 도형을 사용하여 여러 가지 모양을 구성해 본다.	
	기초적인 측정하기	두 물체의 길이, 크기를 비교해 본다.	일상생활에서 길이, 크기, 무게 등을 비교해 본다.	일상생활에서 길이, 크기, 무게, 들이 등의 속성을 비교하고, 순서를 지어 본다.

내용 범주	내용	세부 내용		
		만 3세	만 4세	만 5세
수학적 탐구하기	기초적인 측정하기			임의 측정 단위를 사용하여 길이, 면적, 들이, 무게 등을 재 본다.
	규칙성 이해하기	생활주변에서 반복되는 규칙성에 관심을 갖는다.	생활주변에서 반복되는 규칙성을 알아본다.	생활주변에서 반복되는 규칙성을 알고 다음에 올 것을 예측해 본다.
			반복되는 규칙성을 인식하고 모방한다.	스스로 규칙성을 만들어 본다.
	기초적인 재료수집과 결과 나타내기		필요한 정보나 재료를 수집한다.	
		같은 것끼리 짝을 짓는다.	한 가지 기준으로 재료를 분류해 본다.	한 가지 기준으로 분류한 재료를 다른 기준으로 재분류해 본다.
				그림, 사진, 기호나 숫자를 사용해 그래프로 나타내 본다.
과학적 탐구하기	물체와 물질 알아보기	친숙한 물체와 물질의 특성에 관심을 갖는다.	친숙한 물체와 물질의 특성을 알아본다.	주변의 여러 가지 물체와 물질의 기본 특성을 알아본다.
			물체와 물질을 여러 가지 방법으로 변화시켜 본다.	
	생명체와 자연환경 알아보기	나의 출생과 성장에 대해 관심을 갖는다.		나와 다른 사람의 출생과 성장에 대해 알아본다.
		주변의 동식물에 관심을 가진다.	관심 있는 동식물의 특성을 알아본다.	관심 있는 동식물의 특성과 성장 과정을 알아본다.
		생명체를 소중히 여기는 마음을 갖는다.		
			생명체가 살기 좋은 환경에 대해 관심을 갖는다.	생명체가 살기 좋은 환경과 녹색환경에 대해 알아본다.

내용 범주	내용	세부 내용		
		만 3세	만 4세	만 5세
과학적 탐구하기	자연현상 알아보기	돌, 물, 흙 등 자연물에 관심을 갖는다.	돌, 물, 흙 등 자연물의 특성과 변화를 알아본다.	
				낮과 밤, 계절의 변화와 규칙성을 알아본다.
		날씨에 관심을 갖는다.	날씨와 기후변화에 관심을 갖는다.	날씨와 기후변화 등 자연현상에 대해 관심을 갖는다.
	간단한 도구와 기계 활용하기	생활 속에서 간단한 도구와 기계에 관심을 갖는다.	생활 속에서 간단한 도구와 기계를 활용한다.	
		도구와 기계의 편리함에 관심을 갖는다.		변화하는 새로운 도구와 기계에 관심을 갖고 장단점을 안다.

자연물 소품 (주제별, 재료별, 용도별) 만들기 예시

02

다양한 자연물 재료를 이용하여 교육현장 및 실생활에서 사용할 수 있는 소품을 주제, 재료, 용도에 따라 분류하여 소개하고자 한다.

주제별 분류에서는 유아교육현장에서 적용할 수 있는 주제 중 유아와 친근감이 있는 동물, 꽃, 새와 곤충을 소개하고, 재료별 분류에서는 흔히 주변에서 구할 수 있는 재료인 솔방울과 납작나무를 이용하여 간단하게 만들 수 있는 것을 소개하였다.

용도별 분류에서는 간단하게 만든 소품이지만 실생활에서 사용되는 것과 만났을 때 어떻게 변화하게 되는지 어떤 모습으로 사용될 수 있는지 그 예시를 소개하였다.

특정재료가 많을 때에는 작은 변화만으로도 다양한 작품과 연출이 가능하다. 우리 주변에서 볼 수 있는 솔방울, 나뭇가지, 씨앗을 활용해 어떻게 변화되고 새로운 생명을 얻어 탄생되는지 함께 살펴보면서 하나씩 만들어 보도록 한다.

1. 주제별

1) 동물

(1) 개구리 만들기

이른 봄 웅덩이에서 알을 낳고 올챙이에서 개구리가 되는 모습은 주변에서 쉽게 보기 어려워졌다. 여름이 될 무렵 개굴개굴거리는 개구리의 모습을 상상해볼까?

우리 주변에 볼 수 있다면 산책을 통해 어엿하게 성장한 개구리를 관찰해보자.

주변에서 볼 수 없다면 책과 과학 동영상을 보면서 알, 올챙이, 개구리의 성장 과정을 보고 유아들의 흥미를 자극해보자.

개구리의 가장 큰 특징은 무엇일까?

[개구리 만들기 재료]

도토리 깍정이

솔방울

아주 작은 아기 솔방울 2개

1. 개구리 얼굴 만들기

크기가 비슷한 도토리 깍정이의 한 면을 겹쳐 붙인다.

2. 눈 붙이기

작은 솔방울의 꼭지부분이 앞으로 오도록 붙인다.

3. 완성

끝의 1/3이 잘린 솔방울을 얼굴에 붙인다. 얼굴에 붙일 때 솔방울 꼭지를 비스듬하게 붙인다.

<만들기 TIP>

- 개구리의 눈이 되는 작은 솔방울이 없다면. 옥수수 알갱이 또는 나뭇가지를 0.5cm 정도 입체감 있게 잘라 사용할 수 있다.
- 개구리의 몸이 되는 솔방울은 뾰족한 끝 부분을 1/3정도 잘라 사용한다.

[활용방법]

1. 솔방울로 만든 개구리는 돌멩이와 둥근 나무판을 이용하여 연못을 꾸민 곳에 전시한다. 전시할 때 유아들과 주제를 정해서 전시하는 것도 좋다. 예를 들어 '개구리 가족', '개구리 합창대회' 등의 주제를 가지고 재미있게 전시할 수 있다.
2. 개구리의 몸이 되는 솔방울을 자르는 방법, 솔방울 쭉정이를 붙여 꾸미는 방법에 따라 뛰는 개구리, 앉아 있는 개구리, 헤엄치는 개구리가 될 수 있다.

(2) 거북 만들기

느릿느릿 거북, 엄마 거북과 아기 거북, 가족 거북이 햇볕 좋은 어느날, 따뜻한 모래사장을 지나 살기 좋은 바닷가로 떠나는 모습을 상상하며 만들어보자.

과학 동영상(다큐멘터리) 속 거북의 모습을 보고 거북의 특징을 관찰해보자.

거북 등딱지는 어떤 모양일까?

어떤 무늬가 있을까?

생태미술 재료에서 찾아볼까?

어떤 재료와 어울릴까?

우리가 만드는 거북은 애니메이션 속 거북이어도 좋고, 우리 교실에 키우는 거북이어도 좋다. 상상 속 거북이도 만들면 더 재미있을 것이다.

[거북 만들기 재료]

매실씨

도꼬마리

솔방울 뜯은 것

호박씨

1. 거북 몸통에 다리 붙이기

솔방울 쭉정이 4개를 뜯어내어 거북 몸통에 붙인다.

2. 완성

거북 얼굴과 꼬리를 거북 몸통에 붙여 완성한다.

〈만들기 TIP〉

- 거북 몸은 솔방울, 호두껍질을 반으로 자른 것, 아기 거북의 몸은 도토리 깍정이 등으로 만들 수 있다.
- 솔방울 쭉정이를 뜯어낼 때는 작은 가위를 사용한다.

[활용방법]

1. 거북을 전시할 때 물과 흙을 함께 구성하여 물 속에서 놀고 있는 거북과 물가로 이동하는 거북을 동시에 나타내 볼 수 있다.
2. 몸의 등딱지를 사용하는 재료가 어떤 것인가에 따라 거북의 종류를 다르게 표현할 수 있다. 등딱지가 매끈한 것은 자라 살구씨로 표현할 수 있고, 남생이는 살구씨의 거친 표면이 더 잘 어울린다.

(3) 부엉이 만들기

부엉이의 눈은 어떨까?

부엉부엉 가을밤 별빛과 함께 멀리서 들리는 부엉이 소리를 들어본 적이 있을 것이다.

어느 달빛 환한 밤 산토끼의 생일날 초대되어 생일 노래 부르고, 혹시나 오지 못한 다른 동물 친구를 기다리며 이리 저리 살피는 커다란 동그란 눈을 가진 부엉이.

부엉이의 가장 큰 특징이 무엇인지 생각하면서 만들어 보자.

부엉이의 날개는 어떤 재료를 이용하면 좋을까?

겨울을 지내기 위해 목련꽃을 감싸고 있던 목련 겨울눈을 발견한다면 더할 나위 없이 좋은 재료가 된다. 하얀 솜털이 있는 부분을 부엉이 날개로 만들어 보자.

[부엉이 만들기 재료]

솔방울

솔방울 쭉정이

목련 겨울눈

도토리 깍정이와 서리태콩

1. 몸통 만들기

솔방울 위에 솔방울 꼭지부분이 얼굴이 되도록 붙인다.

2. 눈과 날개 만들기

도토리 깍정이에 콩을 붙인 눈을 얼굴에 붙이고, 목련 겨울눈을 몸통 좌·우에 날개로 붙인다.

3. 완성

부엉이의 부리를 얼굴에 붙인 후 나뭇가지에 완성된 부엉이를 전시한다.

〈만들기 TIP〉

- 부엉이 얼굴이 되는 솔방울을 몸통보다 조금 더 큰 것으로 하고 부엉이 눈은 사이를 가깝게 붙이면 좀 더 귀여운 부엉이가 된다.
- 부엉이 눈이 되는 재료는 작은 솔방울, 강낭콩 등을 이용해도 된다.

[활용방법]

1. 부엉이는 나뭇가지에 붙여 전시하는 것이 좋다. 전시할 때 부엉이마다 이름을 지어주어 재미있는 부엉이 가족을 만들어 볼 수 있다.
2. 부엉이의 날개로 사용되는 목련 겨울눈을 쉽게 구할 수 없다면, 말라서 납작해진 밤, 잣 쭉정이 등을 이용해도 좋다.
3. 부엉이의 날개를 어떤 방향으로 붙이는가에 따라 날아가는 부엉이, 앉아서 쉬는 부엉이, 먹이 먹는 부엉이 등 다양한 모습으로 표현할 수 있다.

2) 식물

(1) 기본 꽃 만들기

봄이 되면 가장 눈에 띄는 것은 무엇일까?
바로 파랗게 올라오는 새싹과 환하게 피는 꽃일 것이다.
떨어져 있는 나뭇가지를 잘라 봄 꽃을 만들어 볼까?
떨어져 뒹구는 나뭇가지에 새로운 생명을 넣어보자.
나뭇가지로 만든 꽃으로 좀 더 특별한 봄 동산을 꾸며 보자.

흔히 보는 꽃의 기본 꽃잎은 몇 개일까?
5개의 꽃잎으로 봄꽃을 만들어 보자.

[기본 꽃 만들기 재료]

나뭇가지
얇은 나뭇가지
전지가위

1. 꽃잎 만들기

전지가위를 이용하여 나뭇가지를
45° 각도로 비스듬하게 6개 자른다.
(전지가위는 교사가 사용)

2. 완성

- 비스듬하게 자른 부분이 서로 겹치도록 5개의 잎을 붙인다.
- 가운데에 작게 자른 나뭇가지를 꽃술로 붙여 완성한다.

〈만들기 TIP〉

- 기본 꽃은 5개의 잎으로 만들지만 비스듬히 자를 때 6개를 잘라 한 개는 꽃잎의 밑받침이 되게 한다.
- 꽃술이 되는 부분은 작은 나뭇가지를 잘라 사용하는데 나뭇가지 외에 열매 또는 씨앗종류를 붙여도 좋다.

[활용방법]

1. 기본 꽃을 여러 개 만들어 나뭇가지에 붙이면 활짝 꽃이 핀 봄 나무가 된다.
2. 기본 꽃에 나뭇가지를 비스듬하게 자른 것을 여러 겹 덧붙인다면 겹꽃이 된다.
3. 꽃모양 밑받침에 옷핀, 자석 등을 붙이면 생활 속 물품으로 활용이 가능하다. (옷핀-브로치, 자석- 메모판 고정용)

(2) 개나리 만들기

봄을 가장 먼저 알리는 꽃은 무슨 꽃일까?
잎보다 먼저 나오는 봄꽃.
나리나리 개나리...
바로 노랗게 별빛 머금고 피는 별꽃 개나리.

개나리의 꽃잎은 몇 개일까?
봄을 알리는 길목에서 만나는 개나리 꽃잎을 관찰해보자.
그리고 떨어져 있는 나뭇가지로 개나리 꽃을 만들어 보자.

[개나리꽃 만들기 재료]

개나리꽃잎 만들 나뭇가지
개나리 줄기용 나뭇가지
둥근 나무판

1. 개나리 꽃잎과 꽃 만들기

- 전지가위를 이용하여 나뭇가지를 60° 각도로 비스듬히 4개 자른다 (전지가위는 교사가 사용).
- 비스듬히 자른 4개의 꽃잎이 서로 모여지도록 붙인다.

2. 개나리 가지 만들기

얇은 나뭇가지를 둥근 나무판에 붙인다.

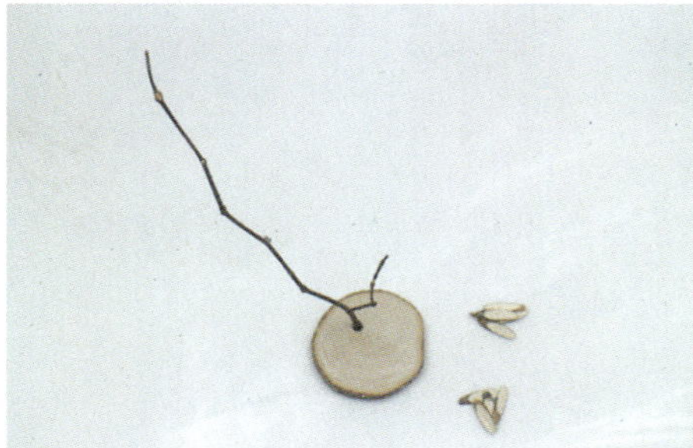

3. 완성

둥근 나무판에 붙인 나뭇가지 위에, 만들어 놓은 개나리 꽃을 붙여 완성한다.

〈만들기 TIP〉

- 개나리 잎이 되는 나뭇가지는 최대한 비스듬하게 길게 자른다.
- 개나리 잎을 펼쳐 붙이면 활짝 핀 개나리, 안쪽으로 모아 붙이면 개나리 꽃 봉오리가 된다.

[활용방법]

1. 둥근 나무판에 이름을 써서 개인별 개나리꽃을 만들어 전시한다. 둥근 나무판에 개나리 줄기를 붙이지 않을 경우 창쪽에 개나리 잎이 붙여진 줄기를 부착하여 창밖으로 개나리가 핀 모습을 표현할 수 있다.
2. 개나리 꽃잎이 네 갈래로 갈라지는 통꽃잎을 유아들과 충분히 관찰하고 그 특징을 살려 만들어 본다.

(3) 호박씨 꽃 만들기

꽃들이 다투어 피는 봄 여름에 피지 않고 가을에 서리를 맞으며 홀로 피는 국화.
국화를 고고한 기품과 절개를 지키며 지내는 군자의 모습으로 빗대곤 한다.
켜켜히 쌓여진 국화꽃잎 같은 겹꽃을 만들어 보자.
꽃잎을 호박씨로 한다면 과연 어떤 모습일까?

[호박씨 꽃 재료]

호박씨

팥

작은 둥근 나무판

1. 꽃잎 만들기

작은 둥근 나무판에 호박씨 5개를 꽃잎 모양으로 붙인다.

2. 호박씨 꽃 완성

꽃잎을 붙인 가운데 팥을 붙여
한겹 꽃을 완성한다.

3. 응용 꽃 완성

호박씨를 안쪽으로 켜켜이 붙여
풍성한 겹꽃으로 완성한다.

〈만들기 TIP〉

- 겹꽃으로 만들 때 꽃잎과 꽃잎 사이에 붙이고, 안쪽으로 붙일수록 세워 붙여 입체감을 더한다.

[활용방법]

1. 호박씨로 만든 겹꽃에 옷핀이나 자석을 붙여 실생활에 사용한다.
2. 호박씨 꽃을 전시할 때 나뭇가지에 여러 호박씨 꽃을 같이 붙여 수국처럼 더욱 풍성하게 한다.
3. 기타: 피스타치오 껍데기, 솔방울 뜯어낸 것 등으로도 만들 수 있다.

3) 조류

(1) 새(큰새, 작은새) 만들기

조롱조롱 산새가 노래하는 숲속. 그 숲 속에 사는 산새는 어떤 모습일까?
우리가 산책을 나가도 쉽게 보기 힘든 산새의 모습을 상상해 보자.
과학 동영상 속 산새와 우리들 마음속 산새의 모습은 어떻게 다른가?
즐겁게 노래하는 산새의 특징을 잘 살펴 재료를 선택해보자.

[새 만들기 재료]

- 큰새: 박주가리, 솔방울, 스트로브잣나무열매, 솔방울 쪽정이
- 작은새: 가문비 솔방울, 목련 겨울눈, 솔방울 쪽정이

1. 몸통 만들기

- 큰새: 스트로브잣나무 솔방울에 솔방울 끝이 앞이 되게 붙인다.
- 작은새: 큰 가문비 솔방울에 작은 가문비 솔방울을 길게 붙인다.

2. 날개 붙이기

- 큰새: 박주가리를 몸통 양 옆에 붙인다.
- 작은새: 목련 겨울눈을 몸통 양 옆에 붙인다.

3. 완성

솔방울 쭉정이를 부리 형태로 붙여 새를 완성한다.

〈만들기 TIP〉

- 새의 부리는 새 종류에 따라 다른 크기의 솔방울 쭉정이를 사용한다.
- 날개에 사용되는 박주가리, 겨울 목련눈이 없을 경우 옥수수 껍질이나 말라 납작한 밤 등을 이용한다.

[활용방법]

1. 큰새, 작은 새를 전시할 때는 나뭇가지를 천정에 매달아 그 위에 올려 전시하거나 끈을 달아 모빌 형태로 전시할 수 있다.
2. 날개가 되는 박주가리와 목련 겨울눈은 어떤 방향으로 붙이냐에 따라 새의 모습(앉아 있는 새, 날아다니는 새, 먹이 먹는 새 등)이 다르게 변한다.

4) 곤충

(1) 잠자리 만들기

윙윙윙 잠자리 날아다닌다. 잠자리 어디 숨었나? 잠자리가 어디에 앉을까?

고추처럼 빨간 꼬리의 고추잠자리는 꼭 고추밭에서 볼 수 있을까?

아이들과 잠자리의 성장과정을 함께 살펴보고 잠자리를 주로 어디에서 볼 수 있는지 알아보자.

잠자리는 어떻게 생겼을까? 어떤 특징이 있을까?

[잠자리 만들기 재료]

얇은 나뭇가지
또는 싸리나뭇가지
신나무 씨앗

1. 잠자리 날개 붙이기

얇은 나뭇가지의 마디가 눈이 되도록 자른 후 그 아래 신나무 씨앗을 떼어내 날개 모양으로 좌우 대칭이 되도록 모양을 잡는다.

2. 완성

잠자리 몸통이 되는 나무에 날개 모양으로 붙여 완성한다.

전시: 나뭇가지에 하면 더 효과적이다.

〈만들기 TIP〉

- 잠자리 몸통이 되는 부분은 나뭇가지의 마디가 되는 부분을 잘라 잠자리의 눈이 되도록 한다. 잠자리의 꼬리 부분이 더 얇아야 한다.
- 잠자리의 날개를 붙일 때는 잠자리 몸을 2등분 하여 앞쪽 즉, 머리(눈)쪽에 몰아서 붙이고 꼬리부분을 길게 한다.

[활용방법]

1. 잠자리는 모빌로 만들어 전시한다. 교실, 복도 천장에 나뭇가지를 달고 그 아래 낚싯줄을 달아 잠자리가 날아다니는 모습으로 구성한다. 바람에 자연스럽게 흔들릴 수 있게 하면 더욱 멋스럽다.
2. 잠자리의 날개가 되는 신나무 씨앗은 프로펠러 모양으로 손으로 돌려 날아 오르게 하는 놀이, 손으로 돌려 멀리 보내기 놀이 등을 할 수 있다.

2. 재료별

1) 솔방울

바람이 솔솔 솔방울, 방울방울 모양의 크고 작은 솔방울

솔방울 떨어지는 어느 날 아이들과 산책하면서 다양한 솔방울을 모아 보자.

유아들이 직접 모은 솔방울은 더 의미가 있다.

유아와 함께 모은 솔방울의 먼지를 털어내고 햇볕에 말린 뒤, 재료로 사용해 보자.

솔방울 하나로 여러 작품을 담을 수 있다.

솔방울 하나로 어떤 것을 만들 수 있는지 상상해 보자.

다양한 솔방울

(1) 사슴

[사슴 만들기 재료]

솔방울
작은 솔방울
가문비 솔방울
노박덩굴 노란껍질
나뭇가지

1. 작은 솔방울에 가문비 솔방울을 붙이고 큰 솔방울은 몸통을 만든다.

2. 나뭇가지를 같은 길이로 4개 잘라 몸통에 다리를 붙인다.

3. 작은 솔방울을 몸통 끝에 붙여 꼬리를 만든다.

4. 마디가 여러 개인 나뭇가지를 잘라 뿔을 만들어 머리에 붙인다.

5. 노박덩굴의 노란 껍질을 눈으로 붙여 사슴을 완성한다.

〈만들기 TIP〉

- 사슴의 꼬리가 되는 작은 솔방울은 메타세콰이어를 사용해도 좋다.
- 사슴의 뿔은 마디가 여러 개이고 가지가 두 갈래인 나뭇가지를 사용해도 좋다.

[활용방법]

1. 사슴의 다리를 어떻게 붙이냐에 따라 달리는 사슴, 앉아 있는 사슴이 될 수 있다. 또한 사슴의 얼굴의 방향을 아래로 하느냐, 위로 하느냐에 따라서 다양한 모습의 사슴을 만들 수 있다. 여러 모습을 한 사슴을 만들어 이야기를 구성해 보자.

(2) 달팽이

[달팽이 만들기 재료]

솔방울

얇은 나뭇가지

고추씨

1. 솔방울과 두 가닥의 줄기가 뻗어 있는 얇은 나뭇가지를 고른다.
2. 솔방울에 더듬이의 크기가 되도록 나뭇가지를 전지가위로 자른다.
3. 고추씨를 눈으로 붙여 완성한다.

〈만들기 TIP〉

- 달팽이의 등껍질이 되는 솔방울은 꼭지부분의 무늬가 고른 것으로 골라 사용한다.
- 더듬이가 되는 나뭇가지를 어떤 방향으로 붙이냐에 따라 달팽이의 모습이 달라진다.

[활용방법]

1. 굵은 나뭇가지나 교실의 화분에 전시한다.

(3) 물고기

[물고기 만들기 재료]

작은 솔방울

옥수수 껍질

노박덩굴의 노란 껍질

1. 작은 솔방울에 옥수수 껍질을 잘라 지느러미를 만들어 붙인다.

2. 노박덩굴의 노란껍질을 이용하여 물고기의 눈을 붙이고 완성한다.

〈만들기 TIP〉

- 노박덩굴의 노란 껍질을 붙일 때는 움푹 들어가 있는 쪽 부분이 눈으로 보이게 만든다.

[활용방법]

1. 다양한 크기의 솔방울을 사용한다면, 여러 종류의 물고기를 만들 수 있다. 물고기의 종류가 다양해지면 재미있는 이야기를 구성하여 돌로 연못을 만들어 전시해보자.

2) 납작나무

나무야 나무야 어떻게 지내니?

숲속 한쪽에 벌목하고 버려진 나무줄기와 가지가 있다.

이미 뿌리에서 버려진 나무에게 새 기운을 불어넣어 줄까?

납작 나무는 벌목하고 남겨진 나무줄기(기둥) 또는 나뭇가지를 단면으로 자른 것이다. 단면으로 자를 때는 전기톱을 사용한다.

나뭇가지 또는 줄기를 단면으로 잘라 망에 담아 걸어 보관하면 유용하게 사용할 수 있다.

납작나무

(1) 무당벌레

[무당벌레 만들기 재료]

둥근 나무판

반원 나무판

V 모양 나뭇가지

(무늬용) 자른 나뭇가지

(눈알용) 다릅나무 가지

1. 둥근 나무판에 무당벌레의 날개가 되도록 반원 나무판 두 개를 약간 사이를 벌려 붙인다.
2. 무당벌레 날개에 무늬가 되는 작은 동그란 모양을 붙인 후, 눈을 붙인다.
3. 무당벌레 눈 사이에 V자 나뭇가지를 더듬이로 붙여 완성한다.

〈만들기 TIP〉

- 무당벌레의 무늬는 대칭이 되도록 붙이는 것이 좋다.
- 무당벌레의 날개를 얼마나 벌려 붙이냐에 따라 무당벌레의 모습이 다르게 보인다.

[활용방법]

1. 납작나무로 만든 반 입체 작품은 교실이나 복도의 벽면에 봄에 볼 수 있는 곤충으로 무당벌레를 만들어 전시할 수 있다.

(2) 새

[새 만들기 재료]

큰 둥근 나무판
작은 둥근 나무판
반원 나무판
나뭇가지
싸리나무 줄기

1. 반원 나무판에 아래쪽으로 나뭇가지를 붙여 새의 다리를 만들고 위쪽으로 붙여 목을 만든다.
2. 얼굴에 얇은 나뭇가지를 잘라 눈을 만들고 싸리나무 줄기로 부리를 만들어 붙인다.
3. 새의 몸통에 반원 나무판을 붙여 날개를 만든다.
4. 큰 둥근 나무판에 새를 세워 완성한다.

〈만들기 TIP〉

- 새의 날개를 어떤 방향으로 붙이냐에 따라 새의 모습이 달라진다.
- 새의 부리 모양을 다르게 붙이면 노래하는 새, 물고기를 먹는 새, 말이 없는 새 등으로 표현할 수 있다.

[활용방법]

1. 납작나무를 이용하여 새의 모습을 단순화시켜 표현한 입체 작품이므로 창틀 또는 교구장, 옷장 등 선반 위에 전시한다.
2. 새에 색을 입혀 보자. 다양한 채색도구(색연필, 네임펜, 유성매직, 물감 등)을 이용하여 색을 더하면 나만의 새, 상상속의 새로 완성될 것이다.

3. 용도별

1) 자연물 집게

[자연물 집게 만들기 재료]

나무집게

조개류

고추씨

나뭇가지

싸리나무 줄기

잣

노박덩굴 열매와 껍질

〈만들기 TIP〉

- 나무집게 위에 어떤 것을 꾸밀지 먼저 생각한 후 꾸민다.
  (예: 꽃, 곤충 등)
- 집게에 직접 꾸며 붙이지 않고 먼저 작은 둥근판에 만든 후 집게에 붙인다.
- 생활 속에서 활용할 수 있도록 해야 하므로 단단하게 부착한다.
- 집게는 손으로 집어 벌리는 부분을 고려하여 꾸민 것을 붙인다.

2) 꽃 자

[꽃 자 만들기 재료]

투명자통

마른 꽃잎과 나뭇잎

〈만들기 TIP〉

- 꽃잎과 나뭇잎은 봄에 책갈피에 넣어 말린다. 책갈피에 말린 것은 평면적이므로 입체적으로 보이도록 하기 위해서는 꽃잎이나 나뭇잎은 자연스럽게 말리는 것도 좋다.
- 꽃다발 말린 것을 사용하는 것이 좋다.
- 투명자통에 원하는 꽃잎과 나뭇잎을 넣어 만든다.

3) 꽃 누르미를 이용한 연필꽂이

[꽃 누르미를 이용한 연필꽂이 만들기 재료]

연필꽂이

꽃 누르미

꽃 누르미용 투명테이프

〈만들기 TIP〉

- 원하는 꽃 누르미 꽃을 골라 연필꽂이에 붙이는 활동으로 꽃 누르미용 투명 테이프를 이용한다.
- 누르미용 꽃은 유아들과 함께 책갈피에 들꽃을 끼워 말려 사용한다.
- 꽃 누르미용 투명 테이프가 잘 안보이게 하기 위해서는 연필꽂이가 투명 또는 반투명인 것이 좋다.

4) 책갈피

[책갈피 만들기 재료]

둥근 나무판

다양한 종류의 곡식

가죽 끈

구슬

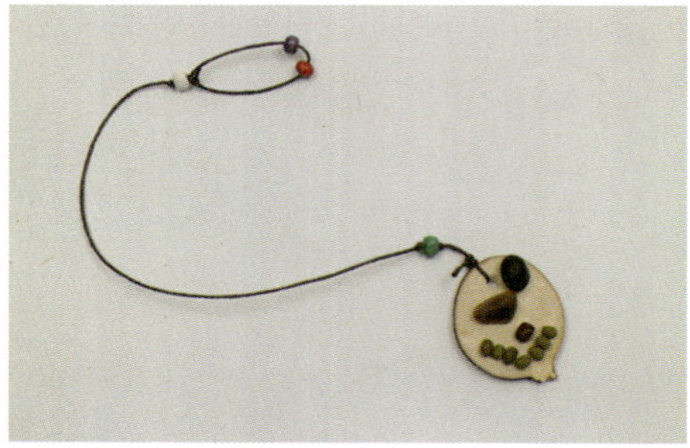

〈만들기 TIP〉

- 유아들과 책갈피의 쓰임새에 대해 충분한 이야기를 나눈 후 활동을 진행한다.
- 둥근 모양의 나무판에 구성을 할 때 쓰임과 사용에 맞게 구성할 수 있도록 지도한다.
- 책갈피로 활용하면서 쉽게 떨어지지 않도록 평면이 많은 재료(부착할 면이 많은 재료)를 사용하여 구성하도록 한다.
- 책갈피의 끈은 책의 너비를 고려하여 잘라 사용한다.
- 끈의 구슬을 유아들이 직접 끼워 볼 수 있지만 연령에 따라서는 교사가 미리 끼워 놓은 끈을 활용하도록 한다.

5) 부채

[부채 만들기 재료]

부채

한지

〈만들기 TIP〉

- 반상품화 부채를 구입하여 사용한다. 연령에 따라 부챗살과 한지를 따로 구입하여 부채를 먼저 만드는 활동부터 진행할 수 있다.
- 부채 구입시 접히는 부채와 접히지 않은 부채가 있다. 종류를 살펴보고 활동에 맞게 선택하여 사용한다.
- 부채를 꾸밀 때 연령에 따라 단순하게 찢어 붙일 수도 있지만 다양한 모양을 구성하며 붙여 볼 수 있다.

6) 핸드폰 줄, 열쇠고리

[핸드폰 줄, 열쇠고리 재료]

구멍 뚫린 나무판

둥근 나무판

얇은 나뭇가지

비스듬히 자른 나뭇가지

핸드폰 줄

〈만들기 TIP〉

- 둥근 나무판 또는 구멍 뚫린 나무판에 나뭇가지로 구성할 때 사용시 떨어짐이 덜하도록 반입체 구성물을 잘 부착하도록 한다.
- 꾸미기 전에 구멍을 먼저 뚫도록 한다.

7) 지끈 목걸이

[지끈 목걸이 재료]

구멍 뚫린 둥근 나무판

비스듬하게 자른 나뭇가지

지끈 등

〈만들기 TIP〉

- 둥근 나무판 나뭇가지와 비스듬하게 자른 나뭇가지 등으로 구성하는 것으로 둥근 나무판에 반입체 구성물을 잘 부착하도록 한다.
- 끈의 종류에 따라 느낌이 다르므로 끈을 신중하게 선택하도록 한다.
- 밋밋할 수 있는 끈에는 한지로 모양을 만들어 붙여 포인트를 준다.

8) 솔방울 반지

[솔방울 반지 만들기 재료]

작은 솔방울

반지용 링

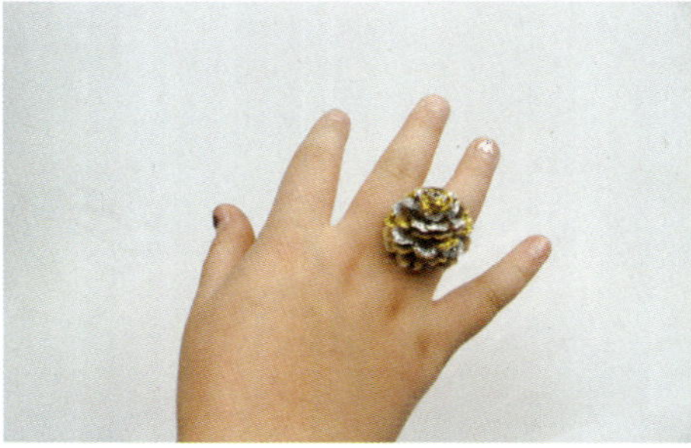

〈만들기 TIP〉

- 밋밋하다고 생각되는 솔방울에는 반짝이풀로 꾸며 주면 더 포인트가 된다.
- 솔방울 작은 것 여러 개로 모양을 꾸며 만들어도 좋다.
- 솔방울 이외에 메타세콰이어 열매, 은행, 도토리 등을 이용해서 반지를 만들 수 있다.

9) 으아리씨 브로치

[으아리씨 브로치 만들기 재료]

으아리씨

브로치 핀

〈만들기 TIP〉

- 으아리씨는 원형으로 감아서 사용해야 자연스런 꽃모양으로 보인다.
- 브로치 핀으로 붙일 때 감겨진 으아리씨의 어느 쪽을 뒷면으로 할지를 잘 고려한다.

10) 냉장고 자석

[냉장고 자석 만들기 재료]

동그란 나무판

나뭇가지

오려 쓰는 자석

〈만들기 TIP〉

- 냉장고 자석으로 사용되는 것은 반입체로 만들어지는 것이 좋다.
- 자석은 원형 자석보다 오려 쓰는 자석을 사용하여 크기에 맞게 잘라 사용하도록 한다.
- 오려 쓰는 자석이 원형보다 접착력이 더 좋다.

자연물 재료의 특징, 보관, 활용 Tip

03

자연에서 얻을 수 있는 재료는 다양하지만 여기서는 교사로서 참고할 만한 내용을 중심으로 일상생활 속에서 쉽게 얻을 수 있는 재료를 씨앗, 열매, 잎, 줄기, 껍질 등으로 구분하여 제시하였다.

1. 씨앗

사진 / 이름	내용
 서리태/ 쥐눈이콩	※ 껍질은 검은색이고, 속은 파란색을 가진다. 10월경에 서리를 맞은 후에 수확하기 때문에, 서리를 맞아가며 자란다고 하여 서리태라는 명칭이 붙여졌다. 서리태와 비슷한 이름의 서목태는 모양이 작고 둥글둥글한 쥐의 눈을 닮았다고 하여 쥐눈이 콩이라고 부른다(두산백과).
	※ 보관 : 벌레가 쉽게 생기기 때문에 적당히 말린 콩을 비닐 봉지에 넣어 전자레인지에 30초~1분 정도 돌린 후 다시 잘 건조시켜 페트병 등에 넣어 습기가 안 들어가도록 보관한다.
	※ 활용 : 다양한 작품에 활용 가능 (눈, 코, 입, 액자꾸미기, 문패 만들기, 다양한 배경 꾸미기, 개미 등)
	※ tip : 만들기 재료이므로 벌레가 먹었거나, 모양이 망가진 것도 좋은 작품 소재가 될 수 있으므로 그런 콩을 활용한다.

사진 이름	내용
 대두 (메주콩)	※ 콩과의 일년생 초본의 열매인데 모양이나 색에 따라 노란콩 또는 백태라고도 부르며 장을 담그는 기본 재료인 메주를 만드는 데 쓰여 메주콩이라고도 한다(네이버 지식백과).
	※ 보관 : 벌레가 쉽게 생기기 때문에 적당히 말린 콩을 비닐 봉지에 넣어 전자레인지에 30초~1분 정도 돌린 후 다시 잘 건조시켜 페트병 등에 넣어 습기가 안 들어가도록 보관한다.
	※ 활용 : 다양한 작품에 활용 가능 (눈, 코, 입, 브로치, 애벌레 등)
	※ tip : 만들기 재료이므로 벌레가 먹었거나, 모양이 망가진 것, 반쪽으로 갈라진 것도 좋은 작품 소재가 될 수 있으므로 그런 콩을 활용한다.
 강낭콩	※ 콩과에 속하는 한해살이풀로 7~8월에 흰색이나 자주색의 꽃이 핀 후 납작한 원통형의 꼬투리 속에 강낭콩 열매가 생긴다. 콩의 색이 자주색으로 선명하다. (출처: 두산백과)
	※ 채집 및 보관 : 수확한 후 그늘에 완전히 소리가 날 정도로 말린 후 비닐 봉지에 넣어 전자레인지에 30초~1분 정도 돌린 후 다시 잘 건조시켜 페트병 등에 넣어 습기가 안 들어가도록 보관한다.
	※ 활용: 다양한 작품에 활용 가능 (자연물로 얼굴 꾸미기, 동물 꾸미기, 브로치, 액자 만들기 등)
	※ tip : 시골에서 수확한 경우 강낭콩의 꼬투리도 잘 말려두면 좋은 작품 소재가 될 수 있으므로 활용한다.
 울타리콩	※ 울타리 밑에서 쑥쑥 잘 자라는 콩이라 해서 붙인 이름으로 강낭콩의 한 종류이다. 강낭콩과 비슷한 모양이지만 다양한 줄무늬와 색이 독특한 호랭이 울타리콩 등이 있다. (출처: 네이버 지식백과)
	※ 채집 및 보관 : 수확한 후 그늘에 완전히 소리가 날 정도로 말린 후 비닐 봉지에 넣어 전자레인지에 30초~1분 정도 돌린 후 다시 잘 건조시켜 페트병 등에 넣어 습기가 안 들어가도록 보관한다.
	※ 활용: 다양한 작품에 활용 가능 (자연물로 얼굴 꾸미기, 동물 꾸미기, 브로치, 액자 만들기 등)
	※ tip : 시골에서 수확한 경우 울타리 콩의 꼬투리도 잘 말려두면 좋은 작품 소재가 될 수 있으므로 활용한다.

사진 / 이름	내용
 녹두	※ 한해살이 녹두의 씨앗은 주로 밭에서 재배하며 녹두를 갈아서 빈대떡이나 녹두죽, 묵, 떡고물 등을 만들어 먹는다. 종자의 색깔에 따라 노란색, 녹색을 띤 녹색 녹두와 갈색, 검은 빛을 띤 갈색 녹두로 구분하지만 시중에는 녹색 녹두가 많다.
	※ 보관 : 그늘에서 잘 말린 후 비닐 봉지에 넣어 전자레인지에 30초~1분 정도 돌린 후 다시 잘 건조시켜 페트병 등에 넣어 습기가 안 들어가도록 보관한다.
	※ 활용: 다양한 작품에 활용 가능 (자연물로 얼굴 꾸미기, 동물 꾸미기, 브로치, 핸디코트 액자 만들기 등)
	※ tip : 시골에서 수확한 경우 녹두의 꼬투리도 잘 말려두면 좋은 작품 소재가 될 수 있으므로 활용한다.
 팥	※ 콩과에 속하는 일년생 초본식물로서 우리나라에서는 소두(小豆), 적소두(赤小豆)라고 부른다 열매로는 보통 팥밥을 지어 먹고, 팥고물, 팥소로도 많이 쓰이며, 동짓날에는 팥죽을 쑤어 시절 음식으로 먹었으며 문짝에 뿌려서 액운을 막기도 하였다. (출처: 한국민족문화대백과).
	※ 보관 : 그늘에서 잘 말린 후 비닐 봉지에 넣어 전자레인지에 30초~1분 정도 돌린 후 다시 잘 건조시켜 페트병 등에 넣어 습기가 안 들어가도록 보관한다.
	※ 활용: 다양한 작품에 활용 가능 (자연물로 얼굴 꾸미기, 동물 꾸미기, 브로치, 콜라주, 핸디코트 액자 만들기 등)
	※ tip : 만들기 재료이므로 벌레가 먹었거나, 모양이 망가진 것도 좋은 작품 소재가 될 수 있으므로 그런 팥을 활용한다.
 잣	※ 잣나무의 솔방울처럼 생긴 구과(毬果)에 들어 있는 열매로 실백(實柏), 송자(松子), 백자(柏子)라고도 하며 껍질은 단단하며 알맹이는 기름기가 많고 고소하다. 식용(죽, 부럼)뿐만이 아니라 약용(약술, 한약재)으로 사용된다. (출처: 두산백과)
	※ 보관 : 비닐 봉지에 넣어 전자레인지에 30초~1분 정도 돌린 후 다시 잘 건조시켜 페트병 등에 넣어 습기가 안 들어가도록 보관한다.
	※ 활용: 다양한 작품에 활용 가능 (브로치, 콜라주, 핸디코트 액자 만들기 등)
	※ tip : 만들기 재료이므로 잣 알갱이가 없는 쭉정이나, 모양이 작은 것도 좋은 작품 소재가 될 수 있으므로 그런 잣을 활용한다.

<table>
<tr><th>사진
이름</th><th>내용</th></tr>
<tr><td rowspan="4">
은행</td><td>은행나무의 암그루에서 10월 정도 황색으로 익는다. 열매 바깥쪽의 외과피(外果皮)는 다육성으로 고약한 냄새가 나고 만지면 피부가 가렵다. 따라서 외과피를 깨끗이 씻어낸 안의 열매를 식용으로 사용한다. 영양가는 높지만 많이 먹으면 중독을 일으키므로 주로 술안주나 신선로 등 음식 고명으로만 사용한다. (출처: 두산백과)</td></tr>
<tr><td>※ 채집 및 보관 : 외과피를 벗겨내고, 물에 깨끗이 씻어 냄새가 나지 않을 정도로 건조된 은행 알갱이는 비닐 봉지에 넣어 전자레인지에 30초~1분 정도 돌린 후 다시 잘 건조시켜 페트병 등에 넣어 습기가 안 들어가도록 보관한다.</td></tr>
<tr><td>※ 활용: 다양한 작품에 활용 가능
(브로치, 열쇠고리, 콜라주, 핸디코트 액자 만들기 등)</td></tr>
<tr><td>※ tip : 열쇠고리를 만들기 위해서는 외과피를 벗긴 후 깨끗이 씻은 후(껍질이 덜 단단할 때)에 작은 송곳으로 구멍을 미리 뚫어 놓으면 껍질이 깨지지 않아 나중에 열쇠고리로 만들기에 적절하다.</td></tr>
<tr><td rowspan="4">
도토리</td><td>※ 갈참나무, 졸참나무, 물참나무, 떡갈나무 등 참나무과의 나무 열매를 통틀어 모두 도토리라고 한다). 도토리의 모양과 깍정이는 나무의 종류마다 그 모양과 크기가 다르다. (출처: 네이버사전)</td></tr>
<tr><td>※ 채집 및 보관 : 가장 빨리 벌레가 생기는 열매이므로 도토리가 떨어지는 계절에 벌레가 안 먹은 깨끗한 것으로 수확한다. 수확한 후 바로 비닐 봉지에 넣어 전자레인지에 30초~1분 정도 돌린 후(너무 오래 돌리면 껍질이 터지므로 주의) 다시 잘 건조시켜 페트병 등에 넣어 습기가 안 들어가도록 보관한다. 도토리 깍정이는 물에 깨끗이 씻어 흙을 없앤 후 전자레인지로 돌려서 보관한다. 전자레인지에 너무 오래 돌리면 도토리 깍정이가 갈라져 사용할 수 없게 되므로, 도토리 깍정이가 뜨겁게 될 정도면 된다.</td></tr>
<tr><td>※ 활용: 다양한 작품에 활용 가능
(팽이 만들기, 브로치, 부엉이 눈, 핸디코트 액자 만들기, 솟대 구성 재료 등)</td></tr>
<tr><td>※ tip : 도토리와 도토리 깍정이는 모양과 크기 별로 분류하여 보관하면 다양한 작품 소재로 활용할 수 있다.</td></tr>
<tr><td>
땅콩</td><td>※ 콩과 식물인 땅콩은 땅 속에서 열매를 맺는다. 땅콩은 낙화생(落花生)이라고도 한다. 落-떨어질 낙, 花-꽃 화, 生-날 생, 즉 꽃이 떨어져서 생긴다는 뜻인데, 이는 땅콩의 열매 맺는 특이한 방법 때문이다. 일반적인 꽃은 꽃의 씨방부분이 변해 열매가 되는 것이 대부분이지만 땅콩은 꽃이 가루받이가 끝나면 씨방자루의 밑이 길게 뻗어 나와 땅속을 파고 들어 땅속에서 열매를 맺는다. 그래서 꽃이 떨어져서 생긴다는 낙화생이라는 이름이 붙었다(네이버 지식in). 적갈색의 씨는 한 꼬투리에 1~3개 정도가 들어 있으며 모양은 타원 혹은 긴 타원형이다.</td></tr>
</table>

사진 이름	내용
 땅콩	※ 채집 및 보관 : 땅콩 껍질 채 수확하면 땅콩 껍질을 잘 까서 땅콩 열매만 비닐 봉지에 넣어 전자레인지에 30초~1분 정도 돌린 후(너무 오래 돌리면 반으로 쪼개지거나 밖의 껍질이 벗겨지므로 주의) 다시 잘 건조시켜 페트병 등에 넣어 습기 가 안 들어가도록 보관한다.
	※ 활용: 다양한 작품에 활용 가능 (개미 만들기, 핸디코트 액자 만들기, 반으로 잘라 평면 구성 재료로 활용 등)
	※ tip : 땅콩 껍질 채 수확하면 땅콩 꼬투리를 반으로 잘 까서 땅콩의 꼬투리도 잘 말려두면 좋은 작품 소재로 활용될 수 있다(꼬투리가 덜 말라있을 때는 부서지지 않게 반으로 잘 쪼갤 수 있다).
 고추씨	※ 가지과의 한해살이풀인 고추는 긴 원뿔모양으로 처음에는 초록색이나 익으면서 빨개지며 주로 잎과 열매를 식용한다. 예로부터 악귀를 쫓는다고 믿어서 장을 담글 때 빨간 고추를 함께 넣거나 아들을 낳으면 왼새끼줄에 빨간 고추를 매달기도 했다. 노란색의 고추씨는 납작하고 둥그스름하다.
	※ 채집 및 보관 : 마른 고추씨는 맵기 때문에 약간의 세제를 넣은 물에 넣어 매운 냄새와 고추씨에 붙어 있는 고추 등을 제거할 수 있도록 불린다. 하루 정도 지난 후 물로 여러 번 깨끗이 씻어 채에 건져 물기를 빼낸 후 종이를 깔고 잘 말린다. 잘 건조된 고추씨는 페트병 등에 넣어 습기가 안 들어가도록 보관한다.
	※ 활용: 다양한 작품에 활용 가능 (해 표현, 꽃의 수술 표현, 꽃 만들기, 브로치 포인트 구성 등)
	※ tip : 고추씨는 미술 재료로 쓰기 위해서는 처리 과정이 복잡하고, 시간도 소요되므로 한꺼번에 많이 준비해두면 오랫동안 사용할 수 있어 편리하다.
 호박씨	※ 잎과 줄기 그리고 열매를 다 먹는 호박은 박과의 모든 덩굴채소를 말한다. 연노랑색 껍질에 싸여 있는 납작한 모양의 흰색 씨는 영양도 좋고 맛도 있어 식용으로 사용되어 왔다.
	※ 채집 및 보관 : 가을에 잘 익은 늙은 호박에서 호박씨를 꺼낸 후에 물에 잘 씻어 호박씨에 붙어 있는 호박의 끈끈함 등을 제거한다. 물에 여러 번 깨끗이 씻더 채로 건져 물기를 빼낸 후 종이를 깔고 잘 말린다. 잘 건조된 호박씨는 비닐 봉지에 넣어 전자레인지에 30초~1분 정도 돌린 후(너무 오래 돌리면 호박씨 색이 갈색이 되거나 검게 타므로 주의) 다시 잘 건조시켜 페트병 등에 넣어 습기가 안 들어가도록 보관한다.
	※ 활용: 다양한 작품에 활용 가능 (브로치, 꽃, 잎사귀, 작은 물고기, 콜라주, 다양한 꾸미기 활동 등)
	※ tip : 호박도 종류에 따라 다양한 모양과 색깔의 호박씨가 있으므로 주변에서 호박을 먹을 때 준비하도록 한다.

사진 이름	내용
 산수유 씨	※ 층층나무과의 낙엽교목인 산수유는 3~4월에 잎이 나기 전에 노란 꽃이 피며, 타원형의 산수유 열매는 8~10월에 녹색에서 붉은 색으로 익는다. 산수유 열매는 긴 타원형이며, 약간의 단맛과 함께 떫고 강한 신맛이 난다. 10월 상강 이후에 수확하는데 육질과 씨앗을 분리하여 육질은 술과 차 및 한약의 재료로 사용한다. 산수유 열매 씨는 독성이 있어 식용할 때는 제거한다.
	※ 채집 및 보관 : 늦은 가을 수확한 산수유는 씨와 열매살(과육)을 분리한 후에 물에 담궜다가 수세미로 산수유 씨에 붙어 있는 산수유 열매살의 끈끈함 등을 제거한다. 물에 여러 번 깨끗이 씻어 채로 건져 물기를 빼낸 후 종이를 깔고 잘 말린다. 잘 건조된 산수유 씨는 페트병이나 유리병 등에 넣어 습기가 안 들어가도록 보관한다.
	※ 활용: 다양한 작품에 활용 가능 (브로치, 꽃, 잎사귀, 작은 물고기, 콜라주, 다양한 꾸미기 활동 등)
	※ tip : 산수유에서 씨를 분리할 때는 햇볕에 1주일 혹은 따뜻한 방에 3일 정도 건조시킨 뒤 한 손으로 잡고 구멍을 내어 밀어주면 된다. 대량으로 제거해야 할 경우 페트병이나 계란 집에 드라이버나 대못으로 칸칸마다 구멍을 뚫어 산수유 뾰족한 부분을 구멍에 대고 쑥 누르면 씨앗이 페트병이나 계란 집으로 떨어져 쉽게 열매살과 씨를 분리할 수 있다. 씨가 분홍색으로 육질의 색을 품고 있어 다양한 작품에 활용도가 높다.
 자두씨	※ 자두나무, 오얏나무의 열매로 복숭아보다 작고 표면은 털이 없이 매끈한 달걀 모양으로 열린다. 보라색으로 잘 익은 열매를 먹고 나면 씨가 나온다.
	※ 채집 및 보관 : 자두 씨는 열매살(과육)과 분리한 후에 물에 담갔다가 수세미로 씨에 붙어 있는 자두 열매살(과육)의 끈끈함 등을 제거한다. 물에 여러 번 깨끗이 씻어 채에 건져 물기를 빼낸 후 종이를 깔고 잘 말린다. 잘 건조된 자두 씨는 페트병이나 유리병 등에 넣어 습기가 안 들어가도록 보관한다.
	※ 활용: 다양한 작품에 활용 가능 (거북이 등딱지, 브로치, 꽃, 콜라주, 다양한 꾸미기 활동 등)
	※ tip : 자두 씨는 많이 모으기가 쉽지 않으므로 간식이나 후식으로 먹게 되면 신경 써서 씨를 모아 활용하도록 한다. 그러나 삼킴 사고가 나지 않지 않도록 유의한다. 그러므로 유아들을 대상으로 자두를 줄 때는 사전에 씨를 빼고 열매살(과육)만 주도록 한다.

사진 이름	내용
 매실 씨	※ 장미과의 매화나무 혹은 매실나무 열매로 과거에는 정원수나 약재로 써 왔지만 현재는 주로 장아찌, 잼, 주스, 차나 정과를 만들어 먹는다. 씨는 독성이 있을 수 있다 하여 식용으로 사용할 때 모두 분리해 낸다.
	※ 채집 및 보관 : 매실 씨는 열매살(과육)과 분리한 후에 물에 오랜 시간 담갔다가 씨에 붙어 있는 매실 열매살(과육)을 완전히 제거한다. 물에 여러 번 깨끗이 씻어 채로 건져 물기를 빼낸 후 종이를 깔고 잘 말린다. 잘 건조된 매실 씨는 페트병이나 유리병 등에 넣어 습기가 안 들어가도록 보관한다.
	※ 활용: 다양한 작품에 활용 가능 (동물 등딱지, 브로치, 꽃, 콜라주, 다양한 꾸미기 활동 등)
	※ tip : 매실 씨는 한꺼번에 많이 모으기가 쉽지 않으므로 매실 차를 만드는 시기나 또는 매실액기스를 떠내는 시기 등에 씨를 모아 활용한다.
 신나무 씨	※ 신당나무, 시닥나무 등으로 불리우며 단풍나무과로 산과 들에서 약 8m까지 자란다. 잎은 대개 세 갈래로 갈라져 마주나며 톱니가 있다. 꽃은 노란색을 띤 흰색으로 5~7월에 피고 가을에는 잎이 붉게 물든다. 신나무의 열매는 시과(翅果)로 과피가 얇은 막 모양으로 돌출하여 날개를 이루어 바람을 타고 멀리 날아 흩어지는 열매이다(두산백과).
	※ 채집 및 보관 : 신나무 씨는 9월 이후에 채집이 가능하지만, 습기가 있는 채로 방치하면 진한 색으로 갈변한다. 고운 색의 씨가 필요할 때는 색이 초록과 분홍색을 띠고 있을 때 채집하여 습기 흡수가 잘 되는 흰 종이에 싸서 완전히 말리면 색의 갈변을 줄일 수 있다. 잘 말린 후에는 날개 부분이 부서지지 않도록 종이에 싸서 비닐 지퍼백에 넣어 상자 등에 넣어 보관한다.
	※ 활용: 다양한 작품에 활용 가능 (곤충의 날개, 꽃송이, 구름꽃, 다양한 장식에 활용)
	※ tip : 색의 변화가 된 것을 색깔별로 분류하여 보관하면 다양한 작품 소재로 활용할 수 있다.
 으아리 씨	※ 고추나물, 선인초, 마음가리나물이라고도 하는 덩굴성 풀이다. 흔히 꽃처럼 생긴 것이 꽃받침이고, 꽃은 꽃술처럼 가운데서 하늘을 향해 핀다. 열매는 여윈 열매(수과-瘦果)이며, 암술대에는 백색털이 좌우 날개처럼 밀생해 바람을 타고 널리 퍼져가는데, 9월경에 익는다. (출처: 네이버 지식백과).
	※ 채집 및 보관 : 9월~10월 경 꽃이 지고 난 후에 열매가 있는 깃털모양의 암술대에 있는 것이 백색털로 되기 전에 채집하여 이를 잘 말려 작품에 활용한다. 다 마르면 모양이 눌려지지 않도록 상자에 넣어 보관한다.
	※ 활용: 다양한 작품에 활용 가능 (브로치 등 장신구, 바람 등)
	※ tip : 으아리 씨를 채집하여 건조시킬 때는 자연스러운 모양으로도 말리고, 모양을 잡아서 원형으로 돌려 말아 말리면 다양한 형태의 모양으로 만들 수 있다.

■ 씨앗을 활용한 작품 예시

강낭콩을 활용한 동물 눈

녹두를 활용한 동물 눈

서리태를 활용한 동물 눈

고추씨를 활용한 꽃밭

대두(메주콩)를 활용한 꽃

잣을 활용한 해

팥을 활용한 동물의 코

매실씨를 활용한 거북이

2. 열매

사진 이름	내용
 하수오 열매	※ 마디풀과의 덩굴성 풀로 약용으로 가꾼다. 가늘고 날씬한 씨방을 주로 사용하는데 아주 매끈하다.
	※ 채집 및 보관 : 씨방이 벌어지기 전에 채집하여 노란 고무줄로 고정시켜 씨방이 벌어져 씨방의 털이 날리지 않도록 잘 말린 후 상자 등에 넣어 보관한다.
	※ 활용: 다양한 작품에 활용 가능 (새의 날개, 자연물 연상그림, 동물의 뿔이나 꼬리 등)
	※ tip : 씨방이 벌어져 씨가 다 날아 간 열매 껍질도 다양한 날개 표현으로 만들 수 있으므로 다양한 색깔과 모양의 씨방을 채취한다.
 박주가리 열매	※ 박주가리과의 덩굴성 풀로 잎의 모양이나 나는 방식, 독성의 즙 등이 하수오와 비슷하다. 그러나 연한자주색 꽃이나 가늘고 긴 뿌리, 씨방의 모습은 다르다. 박주가리의 씨방은 표주박처럼 생기고 더 오동통하며 돌기가 있다.
	※ 채집 및 보관 : 하수오 씨방과 동일하게 씨방이 벌어지기 전에 채집하여 노란 고무줄로 고정시켜 씨방이 벌어져 씨방의 털이 날리지 않도록 잘 말린 후 상자 등에 넣어 보관한다.
	※ 활용: 다양한 작품에 활용 가능 (새의 날개, 배, 자연물 연상그림, 동물의 뿔이나 꼬리 등)
	※ tip : 씨방이 벌어져 씨가 다 날아 간 열매 껍질도 다양한 날개 표현으로 만들 수 있으므로 다양한 색깔과 모양의 씨방을 채취한다. 특히 시간이 오래 지나 씨방의 색이 검게 된 것도 다양한 작품 표현에 적절하므로 채집하여 잘 건조한 후에 활용한다. 씨방 안에 들어 있는 씨앗에는 날개가 많이 달려있어 열매가 익기 전에 바람을 타고 날아가므로 그 전에 채취해 고무줄로 고정시켜 놓는다.
 노박덩굴 열매	※ 노박덩굴과의 낙엽 덩굴나무로 산과 들의 숲속에서 10m 정도 자란다. 열매는 9~10월에 동그랗게 익어 벌어지는데 껍질은 노랗고 속은 붉은색이다. 겨울에도 떨어지지 않고 달려 있기 때문에 겨울열매라고도 한다.
	※ 채집 및 보관 : 노박덩굴은 나무 줄기이므로 전지 가위로 잘라 줄기와 함께 상자에 보관을 하고, 열매를 싸고 있던 노란 껍질은 마르면서 떨어지게 되므로, 노란 껍질만 별도로 페트병에 모아 보관한다. 붉은 열매는 덩굴 줄기에 붙어 있는 채로 잘 말려서 상자에 보관한다.
	※ 활용: 다양한 작품에 활용 가능 (다양한 장신구, 꽃꽂이, 핸디코드 액자 꾸미기, 장신구 꾸미기 재료 등)
	※ tip : 노박 덩굴 줄기의 구부러진 선 등은 다양한 작품 활용에 도움이 되므로, 줄기, 열매, 열매 껍질이 모두 다양하게 활용할 수 있는 좋은 재료이다.

사진 이름	내용
 꽈리 열매	※ 가지 과의 여러 해 살이 풀로, 초여름에 핀 황백색의 꽃이 진 뒤 열리는 꽈리는 꽃받침이 주머니 모양으로 자라서 열매를 완전히 둘러싼다. 꽈리는 붉게 익은 후 먹을 수 있는 장과(漿果)로서 열매 속에는 단단한 껍질로 싸인 씨앗이 하나 있다. (네이버지식백과)
	※ 채집 및 보관 : 꽈리 열매가 달린 줄기 째 가위로 끊어서 여러 개를 겹쳐 끈으로 줄기를 묶은 후 벽 등에 걸어 말린다. 완전히 건조된 후 상자 등에 담아 보관한다.
	※ 활용: 다양한 작품에 활용 가능 (꽈리 꽃, 모빌, 나뭇잎 왕관, 동물 만들기, 액자 만들기 등)
	※ tip : 시간이 오래 되어도 열매 껍질의 붉은 색이 변하지 않지만, 햇빛에 오래 노출되는 곳에 걸어두면 열매 껍질의 색이 바래지므로 완전히 건조시킨 후에는 상자에 보관한다. 꽈리 열매가 달린 줄기, 꽈리 열매 껍질, 꽈리 열매 모두 다양하게 활용할 수 있는 좋은 재료이다.
 스트로브 잣나무 솔방울	※ 소나무과의 늘푸른 바늘잎나무로 잎이 잣나무에 비해 가늘고 부드럽고 5개씩 한 묶음으로 되어 있다. 기다란 원통 모양이고 흔히 한쪽으로 구부러진 갈색 솔방울이 열매로 달리는데 익으면 벌어져서 씨앗은 떨어지고 빈 솔방울이 겨울까지 붙어 있다. 각종 공해에 강해 도심지의 조경 조림에 적합한 수종이다(네이버 지식백과).
	※ 채집 및 보관 : 스트로브 잣나무 솔방울은 도심에서도 쉽게 채집할 수 있는 솔방울이다. 채집 후 소금을 넣은 물에 삶거나 전자레인지에 1분 이상 돌려 붙어있던 이물질이나 벌레들이 없도록 한 후 상자 또는 비닐 봉투에 넣어 보관한다. 솔방울이므로 건조하게 되면 솔방울이 벌어져서 부피가 늘어나는 것을 감안해 보관 상자를 선택한다.
	※ 활용: 다양한 작품에 활용 가능 (용, 공룡, 조각으로는 꽃잎, 물고기 비늘, 나무 등)
	※ tip : 송진이 많아 끈적끈적하기 때문에 주운 것을 바로 쓰기에 가장 불편한 재료이다. 깨끗이 씻어 말렸다가 6개월 쯤 지나면 송진이 굳어 손에 덜 묻게 된다. 바로 써야 할 경우에는 전자레인지에 살짝 돌린 후 사용한다. 하지만 송진 때문에 비늘잎 가장자리에 생긴 하얀 무늬가 투명하게 변해 자연미가 떨어지는 단점이 있다. 또한 사람들이 많이 밟아서 모양이 변형된 것도 다양한 작품에 활용이 가능하므로 채집한다.
 메타세콰이어 열매	※ 측백나무과의 나무로서 가지는 옆으로 퍼지고 잎은 두 줄로 마주 나며, 끝이 뾰족하고 갈색 붉은색의 단풍이 든다. 열매는 구과(毬果)이고 둥근모양이며, 갈색으로 익으며 사이사이가 벌어져 날개가 달린 타원 모양의 종자가 나온다.(네이버 지식백과)
	※ 채집 및 보관 : 메타세콰이어 나무 아래에서 열매를 채집 후 전자레인지에 1분 이상 돌려 붙어 있던 벌레들이 없도록 한 후 상자 또는 비닐 봉투에 넣어 보관한다. 또한 나무에서 바로 떨어진 열매 안에 있던 씨가 쏟아져 나오므로 씨앗은 잘 건조시킨 후 페트병 등에 보관한다.
	※ 활용: 다양한 작품에 활용 가능 (팔찌, 브로찌 등 장신구, 요요, 모빌, 풍경, 생활소품의 꾸미기 등)
	※ tip : 나무에서 바로 떨어진 메타세콰이어 열매는 녹색이지만 점점 색이 갈색으로 변하게 되므로 녹색을 유지하고 싶을 때는 햇빛과 공기 접촉이 잘 안되도록 상자에 넣어 보관한다. 너무 오래된 열매는 작품을 만드는 과정 중에 부서지므로 가능한 최근의 열매를 줍도록 한다. 메타세콰이어 열매는 작고 모양이 아름다워 활용도가 높다.

사진 이름	내용
 소나무 솔방울	※ 소나무과의 나무로 바늘모양의 잎은 2개가 한 묶음(리키다 소나무는 3개)으로 달리며 솔방울은 공처럼 동그랗다. 2~3년 주기로 열매가 열린다.
	※ 채집 및 보관 : 솔방울은 도심에서도 쉽게 채집할 수 있다. 채집 후 소금을 넣은 물에 삶거나 전자레인지에 1분 이상 돌려 붙어있던 이물질이나 벌레들이 없도록 한 후 상자 또는 비닐 봉투에 넣어 보관한다. 제일 보관하기 쉬운 것이 솔방울이다. 솔방울은 오래 두어도 벌레가 나지 않는다.
	※ 활용: 다양한 작품에 활용 가능 (개구리, 새, 모빌, 요요, 브로치, 거북이 등, 벽걸이, 솔방울 가습기 등)
	※ tip : 최근에 떨어진 솔방울은 색이 황갈색으로 아름다우므로 너무 많이 채집해 보관하기 보다는 필요할 때마다 조금씩 채집한다. 또한 수분이 많으면 씨앗 보호를 위해 솔방울의 비늘이 오그라들기 때문에 천연 가습기로 활용할 수도 있다.
 가문비 솔방울	※ 익을수록 아래로 쳐지는 소나무과의 가문비나무는 검은 껍질을 가졌기 때문에 붙여진 이름이며, 지방에 따라 감비라고도 한다. 잎끝이 둥글며 뾰족한 바늘모양이다. 솔방울은 얇고 둥근 마름모 모양의 열매조각이 달린 길이 4~7.5cm 정도로 밝은 갈색이 되어 검은 갈색 씨앗을 품게 된다. (출처: 네이버 지식백과)
	※ 채집 및 보관 : 솔방울은 다른 솔방울과 유사하게 채집 후 소금을 넣은 물에 삶거나 전자레인지에 1분 이상 돌려 붙어있던 이물질이나 벌레들이 없도록 한 후 상자 또는 비닐 봉투에 넣어 보관한다.
	※ 활용: 다양한 작품에 활용 가능 (사슴의 몸통, 조각으로는 꽃잎, 물고기 비닐, 나무 등)
	※ tip : 최근에 떨어진 솔방울의 색이 황갈색으로 아름다우므로 너무 많이 채집해 보관하기 보다는 필요할 때마다 조금씩 채집한다. 또한 수분이 많으면 씨앗 보호를 위해 솔방울의 비늘이 오그라들기 때문에 천연 가습기로 활용할 수도 있다.
 잣	※ 소나무과 침엽수로 홍송(紅松)이라고도 한다. 잎은 가지 끝에 5개씩 달리고 열매는 구과(毬果)로 긴 달걀 모양이며 실편 끝이 길게 자라서 뒤로 젖혀진다. 잣나무 솔방울의 뒤로 젖혀진 단단한 껍질(날개)을 벗기면 마름모에 가까운 타원모양 갈색의 잣이 나온다. (출처: 두산백과)
	※ 채집 및 보관 : 산에 가면 청솔모나 다람쥐가 먹다가 남긴 잣 솔방울을 채집해 전자레인지에 살짝 돌려 벌레가 없도록 한 후 비닐 봉투나 상자에 담아 보관한다.
	※ 활용: 다양한 작품에 활용 가능 (핸디코트 액자 꾸미기, 자연물로 동물 만들기, 꽃, 브로치 등)
	※ tip : 송진이 많아 끈적끈적하기 때문에 주운 것을 바로 쓰기에 가장 불편하다. 깨끗이 씻어 말렸다가 6개월 쯤 지나면 송진이 굳어 손에 덜 묻게 된다. 바로 써야 할 경우에는 전자레인지에 살짝 돌린 후 사용한다. 잣 날개를 하나씩 떼어 낼 때는 면장갑을 끼고 떼어내고 잣을 꺼낸 후 잣 날개를 따로 보관하면 다양한 작품에 활용할 수 있다.

사진 이름	내용
 치자 열매	※ 하얀 꽃과 붉은 꽃이 주로 피며 진한 꽃향기가 좋다. 열매는 달걀을 거꾸로 세운 모양으로 9월에 주황색으로 익는다. 약용으로도 쓰이고 음식(빈대떡, 전, 떡 등)과 원단 염색제로 쓰인다.
	※ 보관 : 약초상에서 건조된 치자를 구입한 후, 실온에 오래 두면 검게 변색되므로, 유리병에 보관하거나 냉동고에 보관한다.
	※ 활용: 다양한 작품에 활용 가능 (염색, 씨앗을 흩뿌려 배경 만들기 등)
	※ tip : 매염제 없이 염색할 수 있으나 변색이 잘 된다.
 밤	※ 밤나무의 열매로 뾰족한 가시가 있는 송이에 쌓여 있다. 연갈색의 껍데기와 얇고 떫은 맛의 속껍질 속에 밤이 들어 있다,
	※ 채집 및 보관 : 가장 빨리 벌레가 생기는 재료이다. 줍거나, 사온 즉시 굵은 소금을 녹인 물에 한 시간 담가둔 후 꺼내 서늘한 공간에서 말린 뒤 전자레인지에 돌린 후 말려 보관한다. 또는 냉장고에 보관한다.
	※ 활용: 다양한 작품에 활용 가능 (얼굴, 꽃잎, 물고기 몸 등)
	※ tip : 밤을 야외 또는 산에서 채집할 수 있는 상황에서는 밤 쭉정이도 함께 주우면 소꿉놀이용 숟가락도 만들 수 있고, 도미노 놀이 등 다양한 작품과 활동을 만들어 활용할 수 있다.
 마로니에	※ 서양 칠엽수라고 부르는 마로니에는 프랑스어로 '밤'이라는 뜻이며 한국에서는 '말밤'이라고 한다. 나무열매의 모양이 밤과 비슷하기 때문이다. 겉껍질은 엄청 단단하고 광택이 나는 갈색의 호두 같은 열매이며, 가시가 날카롭고 다 익으면 밤송이처럼 벌어져서 알맹이가 나무 아래로 떨어진다. 독성이 있어 밤처럼 식용할 수 없고 약재로 사용한다.
	※ 채집 및 보관: 채집 후 그늘에서 잘 말린 후 습기가 들어가지 않도록 뚜껑이 있는 통에 보관한다.
	※ 활용: 다양한 작품에 활용 가능 (동물 얼굴, 동물 귀, 동물 몸 등)
	※ tip : 주운 것을 바로 쓰기에 가장 편한 재료이다. 전자레인지에 살짝 돌린 후 건조시켜 보관한다. 겉의 껍질도 작품에 활용이 가능하므로 껍질도 함께 채집한다.

사진 이름	내용
 도꼬마리	※ 햇빛이 잘 드는 들판이나 빈터에서 나는 국화과의 한해살이풀로 줄기는 곧게 자라고 거센 털이 빽빽하게 나 있다. 타원 모양의 열매에는 갈고리 같은 가시가 많이 나 있어 사람의 옷이나 짐승의 털에 달라붙어 씨앗을 멀리 퍼뜨린다(네이버 지식백과). 1948년 스위스의 발명가 게오르게 데 마에스트랄은 도꼬마리 열매에 있는 갈고리 모양의 가시를 보고 단추나 끈보다 더 쉽게 붙였다 떼었다 할 수 있는 '벨크로'(일명 찍찍이)를 발명하였다. 보통 열매 속에는 2개의 씨앗이 들어있다. (출처: zum 학습백과)
	※ 채집 및 보관 : 채집할 때 녹색인 것이 건조되면 갈색으로 변한다. 채집하면 전자레인지에 잠깐 돌려 건조한 후 상자에 보관한다.
	※ 활용: 다양한 작품에 활용 가능 (곤충의 몸통, 브로치, 물고기 비닐 등)
	※ tip : 완전히 마른 도꼬마리는 갈고리 모양의 가시가 제법 따가워 매끄러운 장갑을 끼고 채집한다.

■ 열매를 활용한 작품 예시

솔방울을 활용한 꽃

꽈리를 활용한 자연물 왕관

스트로브잣나무 솔방울을 활용한 액자

가문비 솔방울을 활용한 사슴

노박덩굴 열매를 활용한 집게

박주가리 열매를 활용한 새의 날개

3. 줄기

이름 사진	내용
 억새	※ 산이나 들에서 자라는 벼과의 여러해살이풀로 잎이 날카로워 베이기 쉽다. 줄기 속은 차 있고, 잎에는 하얀 색의 잎맥이 있고, 꽃은 밝은 갈색 또는 은색으로 핀다. 줄기가 억세고 질겨서 억새라는 이름이 붙었다고도 한다.
	※ 채집 및 보관 : 줄기가 억세고 질기므로 전지 가위로 줄기를 잘라 채집하고, 줄기 부분과 끝의 잎 부분은 밖에서 충분히 말린 후 비닐 봉지에 넣어 보관한다.
	※ 활용: 다양한 작품에 활용 가능 (동물의 털이나 꼬리, 공작새의 깃털, 사람의 머리, 시냇물, 마녀 빗자루, 자연물 붓, 풀씨를 훑어 뿌려 눈 오는 모습, 구름 표현하기 등)
	※ tip : 채집할 때 억새 끝의 꽃이 펴서 주변에 날리기 때문에 채집한 후 손으로 꽃 부분을 훑어 보관한다(갈대와 억새의 차이점 참고).
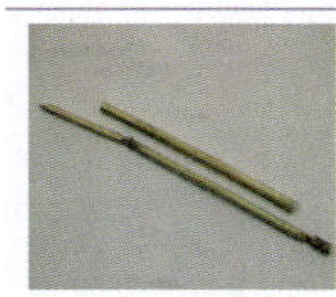 수수 줄기 (수수깡)	※ 수수의 줄기는 수수깡이라고도 한다. 9~10월에 원형이나 타원형의 수수들이 줄기 끝에 나온 이삭에 모여 달려서 흰색, 갈색, 붉은색 등 다양한 색으로 익는다. 속이 성근 줄기는 처음에는 녹색이지만 붉은 갈색으로 변한다.
	※ 채집 및 보관 : 수수 알곡을 수확한 후 수수 줄기는 전지가위 또는 톱으로 수숫대를 적당한 길이로 자른다. 자른 수수깡은 굵기와 크기별로 분류하여 건조시킨 후 비닐봉투에 담아 보관한다.
	※ 활용: 다양한 작품에 활용 가능 (동물의 다리, 풀각시 인형의 몸, 목걸이, 꽃의 대나 고정을 위한 재료 등)
	※ tip : 수수깡은 마디가 있어 필요에 따라 마디를 전후해서 자르거나, 마디 부분을 위 아래로 남겨두고 자른다. 예를 들면 수수깡을 활용한 총채(먼지털이)를 만들 때는 마디가 있어야 뒤로 돌려 묶을 때 빠져 나오지 않는다. 또한 너무 마른 후에 자르면 수수깡이 부서지거나, 깔끔하게 잘라지지 않으므로, 습기가 있을 때 잘라 그늘에서 말려 보관한다.

이름 사진	내용
 호밀 대	※ 벼과에 1년생 식물로 1~2m 정도 자라며 최근에는 지력 증진을 위한 녹비용으로 호밀을 재배한다. 호밀은 푸른 들의 경관은 물론 산소 공급, 탄산가스 제거 등의 환경정화 기능도 있으며, 또한 유기질 비료로서의 효과와 토양미생물의 서식처 및 토양 물리성 개선 효과가 크다. (농식품백과사전)
	※ 채집 및 보관 : 호밀은 이삭이 나오는 시기부터 줄기가 단단해지는 현상이 빠르게 진행되므로 이삭이 나면 채집한다. 호밀 대를 전지가위로 잘라 채집한 후에는 굵은 소금을 녹인 물에 한 시간 정도 담가둔 후 꺼내 서늘한 공간에서 말린 뒤 보관한다. 속이 빈 줄기는 초록색일 때 채취하여 말리거나 수확한 후 채취해 말리면 아름다운 색의 호밀대를 얻을 수 있다.
	※ 활용: 다양한 작품에 활용 가능 (목걸이, 팔찌, 피리 만들기 등)
	※ tip : 호밀 대는 너무 마른 후에 자르면 부서지거나, 깔끔하게 잘라지지 않으므로, 습기가 있을 때 잘라 소금물에 담가 두었다가 건져 그늘에서 말려 보관하면 빨대로도 활용할 수 있다. 또한 호밀이 완전히 익기 전 이삭까지 채집하면 작품 활용 시 머리카락처럼 표현할 수도 있다.
 등나무	※ 오른쪽으로 감으면서 올라가는 콩과의 낙엽 덩굴식물인 등나무는 아주 굵고 크게 자란다. 그러므로 그늘을 만들기 위해 흔하게 심는 나무 덩굴이다. 연보랏빛의 꽃과 짙푸른 잎사귀가 좋은 등나무는 특별한 보살핌이 없어도 잘 자란다.
	※ 채집 및 보관 : 가지치기 한 등나무 덩굴을 전지 가위나 톱으로 적당한 길이로 잘라 채집한다. 너무 마른 후 자르면 잘 잘라지지 않으므로 가능한 수분이 많을 때 잘라 둔다. 특히 감고 올라가서 모양이 뒤틀어지거나 꼬여진 나무는 풀지 않고 그대로 가져와 잘 건조시켜 보관한다. 줄기가 긴 것은 둥글게 말아 끈으로 묶어 건조시켜 보관한다.
	※ 활용: 다양한 작품에 활용 가능 (리스, 화환, 장승, 솟대, 드림캐처, 뱀, 용, 공룡 등)
	※ tip : 리스용으로 사용할 경우 가지치기한 나무의 수분이 모두 건조되기 전에 원하는 모양으로 만들어 끈으로 고정시켜 건조한 후 사용한다.

■ 줄기를 활용한 작품 예시

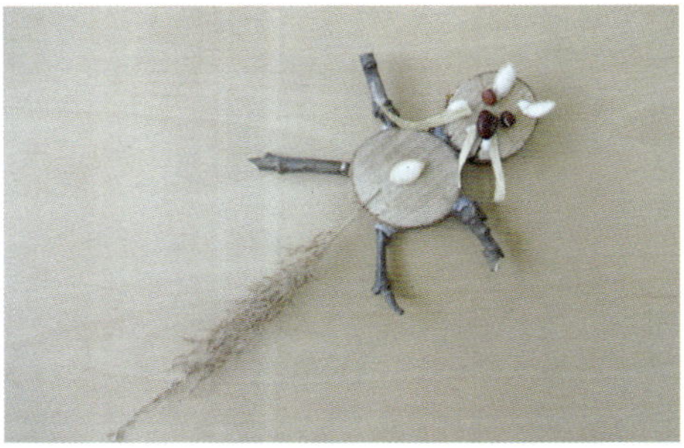

억새를 활용한 동물 꼬리

호밀대를 활용한 지점토 오방색 목걸이

등나무 줄기를 활용한 리스

등나무 줄기를 활용한 게시판

4. 껍질

사진 이름	내용
 땅콩껍질	※ 땅콩 꼬투리의 길이는 3~5cm 정도로 한 꼬투리 안에 2~3개의 땅콩이 들어있다. 껍질은 연갈색의 얇은 그물 무늬가 있으며 오톨도톨하다.
	※ 채집 및 보관 : 땅콩 껍질 채 수확하면 물로 깨끗이 씻어 종이 위에서 말려 보관한다. 또는 껍질을 까서 땅콩 열매를 뺀 경우에는 종이 상자에 보관한다.
	※ 활용: 다양한 작품에 활용 가능 (눈사람, 배, 벌레 몸통, 새 등)
	※ tip : 땅콩 꼬투리가 덜 말랐을 때 꼬투리를 반으로 쪼개야 덜 부서진다.
 오동나무열매 껍데기	※ 끝이 뾰족한 달걀 모양의 오동나무의 열매는 익으면서 껍질이 벌어져 씨가 튀어나온다. 껍질 안쪽은 두 개의 씨방으로 되어 있어 다양하게 사용할 수 있다.
	※ 채집 및 보관 : 오동나무 열매는 키 큰 교목이라 씨앗 구하기에 어려움이 많은 열매이다. 큰 비가 오고 난 후나, 태풍이 지나간 후 오동나무 주변에 가지가 부러져 있을 경우 채집할 수 있다. 오동나무 열매 안에는 노린재 알이 무척 많아 씨앗을 빼고 씻어서 보관한다.
	※ 활용: 다양한 작품에 활용 가능 (연상그림, 동물의 등딱지, 큰 꽃의 술 등)
	※ tip : 오동나무 열매와 줄기, 꼭지는 활용도가 높아 깨진 것도 채집할 수 있는 한 모아 보관한다.
 피스타치오 껍질	※ 그린 아몬드라고도 부르기도 하는 피스타치오의 과육을 제거한 흰 껍질을 주로 사용한다.
	※ 보관 : 껍질은 투명 그릇에 담아 보관한다.
	※ 활용: 다양한 작품에 활용 가능 (액자 꾸미기, 벌레, 브로치 등의 장신구, 꽃잎 등)

사진 이름	내용
 노박 덩굴 열매 껍질	※ 노박 덩굴과의 낙엽 덩굴나무로 산과 들의 숲속에서 10m 정도 자란다. 열매는 9~10월에 동그랗게 익어 벌어지는데 껍질은 노랗고 속은 붉은 색이다. 겨울에도 떨어지지 않고 달려 있기 때문에 겨울열매라고도 한다.
	※ 채집 및 보관 : 늦가을 노란 껍질이 벌어지기 전에 전지가위로 잘라 종이 상자에 보관을 하거나, 끈으로 묶어 벽에 걸어두어 말린다. 서서히 열매를 싸고 있던 노란 껍질이 벌어지게 되면서 노란 껍질이 떨어지게 되므로, 떨어진 노란 껍질만 별도로 페트병에 모아 보관한다. 붉은 열매는 덩굴 줄기에 붙어 있는 채로 잘 말려서 상자에 보관한다.
	※ 활용: 다양한 작품에 활용 가능 (다양한 장신구, 꽃꽂이, 핸디코드 액자 꾸미기, 장신구의 꾸미기 재료 등)
	※ tip : 노박 덩굴 줄기의 구부러진 선 등은 다양한 작품 활용에 도움이 되므로, 줄기, 열매, 열매 껍질 모두 다양하게 활용할 수 있는 좋은 재료이다.
 목련 겨울눈	※ 겨울눈이란 늦여름부터 가을에 걸쳐 생겼다가 겨울을 난 뒤 봄에 자라 잎이나 꽃이 되는 싹으로 비늘잎, 솜털 등에 싸인 것을 말한다.
	※ 채집 및 보관 : 연꽃을 닮은 나무인 목련의 겨울눈 껍질이 벗겨지면 겨울에 채집한 후 잘 말려서 상자에 보관한다.
	※ 활용: 다양한 작품에 활용 가능 (작은 새의 날개, 고치, 설치류 동물의 귀 등)
	※ tip : 다양한 겨울눈을 모아두면 새의 다양한 날개를 표현할 수 있다.
 옥수수 껍질/수염	※ 곧게 1.5~2.5m까지 자라는 옥수수는 식용뿐만이 아니라 껍질과 수염을 다양한 활동에 활용할 수 있다.
	※ 채집 및 보관 : 옥수수 겉껍질과 속껍질은 찌기 전에 벗긴 후 그늘에서 잘 말려 보관한다. 수염도 가지런히 모아 그늘에서 말려 완전히 건조되면 비닐봉지에 넣어 습기에 노출되지 않도록 보관한다.
	※ 활용: 다양한 작품에 활용 가능 (풀각시, 장신구, 매듭, 인형 머리, 인형 옷, 모빌, 연상그림 등)
	※ tip : 찌기 전에 벗겨 말려야 색도 곱고 냄새도 나지 않는다. 옥수수 껍질은 삶은 후 말리면 쉽게 쉬기도 하고, 말려도 색이 곱지 않다.

사진 이름	내용
 홍합	※ 살이 붉은 색이어서 홍합으로 불리는데 껍데기의 겉은 줄무늬가 있는 검은 색이지만, 속은 푸른색과 흰색으로 반짝인다.
	※ 채집 및 보관 : 음식으로 먹고 난 후에 홍합 껍질은 주방세제에 넣어 깨끗이 씻는다. 씻을 때 껍질이 깨지지 않도록 조심해서 씻고 물로 깨끗이 헹궈 물기가 없도록 잘 말려 껍질이 부서지지 않도록 상자 등에 넣어 보관한다. 요리하기 전에 껍질을 채집할 때는 홍합 수염을 가위로 자르거나 손으로 잡아당겨 떼어낸다. 껍질에 붙어있는 수염, 이물질 등도 서로 비벼 제거하거나 요리 솔이나 칫솔로 문질러 제거하고 깨끗이 닦는다. 닦는 과정 중 껍질 끝 부분은 얇기 때문에 깨지지 않도록 조심하고, 깨진 조각에 손이 베이지 않도록 비닐 장갑을 끼고 씻는다.
	※ 활용: 2개가 붙어 있는 홍합 껍데기 3쌍을 연결해 꽃 만들기, 나비, 물고기, 곤충 만들기, 아크릴 물감을 이용해 그림 그리기 등
	※ tip : 말린 홍합 껍질을 유아들과 함께 활동을 하기 전에 끝 부분이 깨진 곳이 없는지 하나씩 잘 살펴보고 제공한다.
 전복	※ 전복은 전복과의 조개로 껍데기는 1장으로 10~20cm 정도다. 푸른색이 감도는 갈색의 겉껍질은 물결 모양의 줄이 있다. 안쪽은 하얗고 진주광택이 난다. 자개나 단추 등의 재료로 사용된다.
	※ 채집 및 보관 : 음식으로 먹고 난 후에 전복 껍질은 주방세제에 넣어 깨끗이 씻는다. 씻을 때 칫솔이나 수세미로 씻은 후. 물로 깨끗이 헹궈 물기가 없도록 잘 말려 상자 등에 넣어 보관한다.
	※ 활용: 다양한 작품에 활용 가능 (4개 붙여 꽃, 목걸이, 다육식물 화분, 모빌, 전등 갓, 동물의 몸 등)
	※ tip : 요리 솔이나 칫솔을 이용해 깨끗이 닦고, 작은 경우에는 숟가락을 아래에서 위로 살짝 긁어내듯이 혹은 올리듯 밀어내면 깨끗하게 껍질이 분리된다.
 키조개	※ 곡식을 까부르는 키와 비슷하여 키조개라고 부른다. 삼각형 모양의 키조개의 껍데기는 회색, 녹색, 갈색, 황색 등이 섞여 있고, 안쪽은 검은 색이고 진주 광택이 있다.
	※ 채집 및 보관 : 음식으로 먹고 난 후에 키조개 껍질은 주방세제에 넣어 까끗이 씻는다. 씻을 때 칫솔이나 수세미로 키조개 안 껍질에 붙은 관자 찌꺼기 등을 제거한 후. 물로 깨끗이 헹궈 물기가 없도록 잘 말려 상자 등에 넣어 보관한다.
	※ 활용: 다양한 작품에 활용 가능 (곤충, 토토로 같은 상상의 동물, 다육식물 화분, 연상그림 등)
	※ tip : 껍질이 얇아 끝부분이 잘 부서지고 아주 날카로워 조심해야 한다.

사진 이름	내용
 대합	※ 달걀모양의 원뿔형으로 매끈매끈한 반투명의 막이 있는 겉은 회색, 황색, 갈색이고 세로무늬가 있으며, 안쪽은 하얀 색이다. (출처: 위키백과)
	※ 채집 및 보관 : 음식으로 먹고 난 후에 대합 껍질은 주방세제에 넣어 깨끗이 씻는다. 씻을 때 칫솔이나 수세미로 대합 안 껍질에 붙은 관자 찌꺼기 등을 제거하고, 겉껍질도 무늬가 있는 부분을 칫솔로 씻은 후. 물로 깨끗이 헹궈 물기가 없도록 잘 말려 상자 등에 넣어 보관한다
	※ 활용: 다양한 작품에 활용 가능 (나비, 모빌, 동물 만들기, 탁본 등)
	※ tip : 대합 껍질은 두껍기 때문에 무게가 있어 모빌로 만들 때는 매다는 끈은 튼튼한 것으로 해야 한다.
 모시, 바지락 조개	※ 껍데기 모양은 둥글고 두꺼우며 조개의 안쪽 주변이 톱니모양이다. 겉은 줄무늬가 있는 황갈색 검은 갈색 혹은 회갈색이고 안은 하얀 색이다.
	※ 채집 및 보관 : 음식으로 먹고 난 후에 조개 껍질은 주방세제에 넣어 깨끗이 씻는다. 씻을 때 칫솔이나 수세미로 안껍질에 붙은 관자 찌꺼기 등을 제거하고, 겉껍질도 무늬가 있는 부분을 칫솔로 씻은 후. 물로 깨끗이 헹궈 물기가 없도록 잘 말려 상자 등에 넣어 보관한다.
	※ 활용: 다양한 작품에 활용 가능 (리스, 액자, 문패 꾸미기, 나비, 모빌, 목걸이 등)
	※ tip : 모시조개는 모양도 색도 아름다워 활용도가 높다.
 가리비	※ 가리빗과의 모든 조개를 말한다. 껍데기는 커튼의 주름 모양이 있는 부채꼴로 불룩하고 둥글넓적하며 다른 한쪽은 판판하다.
	※ 채집 및 보관 : 음식으로 먹고 난 후에 조개 껍질은 주방세제에 넣어 깨끗이 씻는다. 씻을 때 칫솔이나 수세미로 안껍질에 붙은 관자 찌꺼기 등을 제거하고, 겉껍질도 무늬가 있는 부분을 칫솔로 씻은 후. 물로 깨끗이 헹궈 물기가 없도록 잘 말려 상자 등에 넣어 보관한다.
	※ 활용: 탁본, 목걸이, 작은 작품 전시배경, 이름표, 연상그림
	※ tip : 무늬가 독특하고 두께도 적절하여 구할 수 있는 대로 모아두면 활용도가 높다.

■ 껍질을 활용한 작품 예시

피스타치오 껍질을 활용한 브로치

대합, 바지락을 활용한 인형

땅콩껍질을 활용한 코끼리 귀

옥수수 껍질을 활용한 물고기

5. 기타 재료

사진 / 이름	내용
 다릅나무	※ 콩과의 결이 아름다운 다릅나무는 장신구나 예술작품, 가구 등을 제작하는 데 사용된다. 바깥쪽에는 흰 갈색, 가운데에는 연한 갈색, 중심에는 진한 갈색의 심이 있어 가위로 자르는 방향에 따라 다양한 무늬가 나타난다. 겉과 속이 달라서 '다릅'이라고 이름이 지어졌다는 유래가 전해지고 있다. (출처: 네이버지식 in).
	※ 채집 및 보관 : 초봄 가지치기를 한 나무 줄기와 가지를 구해서 눈이나 작은 부분을 표현하고 싶은 것은 완전히 마르기 전에 전지 가위로 잘라 보관한다. 마른 후 전지 가위로 자르면 부서지거나 갈라지기 때문에 습기가 있을 때 잘라서 말린 후 보관한다.
	※ 활용: 다양한 작품에 활용 가능 (동물의 눈, 꽃잎, 솟대의 대, 동물이나 곤충 몸의 무늬 등)
	※ tip : 껍질이 잘 벗겨진다.
 도토리 깍정이	※ 갈참나무, 졸참나무, 물참나무, 떡갈나무 등 참나무과의 나무 열매를 통틀어 모두 도토리라고 한다(네이버사전). 깍정이란 참나무과의 열매(도토리)밑을 둘러싸 받치고 있는 잔 모양의 받침을 말한다. 도토리의 모양과 깍정이는 나무의 종류마다 그 모양과 크기가 다르다. 떡갈나무, 졸참나무, 물참나무, 돌참나무 등 어느 나무의 도토리인지 깍정이를 보고 구별할 수 있다.
	※ 채집 및 보관 : 도토리 깍정이는 물에 깨끗이 씻어 흙을 없앤 후 전자레인지로 돌려서 보관한다. 전자레인지에 너무 오래 돌리면 도토리 깍정이가 갈라져 사용할 수 없게 되므로, 도토리 깍정이가 뜨겁게 될 정도면 된다.
	※ 활용: 다양한 작품에 활용 가능 (동물의 눈, 인형의 머리, 목걸이, 팽이, 향주머니 끈걸이 등)
	※ tip : 도토리 깍정이는 모양과 크기 별로 분류하여 보관하면 다양한 작품 소재로 활용될 수 있다.
 잣 쭉정이	※ 쭉정이란 껍질만 남고 속에 알맹이가 들어 있지 않은 곡식이나 과실 따위의 열매를 말한다. 잣 쭉정이는 잣나무의 열매 중 잣을 수확하고 남은 껍질을 말한다.
	※ 보관 : 잣 껍질 날개를 한 개씩 잘 떼어 낸다. 떼어 낸 잣 쭉정이는 전자레인지에 잠깐 돌린 후 잘 건조시켜 상자에 넣어 보관한다.
	※ 활용: 다양한 작품에 활용 가능 (동물의 머리, 날개의 쭉정이로 꽃잎·물고기의 비늘 등)
	※ tip : 쭉정이의 모양이 똑바르지 않은 것도 동물의 귀로 활용될 수 있으므로 모든 쭉정이를 활용한다.

 참깨 쭉정이	※ 참깨의 씨방은 4개로 털이 많다. 잘 익은 약 80여 개의 참깨가 채취되면 남게 되는 쭉정이는 종 모양으로 줄기와 함께 보관할 수도 있지만 쭉정이만 따로 모아 사용한다.
	※ 채집 및 보관 : 참깨를 다 털고 난 참깨 줄기를 바람이 잘 통하는 그늘에서 잘 말린다. 어느 정도 건조가 되면 쭉정이를 하나씩 떼어 부서지지 않도록 보관한다.
	※ 활용: 다양한 작품에 활용 가능 (꽃봉오리, 숲, 요정의 머리 등)
	※ tip : 참깨 쭉정이를 하나씩 떼어내고 난 뒤에는 비닐 봉지에 넣고 흔들어 쭉정이 안에 있는 깨를 털어내고 보관한다.
 후박나무 열매 쭉정이	※ 나무의 껍질이 염료와 약재로 쓰이고 목재는 가구, 선박의 재료로 쓰이는 후박나무의 열매는 도깨비 방망이 모양으로 익으면 빨간 씨앗이 나온다.
	※ 채집 및 보관 : 채집한 후 바로 전자레인지에 돌려 잘 건조시킨 후 상자에 넣어 보관한다. 씨앗과 씨앗을 빼고 난 쭉정이를 이용해 활동할 수 있다. 후박나무 열매는 쭉정이와 빨간 씨앗 모두 활용도가 높으므로 따로 따로 채집하여 보관한다.
	※ 활용: 다양한 작품에 활용 가능 (도깨비 방망이, 공룡의 꼬리 등)
 (줄)장미 열매	※ 우리나라에서는 5월 중순경부터 9월경까지 꽃이 피고, 꽃은 줄기 끝에 한 개 내지 여러 개가 피고 향기가 난다. 꽃이 지고 난 뒤에 빨간 열매가 열린다.
	※ 채집 및 보관 : 열매가 빨갛게 되면 전지 가위로 잘라 그늘에서 말려 보관한다. 장미의 가시가 있으므로 채집할 때 조심한다.
	※ 활용: 다양한 작품에 활용 가능 (꽃, 브로치, 액자 꾸미기 등)
	※ tip : 유아들에게 제시할 때는 가시가 없는 부분만 잘라 준다.
 애기똥풀	※ 줄기에서 나오는 노란 즙이 아기의 똥과 비슷하다고 하여 붙여진 이름이다. 봄에 산기슭이나 공원 등에서 쉽게 찾을 수 있는 4개의 노란 꽃잎을 가지고 있는 애기똥풀은 잎과 줄기 전체에 부드러운 털이 있다.
	※ 채집 및 보관 : 염색 활동을 위해 채집할 때는 가위로 잘라 채집한다. 손에 액이 묻어도 비누로 씻으면 다 지워진다.
	※ 활용: 관찰-채취-염색활동
	※ tip : 함부로 먹으면 탈이 날 수 있으므로 주의한다.

 꽃 누르미: 안개꽃	※ 꽃 누르미 또는 누름꽃이라고 불리는 압화는 여러 가지 꽃과 잎을 눌러서 말린 그림이다. 꽃과 잎 외에 식물의 줄기나 잎, 야채, 과일 등 다양한 재료를 활용할 수 있다.
	※ 채집 및 보관 : 주변에서 채집할 수 있는 꽃이나 잎 등을 모아 키친타올에 싸서 두꺼운 책 사이에 넣어 말린다. 잘 말린 후 흰 종이에 싸서 지퍼백에 넣어 보관한다.
	※ 활용: 편지지, 봉투, 카드, 책갈피, 각종 장신구 등 다양한 생활용품에 응용 가능
	※ tip : 꽃이나 잎의 변화를 알 수 있도록 유아들과 채집 후 말리는 과정을 함께 하는 것도 좋다.
 돌	※ 모래보다는 크고 바위보다는 작은 덩어리로 암석이라고 말한다.
	※ 채집 및 보관 : 주변에서 볼 수 있는 다양한 모양과 색, 크기가 다른 것을 채집한 후 깨끗이 물에 씻어 말린 후 보관한다.
	※ 활용: 다양한 작품에 활용 가능 (돌탑 쌓기, 돌을 이용해 그림 그리기, 문패나 액자꾸미기, 탁본, 핸디코드 꾸미기 등)
	※ tip : 너무 작아 삼킴 사고가 발생하거나 너무 무겁고 커서 다치지 않도록 주의하고, 유아에게 제시할 때는 깨끗이 씻어 말려 제공한다.

■ 기타 재료를 활용한 작품 예시

다릅나무를 활용한 동물의 눈

돌을 활용한 쥐

도토리 깍정이를 활용한 개구리

꽃 누르미를 활용한 연필꽂이

〈알아두면 좋은 상식!〉

열매(fruit)

수술의 꽃가루가 암술머리와 만나 수정을 한 후 씨방이 자라서 만들어진 것으로, 열매 속에는 보통 씨가 들어 있다. 씨를 싸는 부분을 과피라고 한다.

꼬투리(pod)

콩, 팥, 완두, 강낭콩 등과 같은 콩과 식물의 열매를 말한다. 콩과 식물이란 열매가 꼬투리 형태로 열리는 식물로, 꼬투리가 마르면 저절로 벌어져서 씨가 주위로 퍼져나가게 된다. 강낭콩의 꼬투리 안에는 네다섯 개의 강낭콩 씨가 들어 있다.

씨(seed)

식물의 열매 속에 있는 것으로, 장차 싹이 터서 새로운 개체가 될 부분을 말한다. 씨가 아닌 뿌리, 줄기, 잎으로 번식하는 식물도 있다. 사과, 배, 감은 열매를 먹은 동물의 배설물을 통해 씨를 퍼뜨린다.

식물의 이동

익은 열매 중 빨강색이 가장 많은데 이것 또한 식물의 전략이다. 동물들은 빨강색을 좋아하고 멀리서도 잘 본다. 색을 이용하여 동물들에게 먹히는 열매도 있지만, 동물들의 몸을 이용하는 식물도 있다. 새의 부리나 발에 붙어서 이동하는 열매도 있는데 도깨비 바늘, 도꼬마리, 가막사리, 우엉 등은 열매 끝부분이 가시나 바늘처럼 생겨서 새의 깃털에 붙어 멀리 이동한다. 도토리나 밤 같은 열매는 다람쥐나 어치 등의 식량이 되기도 하는데 땅 속에 저장하는 습관으로 인해 발아율을 나타내는 경우도 있다. 개미를 이용하는 방법도 있다. 씨앗에 단백질 알갱이가 붙어 있어 그것을 먹으려고 개미들이 운반해 간다. 지방, 전분, 당분 등을 먹이로 이용하고 씨앗은 그대로 둔다. 개미들이 씨앗을 깰 수 없을 정도로 단단하다. 애기똥풀, 금낭화, 제비꽃 등이 개미를 이용하는 식물이다. 열매는 동물들의 먹이가 됨으로 다시 태어날 수 있다는 사실을 안다. 동물들에게 맛을 내어주고 실리를 챙기는 전략인 것이다.

(출처 : zum 학습백과)

■ 억새와 갈대의 차이점

구분	억새	갈대
특징	벼과에 속하는 다년생 초본식물이다. 산과 들에서 자란다. 높이 1~2m로 뿌리줄기는 모여나고 굵으며 원기둥 모양이다. 잎은 줄 모양이며 길이 40~70cm, 나비 1~2cm이다. 끝이 갈수록 뾰족해지고 가장자리는 까칠까칠하다. 맥은 여러 개인데 가운데 맥은 희고 굵다. 밑동은 긴 잎 집으로 되어 있으며 털이 없거나 긴 털이 난다. 뒷면은 연한 녹색 또는 흰빛을 띠고 잎혀는 흰색 막질(膜質-얇은 종이처럼 반투명한 상태)이며 길이 1~2mm이다.	줄여서 갈이라고도 한다. 습지나 갯가, 호수, 주변의 모래땅에 군락을 이루고 자란다. 뿌리줄기의 마디에서 많은 황색의 수염뿌리가 난다. 줄기는 마디가 있고 속이 비었으며, 높이는 3m 정도이다. 잎은 가늘고 긴 바소 꼴이며 끝이 뾰족하다. 잎 집은 줄기를 둘러싸고 털이 있다.
서식지	산이나 비탈 등 척박한 곳	습한 저수지 주변 수로변 강가
뿌리	뿌리가 굵고 옆으로 넓게 퍼져 나감	뿌리 옆에 수염 같은 잔뿌리가 많음
잎	갈대와 비교해 좁고 날카로움	억새와 비교해 넓고 부드러움
키	1~2m 정도	2~3m 정도
꽃	처음에는 꼿꼿하다가 늦가을에 고개를 숙임	벼처럼 피자마자 고개를 숙임
꽃의 위치	잎에서부터 목이 길게 올라와 꽃이 핌	잎과 꽃 부분의 거리가 짧음
꽃의 색	은색이나 흰색	고동색이나 갈색
꽃의 모양	잘 빗은 머릿결 모양	흐트러진 머릿결 모양

참고문헌

강경근(2005). 생태주의에 기초한 중학교 미술과 수업방안 연구. 한국교원대학교 대학원 석사학위 논문.

권은희·이기현(2004). 자연친화적인 실외환경에서의 놀이 활동이 유아의 자아개념과 친사회적 행동에 미치는 효과. 아동학회지, 25(1), 61-76.

교육인적자원부(2001). 유치원 교사 교육프로그램. 서울: 교육인적자원부.

교육과학기술부(2011). 5세 누리과정지도서.

교육과학기술부(2012a). 3세 누리과정지도서.

교육과학기술부(201b2). 4세 누리과정지도서.

교육과학기술부·보건복지부(2012). 3~5세 연령별 누리과정 해설서.

김명진·EBS 동과서 제작팀(2012). EBS 다큐멘타리 동과 서. 지식채널.

김선월(2003). 자연산책을 통한 미술요소 탐색 활동이 유아의 그림표현에 미치는 영향. 중앙대학교 석사학위 논문.

김성혜·고행숙(2014). 누리과정에 기초한 초임교사를 위한 유아미술교육. 고양: 공동체.

김용권·김윤희(2010). 유아동 생태미술체험 놀이. 유아동미술연구소.

김주미(2014). 창의성 발달을 향상시키는 숲 체험 활동과 생태미술 프로그램 연구. 성신여자대학교 교육대학원 석사학위 논문.

김현정(2008). 지역사회와 연계한 생태예술교육 프로그램이 유아의 정서지능에 미치는 영향. 한국방송통신대학교 평생대학원 석사학위 논문.

남효창(2012). 얘들아 숲에서 놀자. 서울: 추수밭.

박라미·박은아(2006). 듀이의 상황이론에 기초한 자연체험 미술 활동 모색방안. 조형교육, 27, 27~54.

박정옥·김수희(2011). 유아미술교육. 파주: 양서원.

심영옥(2006). 한국의 아름다움, 그리고 그 의미. 서울: 진실한 사람들.

양옥승(2001). 자연을 통한 유아교육. 한국어린이육영회 창립 20주년 기념 유아교육 학술대회.

양은희(2014). 자연과 친구되는 생태미술놀이. 서울: 북센스.

엄태식(2014). 유아생태공예. 서울: 태영출판사.

육아정책연구소(2013a). 3,4세 누리과정 유아관찰척도 개발. 연구보고 2013-36.

육아정책연구소(2013b). 「5세 누리과정 유아관찰척도」 활용을 통한 누리과정 효과 분석연구. 연구보고 2013-34.

이명호(2004). 자연을 활용한 생태조형놀이. 서울: 창지사.

이은적(2006). 미술과 교육에서의 학문 중심 교육과정 통합, 그 논의와 실제. 조형교육, 27, 27~54.

이정환·김희진(2013). 영유아를 위한 미술활동. 서울: 파란마음.

이준우(2003). 환경생태학. 서울: 동화기술.

이현아(2005). 교사를 위한 유아창작공예. 서울: 창지사.

임미진(2007). 통합적 접근을 통한 생태미술교육 방안 연구. 경희대학교 교육대학원 석사학위 논문.

임재택(2002). 생태유아교육의 이론과 실제. 생태유아교육 교사연수 자료집. 한국생태유아교육 학회.

임재택·김은주·하정연·권미량·조채영(2015). 생태유아교육프로그램. 고양: 공동체.

장연자(2006). 생태학적 미술교육과정의 이론적 탐색. 홍익대학교 대학원 박사학위 논문.

전태련(2007). 함께하는 교육학. 서울: 마이쌤.

진교훈(1996). 정보화 사회의 윤리문제. 과학사상. 서울: 범양사.

최유정(2013). 초등학교 미술수업 연계를 위한 유아 생태 미술 프로그램 개발 연구. 경희대학교 교육대학원 석사학위 논문.

최일선·조운주(2014). 유아교육 평가의 이론과 실제. 서울: 창지사.

최정순(2013). 쭉정아! 뭐가 되고 싶어? 서울: 황소걸음.

하정연·이연주(2015). 월별로 살펴보는 생태유아교육 프로그램. 고양: 공동체.

Frost, Joe L. & Kissinger, John B.(1976). *The young child and the educative process.* New York: Holt, Rinehart and winston.

Schiller, F.(1989). *Ber die sthetische erziehung des menschen in einer reihe von brifen.* 안인희 역(1995). 인간의 미적 교육에 관한 편지. 서울: 청하.

http: //navercast.naver.com

네이버 지식백과

naver 국어사전〈어휘 설명〉

다음국어사전

다음 백과사전

두산백과

위키백과

zum 학습백과

한국민족문화대백과

찾아보기

ㅇ

저자약력

황혜경

현, 한림성심대학교 유아교육과 교수
덕성여자대학교 유아교육학과(학사)
덕성여자대학교 대학원 유아교육학과(석사)
덕성여자대학교 대학원 유아교육학과(박사)
〈저서〉 유아교수-학습방법(2015) 외

김용희

현, 한림성심대학교 유아교육과 교수
이화여자대학교 유아교육학과(학사)
이화여자대학교 대학원 유아교육학과(석사)
이화여자대학교 대학원 유아교육학과(박사수료)
〈저서〉 보육과정(2015) 외

구선희

현, 춘천교육대학교 대학원 유아교육과 외래교수
덕성여자대학교 유아교육학과(학사)
덕성여자대학교 대학원 교육학과(교육학석사)
강원대학교 대학원 교육학과 박사과정 수료
현, 송아리 교육연구소 소장

이혜경

현, 한림성심대학교 유아교육과 외래교수
한국방송통신대학교 유아교육과(학사)
강원대학교 교육대학원 교육학과(교육학석사)
전) 한림성심대학교 부속 한림유치원 교사

자연물 중심의

유아 생태미술교육

초판 1쇄 발행 2016년 2월 24일
초판 2쇄 발행 2018년 1월 10일

지 은 이 | 황혜경 · 김용희 · 구선희 · 이혜경
펴 낸 이 | 김기섭
책임편집 | 구자성
펴 낸 곳 | 창지사 www.changjisa.com
08589 서울시 금천구 가산디지털 1로 83 파트너스타워1차 9층
전화 (02) 719-2211~3
팩스 (02) 701-9386
등 록 | 1977년 4월 28일 · 제1-421호

ISBN 978-89-426-0869-0 (93370)

값 20,000원

이 도서의 국립중앙도서관 출판예정도서목록(CIP)은 서지정보유통지원시스템 홈페이지(http://seoji.nl.go.kr)와 국가자료공동목록시스템(http://www.nl.go.kr/kolisnet)에서 이용하실 수 있습니다.(CIP제어번호: CIP2016004429)